新常态下产业结构优化升级研究

——基于广东省的理论与经验研究

赵　祥　张海峰　著

中国财经出版传媒集团

经济科学出版社

Economic Science Press

图书在版编目（CIP）数据

新常态下产业结构优化升级研究：基于广东省的理论与经验研究/赵祥，张海峰著．－－北京：经济科学出版社，2022.10

ISBN 978 - 7 - 5218 - 4140 - 4

Ⅰ.①新…　Ⅱ.①赵…②张…　Ⅲ.①产业结构优化－研究－广东　Ⅳ.①F269.276.5

中国版本图书馆 CIP 数据核字（2022）第 195320 号

责任编辑：刘　莎
责任校对：王肖楠
责任印制：邱　天

新常态下产业结构优化升级研究
——基于广东省的理论与经验研究
赵　祥　张海峰　著
经济科学出版社出版、发行　新华书店经销
社址：北京市海淀区阜成路甲 28 号　邮编：100142
总编部电话：010 - 88191217　发行部电话：010 - 88191522
网址：www. esp. com. cn
电子邮箱：esp@ esp. com. cn
天猫网店：经济科学出版社旗舰店
网址：http：//jjkxcbs. tmall. com
固安华明印业有限公司印装
710×1000　16 开　19.25 印张　290000 字
2022 年 10 月第 1 版　2022 年 10 月第 1 次印刷
ISBN 978 - 7 - 5218 - 4140 - 4　定价：86.00 元
（图书出现印装问题，本社负责调换。电话：010 - 88191510）
（版权所有　侵权必究　打击盗版　举报热线：010 - 88191661
QQ：2242791300　营销中心电话：010 - 88191537
电子邮箱：dbts@ esp. com. cn）

前　言

　　新常态是中国式现代化进程中的一个特定阶段，如果不考虑我国内部各地区的发展水平差异，总体上新常态下我国已经处于世界银行所界定的上中等收入阶段。在这一阶段，产业结构优化升级是我国经济实现从高速增长向高质量发展转变的必然要求，只有顺应新时期全球技术与产业发展趋势，在推进传统产业转型升级的同时，大力发展新的优势支柱产业，推动更多企业占据产业链高附加值环节，才能在保持经济发展速度的同时提升经济发展的质量。

　　其一，推动产业结构优化升级有利于抢抓新一轮工业革命发展先机。由于新技术的运用可以大幅扩张生产可能性边界，提高潜在经济增长率，历史上三次工业革命释放了巨大的生产力，对世界政治经济格局产生了革命性的影响。纵观近代以来全球经济发展史，世界强国的兴起无一不是引领工业革命的结果，历史上每一次工业革命都为后发国家赶超式发展提供了难得的历史机遇。第一次工业革命最早在英国发生，以纺织、冶金、铁路、机械等为代表的大机器工业迅速改变了英国的产业结构，扭转了英国经济水平长期落后于法国的局面，到1820年英国取代法国而成为世界第一经济强国。第二次工业革命首先在美国爆发，在电力、内燃机等新技术驱使下，美国率先建立了钢铁、汽车、电气、石化等新型产业体系，致使美国经济总量和人均GDP分别在1872年和1901年超过英国。20世纪中后期，以信息技术突破为主的第三次工业革命催生了计算机、信息产业、航空航天等新产业，进一步强化了美国作为世界头号经济体的竞争优势。当前新一轮工业革命方兴未艾，我国要建设社会主义现代化强国，实现中华民族伟大复兴的中国梦，就必须深度参与乃至引领新一轮工业革命，加快推进产业结构优化升级，构建现代化产业体系。

其二，推动产业结构优化升级有利于破解外部不确定性难题。2008年国际金融危机之后，西方国家普遍陷入了投资与经济增长乏力、失业率上升和财政状况恶化的困境。为了尽快恢复国内经济增长，降低失业率，西方发达国家纷纷推行"再工业化"战略，引发了资本、人才和技术等生产要素在全球范围内的重新配置，国际产业竞争进一步白热化。特别是近年来为了维持其世界霸权地位、转移国内矛盾、阻挠我国现代化进程，美国政府挥舞单边主义大棒，对我国科技创新与高端产业发展进行全面地遏制。美国的霸权主义行为不仅对我国产业链供应链安全造成了巨大冲击，而且进一步加剧了逆全球化的发展趋势，增大了我国发展所面临的外部不确定性。为了应对逐步增大的外部不确定性，我国迫切需要加快产业结构优化升级，在提高产业国际竞争力的同时强化国内价值链建设。

其三，推动产业结构优化升级有利于破解国内资源环境约束趋紧的难题。新常态下我国资源禀赋结构发生了巨大的变化，经济发展的要素供给与资源环境约束日益趋紧。过去相对丰裕的土地、劳动力等多种生产要素变得越来越稀缺，导致各类要素成本上升较快。同时，长期以来我国经济增长的要素驱动特征明显，技术进步的贡献较低，资源和环境消耗巨大，对我国资源能源供给安全形成了巨大压力。特别是随着我国"双碳"目标的提出，未来国内经济发展的资源环境约束会越来越紧。我国要在要素供给与资源环境约束日益趋紧的情况下实现高质量发展，就必须加快推动产业结构优化升级，实现产业发展从要素驱动向创新驱动转变，降低经济发展过程中的资源环境消耗。

新常态是国内外市场环境发生一系列变化的结果，新常态下推进产业结构优化升级的根本途径在于科学地应变，而根本方法则在于进一步全面深化改革。因此，本书以改革的思维聚焦新常态下我国产业结构调整研究，一方面构建完整的理论框架对新常态下产业结构优化升级的理论内涵、影响因素和机制路径进行分析，以期对新常态下产业结构优化升级问题作出新的理论解释；另一方面选择处于我国改革开放前沿的广东省作为样本，对新常态下我国产业结构调整的经验进行实证分析，系统梳理当前我国产业结构调整的主要成就与面临的突出问题，以进一步明确未来我国经济政策特别是产业政策调整的方向与路径。

目 录
CONTENTS

导　论

第一节　"新常态"概念的提出

早在 2001 年，就有美国学者提出"新常态"一词，用以描述当时恐怖主义威胁和新经济泡沫破裂所引发的美国经济发展的"危机"局面可能长期化的趋势。2010 年，全球最大的债券基金公司——美国太平洋投资管理公司的 CEO 穆罕默德·埃利安（Erian）在一份题为《驾驭工业化国家的新常态》①的报告中，正式用"新常态"概念来描述 2008 年世界金融危机后世界经济特别是发达经济体发展的新变化和新特征，具体包括发达经济体增长乏力、失业率持续高企、私人部门去杠杆化、公共财政面临挑战，以及经济增长和财富创造从发达经济体向新兴经济体转移等。概括地看，新常态在不同的经济领域也有不同的表现：首先，金融领域新常态意味着更低的金融杠杆率和更多的政府监管。在 2008 年世界金融危机之前的近 20 年时间里，在信息技术飞速发展所引发的新经济浪潮以及随后的房地产泡沫累积的过程中，金融领域几乎不受监管的各种金融创新起到了极大的推波助澜的作用，各种金融衍生工具泛滥，美国经济走向前所未有的高度杠杆化。世界金融危机之后，人们认识到，

---

① El – Erian, M. A. Navigating the New Normal in Industrial Countries［J］. International Monetary Fund,（Dec. 15）, Retrieved Oct. 18, 2012.

过度自由的金融创新是导致美国金融危机的主要原因。因此，作为一种矫正，后危机时代的金融体系势必与危机之前大不相同，严格而有效的监管和适度的"去杠杆化"将成为金融发展的新常态。其次，在消费领域新常态下，消费信贷扩张受到控制，并引发营商环境发生深刻的变化。由于对"次级贷"的监管变得日益严格，过度超前的信贷消费受到抑制，人们的消费理念和消费模式发生了变化，"量入为出"逐渐成为新的消费决策信条，消费规模扩张速度放慢，企业必须适应这一转变，而工商界的策略调整也会成为市场竞争的新常态。最后，就宏观经济而言，后危机时代增长的恢复将是一个缓慢的过程，全方位的结构调整在所难免。在这一过程中，产业结构、制度结构乃至利益结构的调整不可能一蹴而就，有时可能还会引发新的社会问题和冲突，大多数美国人必须慢慢适应这种"痛苦"的宏观经济新常态。可见，美国学者和媒体使用"新常态"一词的本意在于提醒人们对国际金融危机后的经济复苏不要期望过高，西方发达经济体需要在较长时期内进行"痛苦"的结构调整，以消化超高的杠杆率、不负责任地承担高风险和信贷扩张等负面因素的冲击。可以说，这一概念的主基调是悲观的，"新常态"意味着一个全新但缓慢的经济结构调整进程的来临。

"新常态"概念提出后不久就在全球范围内迅速传播开来。由于对危机后全球经济发展态势的不同判断，"新常态"一词在不同的语境下具有不同的含义。在中国，"新常态"一词则体现出更多积极与乐观的信息，其主要内涵与中国经济转型升级的新发展阶段密切相关。党中央使用"新常态"一词，在某种程度上是对中国迈向更高级发展阶段的宣示，它不仅阐明了中国经济转型升级的必要性，而且明确指出了中国经济转型升级的方向、战略和途径。自 2008 年世界金融危机暴发以来，随着国内外经济形势的变化，党中央对我国经济发展阶段性特征的认识和判断也经历了一个逐步深化的过程。

2008 年世界金融危机暴发，对我国经济运行造成了严重冲击，经济增长面临巨大的失速风险。为了克服这种经济失速风险，我国在 2008 年年底和 2009 年，采取了大规模的经济刺激计划①。2010 年，我国经济重新实现两位数的增长率。但随着刺激政策效应逐步弱化，经济增速又开始下降。2012 年，我国经济增长率由上年的 10.3% 下降为 7.7%，下降幅度较为明显。与我国国内经济形势变化相对应的是，全球经济增长自 2010 年反弹到 4.1% 后就连续下滑，全球经济不景气和外部市场需求收缩，在一定程度上对我国经济增长造成了不利影响。但是，由于近年来出口在我国经济总量中的比重不断降低，因此导致经济减速的主要因素在国内，如传统制造业投资增速回落，市场供需结构性失衡矛盾突出，以及内需不足等。在这种情况下，党中央从全球经济大格局出发，在科学分析我国经济运行现实矛盾的基础上，认为我国经济增速下行既是周期性因素影响的结果，也是以往长时间高速增长所积累的不平衡、不协调、不可持续矛盾所带来的滞后性影响的结果。这种趋势性变化不是暂时的，也不是单靠一时的刺激政策可以根本改变的。2013 年 10 月，习近平主席在出席亚太经合组织工商领导人峰会时明确指出："中国经济已经进入新的发展阶段，正在进行深刻的方式转变和结构调整。②" 2014 年 5 月，习近平总书记在河南考察时首次用"新常态"来刻画我国经济发展的新阶段，他指出："我们要增强信心，从当前我国经济发展的阶段性特征出发，适应新常态，保持战略上的平常心态。③" 同年 7 月 29 日，习近平总书记在党外人士座谈会上进一步强调"要正确认识我国经济发展的阶段性特征，进一步增强信心，适应新常态，共同推动经济持续健康发展。④" 习近平总书记的上述论述不仅清楚地提出了"新常态"这个概念，而且要求我们在战略上正确地认识并适应新常态。同年 11 月，

---

① 我国于 2008 年 11 月推出了进一步扩大内需、促进经济平稳较快增长的十项措施。根据粗略的概算，到 2010 年年底大约需要投资 4 万亿元。虽然随着时间的推移，我国不断完善应对世界金融危机的政策措施，形成了一整套应对世界金融危机的政策方案，并不是单纯依赖所谓的 4 万亿元投资，但是，后来人们仍然简单地将我国政府应对世界金融危机的举措解读为"四万亿经济刺激计划"。

② 中共中央文献研究室 . 习近平关于全面深化改革论述摘编 [M]. 北京：中央文献出版社，2014：39.

③ 人民日报 . 2014 - 05 - 11，第 1 版 .

④ 人民日报 . 2014 - 07 - 30，第 1 版 .

习近平主席在亚太经合组织工商领导人峰会开幕式上发表主旨演讲时指出："中国经济呈现出新常态，有几个主要特点。一是从高速增长转为中高速增长。二是经济结构不断优化升级，第三产业、消费需求逐步成为主体，城乡区域差距逐步缩小，居民收入占比上升，发展成果惠及更广大民众。三是从要素驱动、投资驱动转向创新驱动。新常态将给中国带来新的发展机遇。[①]"这是习近平总书记第一次阐述经济新常态的主要特点，对新常态下我国经济增长速度、经济结构和发展动力三方面的变化趋势进行了深入的分析。2014 年 12 月 9 日，在中央经济工作会上，习近平总书记从九个方面详尽分析了中国经济新常态的表现、成因及发展方向，明确指出："我国经济发展进入新常态是我国经济发展阶段性特征的必然反映，是不以人的意志为转移的。认识新常态，适应新常态，引领新常态，是当前和今后一个时期我国经济发展的大逻辑。[②]"会后发表的《中央经济工作会议公报》从消费、投资、出口和国际收支、生产能力和产业组织方式、生产要素、市场竞争、资源环境、经济风险八个方面分析了当前及未来一个时期中国经济发展的新特征和新趋势，对新常态做了全面、权威的分析与解释。公报着重指出，我国经济未来将向形态更高级、分工更复杂、结构更合理的阶段发展：经济发展速度由高速增长转向中高速增长，经济发展方式从规模速度型粗放增长，转向质量效率型集约增长，经济结构从增量扩能为主转向调整存量、做优增量并存的深度调整，经济发展动力从传统的要素驱动转向新的创新驱动。

第二节　新常态下经济增长的新趋势

党中央基于我国经济发展的阶段性特征，在新的理论高度使用

[①]　人民网. http://politics.people.com.cn/n/2014/1109/c1001 - 25999767 - 2. html. 2014 - 11 - 09.

[②]　习近平. 习近平谈治国理政（第二卷）［M］. 北京：外文出版社，2017：233.

"新常态"这一概念来定义我国经济发展在未来相当长一段时间内的总体态势，体现了高超的战略预见性。当前，学术界和决策层对"新常态"内涵的讨论很多，相互之间还存在一定的差异，但普遍认为"新常态"意味着我国经济发展进入了一个新的阶段，在这个新阶段，我国经济增长的速度、动力和结构均发生了和以往不同的变化，呈现出新的发展趋势。

改革开放以来，随着市场化改革的逐步推进，我国经济实现了连续30多年的高速增长。从图0-1可以看出，在2008年国际金融危机之前，我国基本上维持了年均两位数的增长速度，长期快速的经济增长使我国于2010年一跃而成为仅次于美国的世界第二大经济体。但是，在实现经济规模总量扩张的同时，我国经济发展方式存在的不协调和不可持续等问题也逐渐暴露出来，日益成为影响我国未来经济持续健康发展的重要因素，导致我国正逐步走进经济"中高速"发展的"新常态"。进入新时代以来，我国经济已从10%左右的增长率逐步下调至7%～8%，并逐步放缓至6%～7%，未来还有可能进一步下调至一个中速的增长平台并稳定下来。从世界工业化国家走过的道路来看，进入中高收入阶段后的经济增速放缓是必然的趋势。根据世界银行的数据，第二次世界大战后连续25年以上保持7%以上高增速的经济体只有13个，除了一些小型经济体以外，剩余10个经济体都从第三个十年开始减速，第四个十年能保持7%以上增速的只有我国台湾地区，其余经济体经济增速基本上都下滑到4%以下。我国目前已进入高速增长的第四个十年，能维持高于7%的增速已属不易，未来经济减速是自然趋势。2019年，我国人均国民收入（GNI）按当期汇率计算约为10 051美元，与世界银行所公布的年度高收入经济体的标准相差约2 000美元，在发展阶段上整体已进入中高收入阶段。在这一新的发展阶段，我国经济增长速度会发生什么样的变化呢？

目前，已经有不少文献对于新常态下我国经济增长的前景进行了深入分析，大致形成了以下几种不同的看法。

图 0 - 1　2003 ~ 2019 年我国以及广东省经济增长速度

注：由于新冠肺炎疫情的暴发，自 2020 年以来的经济增长速度发生了剧烈的波动，不能反映我国经济增长变化的长期趋势，故在此我们仅呈现了 2003 ~ 2019 年我国经济增速的变化。

第一，周期性下滑观点。这种观点的代表是前世界银行副行长、首席经济学家、北京大学教授林毅夫。他认为近些年我国经济增速下滑主要是 2008 年世界金融危机冲击所致，是一种外因导致的周期性下滑。我国经济高速增长的长期格局并不会因为这种短期波动而发生实质性的改变，中国经济还至少可以维持 20 多年的高速增长。这种判断背后的逻辑支撑在于，赶超型经济体的增长速度不取决于其绝对收入水平，而是由其与世界领先经济体的差距所决定的。按照购买力平价计算，2008 年中国的人均收入为美国的 21%，相当于日本 1951 年的水平、新加坡 1967 年的水平、我国台湾地区 1975 年的水平和韩国 1977 年的水平。这几个经济体在达到这一水平之后都维持了 20 年左右 8% ~ 9% 的增长率。根据这一经验规律，我国也有很大可能经历类似的高速增长阶段（林毅夫，2012①，2014②）。钱颖一（2010）③ 也提出类似的"增长轨迹论"，认为

①　林毅夫. 中国经济发展奇迹将延续［J］. 求是，2012（8）：64.

②　林毅夫. 为什么我说中国经济 8% 增速能持续 20 年？［OL］. 新浪网，http://finance. sina. com. cn/zl/china/20141025/235420642047. shtml.

③　钱颖一. 中国经济增长的潜力仍然相当大［OL］. 新浪网，http://finance. sina. com. cn/hy/20101120/14258984719. shtml.

一个国家或地区经济增长会呈现出不同的阶段性特点，在同一发展阶段，经济增长将表现出相同的发展轨迹，这种阶段性增长轨迹与人均收入水平无关，而取决于经济起飞持续的时间跨度。我国经济发展的演进轨迹也不会例外，经济起飞阶段仍会维持一段时间。

第二，比较优势衰退的观点。这种观点认为随着我国市场环境，特别是要素市场环境的变化，诸如"劳动力资源比较优势""人口红利""低成本与吸引外资优势""技术吸收能力和后发优势""地方政府竞争"等一系列经济发展的比较优势开始出现衰减的态势，经济增长的传统动力减弱，需要进行新的增长动力切换，而在动力切换过程中，经济增长速度和过去相比会有所降低（权衡，2012；蔡昉等，2013）。

第三，中国经济增长阶段转换观点。该观点认为中国经济增长已经从高速增长阶段转入中低速增长阶段，即从过去平均两位数的高速增长下降到6%甚至更低的中低增长速度。这是因为历史上几乎所有赶超型经济体都是在人均 GDP 达到 11 000 国际元（按照购买力平价计算的1990 年不变价国际元）时均普遍经历了从高增长到中低速增长的转变过程，中国也难以例外（刘世锦，2011；王一鸣等，2011）。

第四，中等收入陷阱观点。世界银行 2006 年年度报告提出"中等收入陷阱"（middle-income trap）概念，即在进入中等收入阶段以后，发展中经济体可能会面临发展动力转换和制度变革的重重障碍，导致经济发展失去动力，普遍出现"经济增速下滑、结构转换困难、收入差距扩大和社会矛盾加剧"等"中等收入陷阱"问题（Word Bank，2007）。经过多年的快速发展，我国现在已经成功进入中高收入发展阶段，同样也面临着如何成功跨越中等收入陷阱的问题（北京大学中国国民经济核算与经济增长研究中心，2011；龚刚等，2017；陆善勇、叶颖，2019）。

我们应该如何理解新常态下我国经济速度及其变化呢？图 0 - 1 显示了 2003～2019 年全国和我国第一经济大省（广东省）的经济增长速度变动的轨迹。从中可以看出，无论是全国还是广东省的经济增长速度都经历了一个明显的转换过程。在 2012 年以前，全国和广东省的经济增速几乎都在 10% 以上，只是受到 2008 年世界金融危机的冲击，经济增速才轻微下滑到9%~10%。自2012年以来，我国经济增长明显放缓，从过去的两位数高速增长转换为6%~7%的中高速增长，到2019年，全国的经济增长速度为6.4%，广东省为6.8%。2020年，受新冠肺炎疫情的冲击，我国经济增速为2.3%，为全球唯一实现正增长的大型经济体。2021年，我国在成功控制疫情的情况下，实现了8.1%的强劲经济增长，但在全球疫情存在长期化趋势的条件下，我国未来的经济增速是否会一直保持在较高水平上，仍有待观察。近年来，我国经济增长速度的下调在很大程度上可以看成一种趋势性的变化，而不能简单地理解为周期性、政策性以及新冠肺炎疫情等突发事件冲击下的波动，我国经济将在这一趋势性转换过程中寻找新的增长平衡点。只有在找到这样的平衡点以后，整个经济发展才会进入一种所谓的新"稳态"，增长的阶段性转换才能稳定下来。这种长期的速度调整是经济规律自我作用的结果，是市场需求因素以及劳动力、资源、环境等供给约束条件所共同决定的。但是，我国的经济增速也不至于像西方某些别有用心者所预期的那样下滑得太快，这是因为在党中央集中统一领导下，中国特色社会主义制度的优越性以及大国经济体的比较优势可以得到充分的发挥，我国完全有能力在未来较长时间内将经济增速保持在一个相对较为合理的水平。新时代全面深化改革所释放的改革红利、技术红利、人才红利、管理红利，会与我国业已存在的大市场效应、产业链集聚效应等，一起成为推动我国经济持续稳定增长的强大动力。

第三节　新常态下经济发展的新要求

新常态下，我国经济发展所面临的市场需求和供给条件均发生了显著的变化，党的十九大将其概括为"我国经济已由高速增长阶段转向高质量发展阶段"[1]，这种阶段性的变化对我国经济发展方式提出了一系列

---

[1]　习近平. 习近平谈治国理政（第三卷）[M]. 北京：外文出版社，2017：23.

新要求，未来要实现经济高质量发展，就必须推动经济增长的动力转换与产业结构调整。

一、经济增长动力转换

经济增长动力是什么以及如何强化经济增长的动力，一直是经济理论研究的重要问题。古典政治经济学对此有较为经典的分析，至今仍为我们分析一国或地区的宏观经济表现提供非常有价值的参考。斯密（Smith）认为，分工是国民财富增长的动力之源，分工的深度与广度改进了生产过程的效率，并最终推动了宏观经济增长。这是因为分工意味着生产专业化水平的提升，专业化协作推动了生产和交易制度的革新，由此带来的收益递增是长期经济增长的源泉。李嘉图（Ricardo）认为，促进利润增长和增加资本积累，是扩大生产、实现经济增长的可行途径，而促进利润增长的主要手段是提高劳动生产率、缩短必要劳动时间、降低工人工资。同时，还必须限缩地租及赋税比例，并且反对地主、官吏等非生产阶级的奢侈性消费，只有这样，才能有助于增加资本积累，从而为经济增长创造有利的条件。马克思（Marx）基于劳动价值论，综合剩余价值论、资本积累理论和社会资本再生产理论建立了一个完整的经济增长分析模型，科学地揭示了市场经济条件下经济增长的静态与动态均衡条件和内在实现机制，并从资本积累、产业结构、市场环境、科学技术、管理制度等方面分析了影响经济增长潜能与动力的因素。可见，在古典政治经济学家看来，经济增长是多种因素综合作用的动态过程，包括内生的专业化的劳动、资本、土地等要素供给条件，以及外生的技术进步、管理变革和社会制度等因素。

以哈罗德—多马模型（Harrod – Domar Model）为起点的现代经济增长理论更为直接地分析了经济增长的动力问题。哈罗德—多马模型将凯恩斯的短期比较静态分析框架应用于经济增长分析，指出经济增长率取决于储蓄率和资本产出比率，经济增长率会随着储蓄率的增加而提高，随着资本产出比率扩大而降低。在哈罗德—多马模型中，资本产出比率被假定为固定不变的，因此，模型实际上没有考虑技术进步对经济增长的影响，资本积累被看成经济增长的主要动力。索洛（Solow，1956）、卡斯（Cass，1965）、库普曼思（Koopmans，1965）等人对哈罗德—多马模型进行了修正，创立了新的增长模型，即新古典增长模型。在新古典增长模型中，只有在能促使资本边际产品增加的条件下，储蓄率的上升才能促进经济增长，而资本边际产品的增加则要取决于外生的技术进步。因此，一个符合逻辑的推断就是，如果不存在技术进步，经济增长会逐渐放缓，直到出现停滞。新古典增长理论认为，经济增长不仅取决于资本与劳动力要素的增长以及这两种要素对产量增长的相对影响，还会受到技术进步的影响，技术进步也是重要的发展动力来源。发展中国家不但要重视资本数量积累，而且要重视资本质量的提升，要采取综合性措施来促进资本积累和技术进步。

新古典增长理论虽然重视技术进步的作用，甚至将技术进步视为经济增长的决定性力量，但是在新古典增长模型中，技术进步被处理为外生变量，这一建模假定实际上把技术进步排除在经济系统运行之外，导致技术进步作为发展动力的内在机制仍未得到充分的理论解释。为此，以阿罗（Arrow，1962）、罗默（Romer，1986，1994）、卢卡斯（Lucas，1988）、格罗斯曼和赫尔普曼（Grossman and Helpman，1991）等人为代表的新增长理论，强调持续的经济增长是经济系统运行过程中内生因素作用的结果，而内生的技术进步是长期经济增长的决定性因素。技术（知识）、人力资本的溢出效应、干中学的经验诀窍等，是实现持续增长不可或缺的条件，是推动长期经济增长的动力之源。

从上述简要的理论梳理可以看出，经济理论对经济发展动力的分析经历了一个转变过程，即从注重资本、劳动力等要素供给转向技术进步和知识积累。经济增长本质上就是"生产要素投入增加"与"要素生产率提高"这两个过程的统一，"要素投入增加"与"要素生产率提高"在经济增长中的作用不同，就会导致不同的经济增长方式。基于这种认识，我们可以通过权衡"要素投入增加"与"要素生产率提高"对经济增长作用的大小来分析经济增长的动力来源。基于柯布—道格拉斯生产函数，假定希克斯技术中性，对索洛模型（Solow model）作简单的数学变换可以得到如下经济增长方程：

$$\frac{\Delta Y}{Y} = \alpha \frac{\Delta K}{K} + \beta \frac{\Delta L}{L} + \frac{\Delta A}{A} \tag{1}$$

式（1）中的 K、L 分别代表资本和劳动要素，α、β 分别代表资本和劳动的产出弹性，并且 $\alpha + \beta = 1$。令 $x_1 = \frac{\Delta Y}{Y}$，$x_2 = \frac{\Delta K}{K}$，$x_3 = \frac{\Delta L}{L}$，$x_4 = \frac{\Delta A}{A}$，分别代表总产出增长率、资本投入增长率、劳动投入增长率和全要素生产率增长率，则由式（1）可以得到全要素生产率增长率为：

$$x_4 = x_1 - (\alpha x_2 + \beta x_3) \tag{2}$$

式（2）中的 x_2、x_3 为资本和劳动要素投入的增长率，令 $x_5 = (\alpha x_2 + \beta x_3)$，则：

$$x_4 = x_1 - x_5 \tag{3}$$

基于式（1）、式（2）、式（3），我们就可以分别计算出全要素生产率、资本投入、劳动投入对总产出增长的贡献率，分别为 $\frac{x_4}{x_1}$，$\alpha \frac{x_2}{x_1}$，$\beta \frac{x_3}{x_1}$。根据上述贡献率大小，可以判断一个经济体经济增长的动力来源。在以往经济高速增长阶段，资本、劳动等生产要素投入的增加对我国经济增长的贡献较大，是经济发展的主要动力源泉。这在带来快速发展的同时，导致经济增长方式粗放，环境和资源消耗大，以及投资回报率递减等问题，经济的可持续增长受到了很大影响。新常态下，我国经济发展面临的要素供给条件日益趋紧，劳动力、土地等要素成本快速上升，迫切需要降低对要素投入的依赖，提高生产过程中要素使用的效率。这意味着要努力提升全要素生产率对经济增长的贡献率，未来经济增长的主要动力要转向生产效率的提升。在生产效率提升的条件下，我国可以在不增加要素投入，甚至减少要素投入的情况下保持经济持续平稳地增长，而生产效率的提升，归根到底取决于技术进步以及与之密切相关的管理与制度创新。

二、产业结构调整

从长远的发展视角来看，新常态是我国迈向现代化进程中的一个特定阶段。不考虑我国内部各地区的发展水平差异，总体上我们可以把这个特定阶段看成是工业化的后期阶段。在这一时期，产业结构优化升级是我国经济实现从高速增长向高质量发展转变的重要途径，只有顺应新时期全球技术与产业发展趋势，在推进传统产业转型升级的同时，大力发展新的优势支柱产业，推动企业向产业链高附加值功能环节攀升，才能在保证经济发展速度的同时实现高质量发展。这意味着我国产业体系在部门结构和功能结构两方面均会发生重要的变化。

（一）部门结构的变化

部门结构是指产业体系的行业构成，部门结构变化反映的是产业体系中不同类型行业产出的相对比例关系的变化。

首先，经济新常态下我国国民经济三次产业结构发生了显著变化。著名的"配第—克拉克"定理①指出：在工业化进程中，随着人均收入水平的提高，一个国家或地区的劳动力会从第一产业向第二产业转移，第二产业在国民经济中的比重上升；在工业化后期，当人均收入进一步提高时，劳动力便会发生向第三产业的转移，第三产业在国民经济中的比重超过第二产业，成为一个国家或地区的主导产业。经过多年的高速增长，新常态下我国总体上已进入工业化中后期阶段，服务业在国民经济中所占比重快速上升，成为国民经济的主导行业。从图 0 - 2 可以看出，自 2008 年以来，第一产业占我国历年经济总量的比重持续下降，从

---

① 威廉·配第（William Petty，1672）较早注意到在 17 世纪的欧洲，荷兰大部分人口从事制造业和商业，而与此同时荷兰的人均收入水平明显高于其他欧洲国家。他基于这一现象认为工业比农业的附加值高，而商业的附加价值比工业高，因此，产业结构与国民收入水平之间存在一定规律性的联系。1940 年，科林·克拉克（Colin Clark）在《经济进步的条件》一书中分析了 40 多个国家历史数据，较为系统地总结了不同发展阶段一个国家和地区产业结构变化的一般性规律。他们二人的研究被后来的文献称为"配第—克拉克"定理。

2008 年的 10.2% 下降到 2020 年的 7.7%。第二产业也表现出几乎同样的发展趋势，从 2008 年的 47.0% 下降到 2020 年的 37.8%。相比之下，随着时间的推移，第三产业在国民经济中的份额持续上升，从 2008 年的 42.9%，上升到 2020 年的 54.5%。特别需要指出的是，2012 年，第三产业在我国国民经济中的比重开始超过第二产业，此后第三产业比重领先第二产业的幅度逐年上升。2015 年，第三产业占国民经济的比重超过 50%，成为占据绝对优势的主导产业，而第二产业所占比重已下降到 40% 以下。

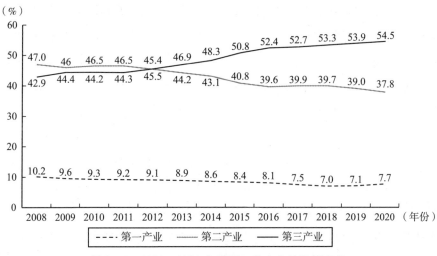

图 0-2　2008~2020 年我国三次产业结构的变化

其次，第二产业内部结构也发生了显著变化。这种变化首先表现为从以轻工业为主导向以重化工业为主导发展的趋势。霍夫曼（Hoffmann，1931）基于消费资料工业净产值和资本资料工业净产值的比重（霍夫曼系数），把工业化的过程分为以下四个阶段：（1）第一阶段，消费资料工业的生产占据主导地位，资本资料工业的生产相对不发达，霍夫曼系数在 5 左右；（2）第二阶段，资本资料工业开始加速增长，但生产规模仍明显小于消费资料工业，霍夫曼系数在 2.5 左右；（3）第三阶段，资本资料工业快速增长，与消费资料工业生产规模基本相等，霍夫曼系数在 1 左右；（4）第四阶段，资本资料工业的规模增长到超过消费资料工业，霍夫曼系数降到 1 以下。在重化工业比重日益上升的同时，工业生产链条的迂回度增加，加工组装业的发展显著快于单纯的原材料工业的发展，随着工业产业链在工业化后期逐渐延长，中间产品在工业总产出中的比重会上升。此外，从要素投入结构的角度来看，进入工业化后期，在工业趋向高加工度化的条件下，技术（知识）成为工业生产过程最密集使用的要素，工业结构进程呈现出技术（知识）密集化的趋势，这不仅意味着工业生产需要采用越来越复杂的技术，而且表现为以技术（知识）密集为特征的高技术工业兴起。

近年来，我国以中低端制造业为主的工业增加值增长经历了一个明显的由快转慢的变化轨迹。2012 年以前，工业增加值年均增速保持在 10% 以上，近几年则逐渐下降到 6% 左右。2019 年，全国规模以上工业增加值同比增长进一步降为 5.6%。工业产出增长的放缓与传统工业部门的投资增速放慢高度相关。2018 年我国制造业投资同比增长 9.5%，在一定程度上发挥了稳投资、促增长的功能。但进入 2019 年以后，制造业投资增速迅速回落。从细分行业来看，除个别行业外，大部分制造业行业投资增速均明显下滑，化学纤维制造业、造纸和纸制品业、有色金属冶炼和压延加工业、食品制造业、烟草制造业等 13 个传统制造部门投资增速放缓最为明显。在传统制造业增长速度下降的同时，新常态下一系列新产业新业态加速成长，新动能正在加速培育，产业结构正在发生深刻调整。2021 年，我国规模以上工业中，高技术制造业增加值比上年增长 18.2%，占规模以上工业增加值的比重为 15.1%；装备制造业增加值增长 12.9%，占规模以上工业增加值的比重为 32.4%。全年规模以上服务业中，战略性新兴服务业企业营业收入比上年增长 16.0%①。

最后，第三产业内部结构变化明显。总体上讲，第三产业可以分为消费性服务业和生产性服务业两大类，在工业化后期，这两大类服务业

①　资料来源：国家统计局网站．中华人民共和国 2021 年国民经济和社会发展统计公报．

在整个第三产业中所占的比重也会发生显著的变化。随着人均收入水平的提高，消费者越来越倾向于追求多样化、高品质的物质与精神享受，购物、住房、文化教育、医疗保健、体育娱乐和休闲度假等方面的需求增长迅猛，这引发高端消费性服务业的扩张，特别是在人口高度集中的城市，这类消费性服务业增长的速度更快（Kuznets，1989；Daniels，1993；Miura et al.，1997）。同时，在工业化后期，随着工业生产链条迂回程度的提高，工业生产过程中包含了越来越多高知识密集度的专业化服务投入，这不可避免地产生了对生产性服务业日益增加的需求，而知识密集型生产性服务业的发展会在很大程度上提高制造业的效率（Daniels，1986；Coffey，1991；Bathla，2003）。

表 0 - 1 显示了 2019 年广东省第三产业的结构。从中可以看出，作为新兴的技术（知识）密集型服务业的代表性行业，信息传输、软件和信息技术服务业已经成为广东省规模最大的服务业，企业数量和营业收入两项指标占广东省第三产业的比重分别为 16.82% 和 31.82%。科学研究和技术服务业增长势头也很迅猛，企业数量和营业收入所占比重分别达到了 11.75% 和 9.20%。而传统的交通运输、仓储和邮政业规模依然较大，但在广东省第三产业中的相对地位有所下降，企业数量和营业收

表 0 - 1　　　　2019 年广东省第三产业结构　　　　单位：%

行业名称	企业数量占比	营业收入占比
交通运输、仓储和邮政业	16.28	25.98
信息传输、软件和信息技术	16.82	31.82
租赁和商务服务业	26.02	0.18
科学研究和技术服务业	11.75	9.20
居民服务、修理和其他服务业	3.75	1.10
教育	2.93	1.19
卫生和社会工作	1.85	1.21
文化、体育和娱乐业	3.74	1.88

入所占比重分别为 16. 28% 和 25. 98% 。此外，尽管租赁和商务服务业的规模还比较小，但企业数量最多，所占比重达到了 26. 02% 。在消费性服务业方面，代表居民消费升级重要方向的教育，文化、体育和娱乐业在广东省第三产业中所占比重也有较为明显的上升。

（二）功能结构的变化

任何一类具体的产业均存在一个由不同功能环节所组成的产业链，不同的功能环节对企业有不同的核心能力要求，因而处于不同功能环节的企业通常存在明显的竞争力差异，并分享不同水平的产品附加值。例如，一个典型的制造业产业链一般由研发、设计、核心与一般零部件生产、加工组装、品牌、营销等功能环节组成，研发、设计、核心零部件生产、品牌、营销往往是高附加值环节，对企业的核心能力要求较高；而一般零部件生产和加工组装通常是低附加值环节，对企业的核心能力要求较低。功能结构是指一个国家或地区某一行业的企业在产业链上所处功能环节的组合，它反映了一个国家或地区企业在全球产业链分工中所处的位置。如果一个国家或地区产业链功能环节组合中高附加值环节比重较高，则其产业的综合竞争力就越高；反之，其产业的综合竞争力就较低。功能结构的变化实际上刻画了一个国家或地区企业在某一产业链上功能环节组合的变化，对地区竞争力和经济增长具有十分重要的影响。

自第二次世界大战结束以来，全球市场一体化进程加速，商品和要素流动的成本持续降低，全球产业内分工持续深化，不同国家或地区的企业基于自身核心能力的差异在全球价值链上从事不同的功能环节。在国际间移民存在较大限制的条件下，劳动力的国际流动成本较高，而资本的流动更容易，推动了资本追逐劳动力的国际产业转移，导致产业链低附加值环节从发达地区向落后地区扩散。同时，在新技术革命的驱动下，一方面，零部件标准化、模块化的大规模生产方式日益成为工业生产的主要形式，使中间产品与最终产品生产在空间上的分离成为可能；另一方面，随着运输费和通信成本等费用的降低，人员交流频密，产业链各功能环节进一步跨越国界在全球范围内进行配置，以充分接近市场，利用低成本要素优势以及实现更大范围内的集聚经济等。以手机、电脑、计算机、智能家电、汽车等为代表的模块化、可组装产业在全球范围内形成了分包网络和分工价值链，由此形成了产业的全球价值链，而全球价值链一旦形成，便成为推动经济加速全球化的重要力量。在经济全球化时代，基于全球价值链的跨国界经济活动日益增多，这导致世界上任何地方经济活动受到其他地方的影响程度大大增加。我们可以根据产业分工深化的趋势将全球产业链演变粗略地划分为两大阶段。第一阶段的时间跨度从第二次世界大战结束一直到 2008 年国际金融危机暴发，可以称之为全球产业链快速发展阶段；第二阶段的时间跨度为 2009 年以来，直到今天还在延续，可以称之为全球产业链逆转发展阶段。在这两个阶段，全球产业竞争格局发生了较为明显的趋势性变化，对我国产业体系功能结构变化产生了不同的影响。

在全球产业链发展的第一阶段，国际产业分工和自由贸易可以为所有参与者带来收益，成为各国政府和市场决策者的基本共识。在这一共识影响下，各国普遍采取支持全球贸易自由化的政策。第二次世界大战结束以后，发达经济体普遍调低了制造业产品关税率，全球发达经济体制造业产品平均关税率从 1930 年的 32%，降低到 1950 年的 16%，1987 年进一步下降为 7%。关税水平的降低直接降低了商品的国际贸易成本，推动了全球贸易规模的扩张。关税和贸易总协定谈判（GATT）和世界贸易组织（WTO）的成立进一步完善了全球多边贸易规则，更是促进了这一时期国际贸易的发展。此外，发生在这一阶段的第二、第三次技术革命导致全球运输与通信费用下降，降低了企业跨国经营的管理协调成本，促使更多企业跨越国界经营，以获取更大范围的规模经济收益。例如，1870 ~ 1913 年，利物浦小麦价格高于芝加哥的幅度从 57.6% 降至 15.6%，而同期美国每吨公里平均运输成本从 18.5 美分降至 3 美分。19 世纪初，英格兰到印度的信函需要两年时间，这使得企业内部的跨国界及时管理成为不可能，而 20 世纪末到 21 世纪初，前 20 年的信息技术进步使得电话、视频等通信费用几乎可以忽略不计，企业进行全球实时管理的成本大大降低。据联合国贸发组织的统计，1994～2012年，全球最大的100家跨国公司海外资产占其总资产的比重从41%上升到60%；海外资产总额从15 879亿美元上升到76 983亿美元，增加了约四倍。正是在这一阶段，我国实施改革开放政策，开始全面融入全球产业分工体系。以广东省为代表的东部沿海地区率先通过扩大开放，吸引港澳台及外商投资设厂，引进国外成熟的技术和生产设备，从低附加值功能环节嵌入全球产业链，主要从事一般零部件生产和加工组装以替代过去的工业制成品进口，我们可以称之为我国工业化进程中的第一轮进口替代。在2008年以前的全球产业链加速扩张的阶段，我国产业体系功能结构的基本特征就是大量企业集中分布在全球产业链的低附加值功能环节上，通过充分发挥要素成本和规模经济优势，较为顺利地完成了第一轮进口替代的任务。

2008年世界金融危机之后，发达国家纷纷推行以重振制造业为核心的"再工业化"战略，鼓励产业链本地化发展，在一定程度上逆转了全球产业链扩张的态势。特别是在当前新冠肺炎疫情全球大流行的情况下，国际产业循环动能明显减弱，各国均将降低产业链、供应链对外依赖作为重要的战略选项，全球贸易和投资政策发生了逆转，导致了全球范围内产业链配置格局的剧烈变动，全球产业链呈现出一定程度的逆转发展趋势。近年来，中国的和平崛起使美国感到在工业、金融、军事、科学技术等方面的霸主地位受到了挑战，美国政府不愿接受这一现实，采取了重大的战略调整，以遏制我国的快速发展。美国滥用美元国际货币地位导致的贸易逆差、债务危机和制造业空心化，致使美国就业率不断下降，国内经济差距拉大。为转移国内矛盾，美国政府以贸易逆差、知识产权和国家安全为借口，挥舞单边主义大棒，发动了中美贸易战，对我国高技术产业发展进行全面遏制。美国的经济霸权行为不仅对我国产业全球链造成了巨大冲击，而且进一步加剧了逆全球化的发展趋势。除了各国的政策转变之外，当前方兴未艾的第四次技术革命也对全球产业链的逆转发展趋势产生了推波助澜的作用，数字化和智能制造的兴起，降低了企业生产过程对模具、零部件等中间产品的需求，在很大程度上降低了生产过程的迂回程度，导致全球产业内贸易量减少，产业链长度缩短。

　　进入新常态后，我国开始进入第二轮进口替代阶段，即对复杂的机器设备、关键性核心技术的进口替代，这是新常态下我国提升产业链现代化，实现经济高质量发展的中心任务。与第一轮进口替代相比，第二轮进口替代任务的难度更高，全球范围内成功进行第二轮进口替代的国家或地区为数不多，而要想完成第二轮进口替代任务，就必须推动产业功能结构升级，推动更多企业从产业链低附加值功能环节向高附加值功能环节转变，这既是我国经济发展阶段转换的必然要求，也是经济新常态的一个基本特征。实际上，自进入新常态以来，我国在诸多产业领域的产业链高附加值功能环节上实现了突破，一些重点行业关键零部件以及核心技术的自主可控性水平明显提高。以半导体与集成电路产业为例，我国半导体与集成电路产业起步晚但发展迅速。我国半导体和集成电路产业已多年连续保持两位数增长，显著高于全球增速。2019年，行业销售额达7 590多亿元人民币，比2018年增长了16.2%。尽管我国半导体与集成电路企业大多集中在产业链低附加值功能环节，在国际产业内分工中仍然处于明显的不利地位，但我国企业正加速迈向产业链高附加值功能环节，并取得了一系列突破性进展。表0-2显示了我国企业在半导体与集成电路产业链部分高附加值功能环节上的分布情况。在芯片设计软件（EDA）环节，我国已拥有华大九天、广立微、芯和半导体、蓝海微、九同方微、奥卡思、博达微等一批EDA企业。这些企业在单点仿真工具或者综合工具方面已经具备一定的竞争力，以华大九天为代表的部分EDA软件企业已经具备面向特定领域提供全流程的集成电路设计和解决方案的能力。作为可重复使用的设计模块，IP核开发在芯片设计环节也居于重要的位置，我国芯原微电子IP核开发业务发展迅猛，全球市场占有率可以进入前十名。在芯片设计方面，华为海思率先突破，技术水平可以比肩国际行业巨头。在芯片制造材料方面，12英寸大硅片已初步实现了国产化，8英寸国产硅片供给规模持续扩大。而在"卡脖子"最为严重的光刻机领域，虽然荷兰ASML、日本尼康（Nikon）和佳能（Canon）等企业垄断了中高端市场，但我国企业也实现了"0"到"1"

的突破，上海微电子、北方华创等企业也在光刻机、刻蚀机领域取得了快速发展。

表 0 - 2　　我国企业在半导体与集成电路产业链关键环节上的突破

环节	EDA	IP 核	设计	硅片	光刻机
功能	芯片设计软件	可重复使用的设计模块	芯片物理版图	芯片的物理载体	芯片加工
境外企业	Synopsys Cadence Mentor	Synopsys, Cadence Imagination Technologies Semiconductor CEVA Rambus Mentor Graphics eMemory（中国台湾）Sonics	高通、博通、英伟达、AMD、赛灵思	日本信越半导体、胜高科技、中国台湾环球晶圆、德 Siltronic、韩 LG	荷 ASML、日尼康、佳能
国内企业	华大九天、中芯愿景、芯禾科技、广立微电子等	2019 年我国芯原微电子全球市场份额的约为2%，全球排名第七	华为海思率先突破，技术水平比肩国行业际巨头	12 英寸国产硅片实现了初步突破，8 英寸国产硅片供给规模持续扩大	上海微电子、华卓精科、芯原微电子、屹唐半导体等

注：表中资料来源于作者文献分析基础上的结果。

第四节　本书的研究安排

产业结构优化升级是新常态下提升我国经济综合竞争力，实现经济高质量发展的重要途径。通过对相关文献进行系统的梳理，我们发现现有文献对新常态下我国产业结构优化升级问题的研究还存在以下三方面有待推进之处。

第一，现有文献从不同的角度对我国产业结构优化升级问题进行了分析，提出了不少有价值的观点和政策建议。但是现有文献在研究中混用产业结构优化升级、产业结构调整和产业结构升级等概念，未能对产业结构优化升级问题提供一个统一的解释，一方面导致各种概念的内涵不够清晰，相互之间存在重叠交叉的情况；另一方面导致研究的理论解释力和应用价值受到一定程度的局限。产业结构优化升级本身是一个较为复杂的问题，如何在理论上界定产业结构优化升级的内涵以及在实证上度量产业结构优化升级的状况呢？对这两个问题的回答十分重要。虽然不少文献从各自的专业视角提出了很多观点，但仍有进一步探讨的必要。本研究认为，归结起来看，产业结构优化升级至少包含以下两个理论维度的内涵：一是横向的部门结构优化，即国民经济体系中不同类型产业的产出、就业等相对比重的变化，这反映了一个国家和地区产业体系门类构成的变化。而部门结构优化意味着国民经济体系中高技术密集度、高效率行业的相对比重上升。二是纵向的产业功能升级，即一个国家或地区企业在不同类型行业价值链的研发设计、零部件生产、加工组装以及品牌营销等功能环节上分布结构的变化，这反映了一个国家和地区产业体系功能构成的变化。如果一个国家或地区处于不同类型行业价值链的研发设计、核心零部件生产和品牌营销等高附加值环节上的企业数量的比重趋于上升，则意味着产业体系的功能结构实现了升级。我们认为，通过对以上两个理论维度进行深入的分析，才能较为全面地把握产业结构优化升级的内涵以及新常态下我国产业结构优化升级的方向与路径。为此，我们将构建一个包含上述两个理论维度的分析框架来对新常态下产业结构优化升级问题进行理论与实证分析，并提出相关政策建议。

第二，一个国家或地区产业结构优化升级是受多方面力量共同作用的结果。概括地讲，我们可以将影响产业结构优化升级的因素划分为以下三类：第一类是供给因素，具体包括土地、自然资源、人口、资本等有形的生产要素以及技术、知识等无形的生产要素。这些要素的相对丰裕程度决定了生产要素投入成本的高低以及企业所使用生产要素的组合方式，因此，要素供给条件的变化对一个国家或地区的产业结构优化升级具有重要的影响。第二类是需求因素，具体包括最终产品需求和中间产品需求两大方面，这两方面需求的规模和结构变动不仅拉动了地区经济增长，也对地区产业结构优化升级产生重要的牵引作用。市场需求变动会通过价格机制向厂商发出信号，诱导企业重新安排资源组织生产，导致要素资源在不同部门以及产业链不同功能环节之间流动，并最终引发商品与服务供给结构的改变。第三类是制度与政策因素。制度与政策因素涉及一个国家或地区经济活动治理的规则体系以及相应的配套政策措施，它通过影响经济运行的环境作用于市场主体的行为决策，并进而对地区产业结构产生影响。不同的制度安排与政策举措对市场供给和需求的动态变化以及二者之间的匹配水平会产生不同的影响，从而在很大程度上影响了地区产业结构变化。本书将从以上三个方面入手对新常态下影响我国产业结构优化升级的因素进行深入分析，以揭示地区产业结构优化升级的逻辑机理。

第三，改革开放以来，我国采取了区域非均衡发展战略，在政策上支持东部沿海地区优先发展，东部沿海地区在富起来之后再辐射带动中西部等欠发达地区的发展。这种区域非均衡发展战略的实施结果就是我国各地区之间发展水平存在较大差异。严格来说，新常态下我国不同地区处于工业化的不同阶段，产业结构调整的方向、目标和路径均有很大的不同。我国东部沿海地区由于在改革开放过程中走在前面，是我国经济发达地区，特别是环渤海、长三角和珠三角城市群地区更是我国发达地区的代表。这些发达地区已经率先进入了工业化中后期，产业结构层次较高，有的产业甚至已达到发达国家的水平。相比之下，我国中西部不少地区经济增长速度较慢，经济总量和人均收入水平偏低，有的地方还处于工业化的起步和初级阶段，产业结构层次也较低。不同地区工业化程度与产业结构层次的差异，决定了不同区域面临的产业结构优化升级任务有较大的不同，需要不同的政策支撑。因此，我们在研究新常态下我国产业结构优化升级问题时，有必要将这种地区差异考虑进去。考虑到东部沿海大部分地区已率先进入了工业化中后期，因此，以东部沿海发达地区为样本的研究更有助于揭示在当前全球经济大变局下我国产业结构优化升级的方向与策略。鉴于此，本书聚焦广东省产业发展实践，力图通过对广东省产业结构调整经验的总结，提炼出具有普遍意义的用于解释新常态下我国产业结构优化升级的理论框架。

本书总体研究框架主要包括以下三部分内容：第一部分是理论分析，具体包括产业结构优化升级的理论维度、产业结构演变的影响因素以及产业结构优化升级的战略途径三方面的内容，主要是从理论逻辑上对产业结构优化升级的科学内涵、微观机理和战略途径进行分析，为本书提供一个统一的理论框架。第二部分是实证分析，主要包括新常态下我国产业结构优化升级的紧迫性分析，广东省产业结构优化升级的经验分析以及广东省佛山市顺德区产业结构优化升级的案例分析，主要是通过对广东省产业结构演变的实践分析来验证第一部分提出的理论框架。第三部分是政策研究，主要在前两部分的基础上提出新常态下推进产业结构优化升级的政策设计和改革对策，包括改善要素供给条件、推动需求升级和优化市场环境三方面的改革对策建议。

基于上述总体研究框架，本书共包括八章内容。第一章对产业结构演变的规律、产业升级理论以及新常态下我国产业结构研究的相关文献进行了梳理，揭示本书的文献背景、理论来源和推进之处。第二章在综合区域经济学、产业经济学、新制度经济学等理论最新研究进展的基础上，分析产业结构优化升级的科学内涵和逻辑机理，构建了本书的总体理论框架，阐明本书的技术路线。第三章主要从新技术革命、国际环境变化和国内发展约束三个角度分析新常态下我国产业结构优化升级的必要性和紧迫性。第四章对广东省经济发展的阶段性转变进行实证分析，具体分析了新常态下广东省所处发展阶段的基本特征，以及广东省地区要素供给条件、市场需求状况与制度环境方面的变化态势。第五章聚焦分析了广东省产业结构优化升级的经验，具体包括广东省产业体系的部门结构优化、产业功能升级、产业效率以及广东省产业结构存在的突出问题等内容，深入揭示了广东省在产业结构优化升级上取得的实际进展和面临的挑战。第六章以广东省佛山市顺德区为例，分析产业体系部门结构优化的实践途径，并对地区新产业动能的培育策略和路径进行了深入探讨。第七章分别对广东省佛山市顺德区家用电器、家具和智能机器人三大产业的功能升级进行了实证分析，揭示了异质性产业功能升级路径的差异性。第八章聚焦产业结构优化升级的政策研究，从改善地区要素供给条件、推动市场需求升级和优化政策环境三个方面探讨了新常态下推进我国产业结构优化升级的政策举措。

第一章

文 献 评 述

第一节　产业结构变迁的一般规律

经济增长过程中的产业结构变迁一直是经济学理论关注的重点问题，早在 17 世纪，古典经济学理论就开始研究产业结构变动的一般性规律。配第（Petty，1671）最早分析了产业结构与国民收入水平之间的内在关联性。他发现当时在欧洲号称"海上马车夫"的荷兰，人均收入水平比欧洲其他国家要高，而与此相联系的是荷兰大部分人口从事制造业和商业；同时，在英国船员与农民之间也存在着较大的收入差距。配第认为，导致上述差距的原因在于"制造业的收益比农业多得多，而商业的收益又比制造业多得多"[①]。这种收入差距会使人口"从穷困悲惨的农业方面转移到更有利的手工业"，最终改变一国"农业占多数，工人占少数"的状态。配第的这一思想初步揭示了经济增长过程中产业结构变动的一般规律，即收入差异引发了劳动力在农业、工业和商业之间的转移，这使得伴随着经济发展，会有越来越多的劳动力从农业转向工商业，从而导致工商业在国民经济中所占的比重也更高。

---

① ［英］威廉·配第. 政治算术［M］. 北京：商务印书馆，1978：19 – 20.

　　在继承配第思想的基础上，克拉克（Clark，1940）在 1940 年出版的《经济进步的条件》一书中较为全面地分析了产业结构变动与经济增长的关系。基于费雪尔（Fisher）提出的三次产业分类法，克拉克对 40 多个国家历史数据进行分析，得出了被人们称为"配第—克拉克"定理的关于产业结构变动的一般规律。即随着人均收入水平的提高，劳动力首先从第一产业向第二产业转移，当人均收入进一步提高时，劳动力便更多地向第三产业转移。上述劳动力转移的结果就是，随着人均收入的增加，第一产业的劳动力份额呈现不断下降的趋势，而第二产业和第三产业的劳动力份额却呈现出不断上升的趋势，第二、第三产业依次成为国民经济的主导行业。

　　库兹涅茨（Kuznets，1959，1973）进一步发展了"配第—克拉克"定理，他同时用劳动力和产值比重两种比例关系来刻画产业结构变动的趋势。在经济持续增长的过程中，农业的劳动力和产值比重都呈现出持续下降的趋势，产值比重下降的幅度要大于劳动力比重下降的幅度；工业的产值比重则呈现出持续上升的态势，但工业部门所吸纳的劳动力比重的变动趋势并不确定或者只有小幅度上升，这表明在一个经济体的工业化腾飞阶段，工业在国民经济中的主导地位不断强化，其所占产出比重不断上升，但是工业吸纳劳动力的能力是有限的，由于机器设备的大量采用，工业部门劳动力比重上升到一定水平后就开始保持不变；而服务业所吸纳劳动力的比重一直持续上升，但是其产值比重却没有表现出明显的上升趋势，这意味着服务业吸纳劳动力的能力显著强于其产出能力。

　　钱纳里等（Chenery et al.，1986）对多国数据进行了实证分析，更深入地探讨了收入水平与产业结构变动之间的关系。他们发现经济发展过程中不同类型经济体在产业结构变动上既表现出共性的趋势，也存在着明显的差异性。一般而言，产业结构变化通常遵循以下动态演进轨迹：在工业化的起始阶段，第一产业的比重较高，第二、第三产业的比重较低；随着工业化的推进，第一产业的比重持续下降，第二产业的比重持续提高，而第三产业的比重仅有小幅度的上升，表现出相对的稳定性；在工业化的后期，第三产业的比重持续上升，第二产业的比重则趋于下降。在上述进程中，第二、第三产业比重的演化轨迹总体上呈上升趋势，而农业比重趋于下降。这首先是市场需求变化的结果，在恩格尔（Engel）定律的作用下，由于绝大部分农产品的需求收入弹性显著低于工业和服务产品，因此，随着收入水平的上升，人们在食品上的消费支出会下降，市场需求增长缓慢，抑制了农业部门的增长，农业在总产出中的比重不断下降。相反，由于对工业和服务产品的需求增长迅速，第二、第三产业的投资与产出具有足够的市场需求支撑，从而有利于第二、第三产业的扩张。同时，从供给的角度来看，伴随着经济增长过程中的技术进步，农业部门的生产率提高了，农业部门不再需要过多的劳动力，这在保证农产品需求得到满足的同时，也为剩余劳动力从农业部门流出创造了条件，而劳动力从农业部门流出，推动了第二、第三产业的增长（波金斯等，2001）。

　　与上述文献关注国民经济中大类产业结构变化趋势不同，霍夫曼（Hoffmann，1931）集中研究了第二产业内部的结构变动。他认为在工业化进程中，资本品的增长快于消费品增长，从主要从事消费品生产的轻工业转向主要从事资本品生产的重化工业是经济发展的一个重要阶段，也是第二产业的内部结构演变的一般模式。霍夫曼计算了 20 个国家制造业中消费资料产业净产值与生产资料产业净产值的比例关系（霍夫曼系数）。根据该系数的大小，霍夫曼将一个国家或者地区的工业化水平具体划分为以下四个阶段（如表 1 - 1 所示）：第一阶段的霍夫曼系数为 5（±1），这一阶段的工业化水平较低，消费资料产值在制造业中的比重较高，生产资料产业发展缓慢，资本品产值在制造业中所占比例较低。第二阶段的霍夫曼系数为 2.5（±0.1）。虽然这一阶段消费资料产值在制造业的比重高于资本品产值，但是消费品制造业的发展速度开始慢于资本品制造业。第三阶段的霍夫曼系数基本维持在 1（±0.5）左右，资本品制造业的发展逐渐赶上消费品制造业，二者的生产规模基本持平。第四阶段的霍夫曼系数基本处在 1 以下。这时工业化进程进入重化工业占主导地位的第四阶段，消费品的生产规模开始小于资本品。在霍夫曼看来，工业化的主要特征是资本品生产的相对增加以及消费品生产的相对减少，工业化可以被定义为生产的"资本化"，即工业化过程实际上是一个资本深化过程。

表 1 –1　　　　　　　　霍夫曼工业化阶段指数

工业化阶段	霍夫曼系数 = 消费资料工业净产值/资本资料工业净产值
第一阶段	5（±1）
第二阶段	2.5（±1）
第三阶段	1（±0.5）
第四阶段	<1

注：括号内的数字是允许存在的偏差幅度。
资料来源：张冬梅，汪彤. 产业经济学 [M]. 北京：社会科学文献出版社，2013：133.

第二节　后发经济体的产业结构变迁

与古典经济学着重讨论产业结构变迁的一般规律不同，第二次世界大战之后兴起的发展经济学则集中关注落后经济体产业结构变迁问题。由刘易斯（Lewis，1954）提出后经费景汉—拉尼斯（Ranis and Fei，1961）扩展和完善的"二元经济模型"是分析后发经济体产业结构变迁的经典模型。所谓"二元"经济，是指一个经济体中效率低下的传统（农业）部门和效率较高的现代（工业）部门同时存在的状态。传统农业部门使用劳动力密集型技术，依靠家庭劳动力而不是大规模地雇佣劳动力进行生产，技术水平较低、规模经济性较弱。在耕地面积一定的条件下，随着劳动力数量的增加，农业部门劳动的边际产量在劳动投入数量较低的就出现递减并最终趋向于零，这使得传统农业部门的边际生产率低于工资，农业部门存在着大量过剩劳动力。这样就可以从传统农业部门把劳动力转移出来并提高效率，这就为落后经济体实施工业化战略创造了条件，随着工业化的推进，落后经济体的农业比重下降，工业比重上升。这种结构转变的作用机制如下：（1）在传统部门存在剩余劳动力的条件下，如果农业的工资不变，农业中的总工资支付就会随农业劳动力数量的减少而减少，但在农业中劳动力的边际产出为零的条件下，农业的总产出并不随其劳动力数量的减少而减少，从而就会出现农业剩余，这时，平均每个转移劳动力的农业剩余等于不变的农业工资。这样，每个从农业部门转移到工业部门的劳动力必然会要求得到至少与农业部门相同的工资，此时，工业部门面临的劳动力供给曲线就是在该工资水平下的一条水平线，这意味着工业部门的劳动力供给无弹性，这对落后经济体工业化进程的启动是十分有利的。随着劳动力持续从农业部门转出，其边际产出从零转变为正值，但在一定阶段内依然低于工资水平，农业部门从劳动力绝对过剩阶段中进入隐蔽失业阶段。在这一阶段，当劳动力从农业部门转向工业部门时，农业的总产出就会下降，每个转移劳动力的平均农业剩余就会低于农业工资，导致食品价格上升。作为对食品价格上升的补偿，工业部门工资也必须上升，但是即使工资上升，工人的食品消费量与过去相比也会下降，因为这时平均每个转移劳动力的农业剩余已经减少了。农业劳动力工资开始上升的点被拉尼斯和费称为"第一个转折点"。（2）如果农业劳动力继续向工业转移，农业的边际产出会持续提高，当农业劳动力的边际产出高于工资时，为了与工业部门竞争劳动力，农业部门劳动力的工资也会上升直到与农业劳动力的边际产品相等，这时，农业部门就进入商业化时期，工业部门的工资也迎来了第二个转折点，即工资必须进一步上升，以补偿由转入工业而丧失的更高农业收入。当工业部门中劳动力的边际产量大于不变的农业部门工资时，工业化进程就启动了，工业部门兴起并开始增长。由于雇佣的劳动力的边际产量是高于工资水平的，因此，工业部门实现了利润，并将可以利用利润积累进行再投资。工业部门的资本积累推动了经济增长，工业部门的投资增长会产生对劳动力的更大需求，从而引起劳动力进一步从农业流向工业部门。上述过程就是二元经济理论对落后经济体产业结构演变的刻画。

随着二元经济模型的提出，产业结构变动与落后国家经济增长的关系也成为发展经济学文献关注的主题，文献所揭示的工业化早期的结构变动红利与工业化后期的"鲍莫尔成本"构成了落后经济体不断追赶发达经济体的内在结构性机制。阿布拉莫维茨（Abramovitza，1986）认为，在落后经济体工业化进程中，生产要素通常会从低效率产业转向高效率产业。这种要素转移所引发的产业结构变动，意味着高效率产业所占比重提升，这会显著地提高落后经济体的生产效率，从而使得落后经济获得基于结构转换的更快的增长率。罗斯托（Rostow，1988）认为，现代经济增长必然伴随着产业结构的持续变动，产业结构变动是一个基于技术在产业内和产业间不断累积和扩散的过程。在这一过程中，产业结构变动通过各种产业关联效应将技术不断扩散至其他产业，因此，产业结构变动通过增强技术外溢效应而实现了更加快速的经济增长。这种产业结构变动与经济增长之间的正向关系被称为"结构红利"假说（Timmer and Szirmai，2000）。结构红利假说强调了工业化早期生产要素跨部门流动对生产效率提升的促进作用。但是，随着一国向成熟经济体迈进，在工业化的中后期，工业不再居于主导产业的地位，服务业崛起成为主导的产业，这种结构转变反而不利于经济增长。罗斯托（Rostow，1962），库兹涅茨（Kuznets，1985），鲍莫尔（Baumol，1976）等人对"后工业化"阶段的产业结构变动特点进行了分析，一个基本的共识是工业化早期的结构变动与工业化后期的结构变动在内在趋势以及对经济增长的影响等方面存在着显著的差异，这使得处于不同工业化阶段的经济体表现出具有明显差异的经济增长态势。不少文献发现，在落后经济体迈向成熟经济体的后期，工业部门生产率的增长速度通常要快于服务业部门，而这两类产业的工资水平的增长速度几乎相等，所以服务业部门的单位成本和价格水平要比工业增长得更快。与此同时，随着收入水平的提高，消费者愿意支付教育、医疗等服务产品不断攀升的价格，服务产品的需求价格弹性很低，这样会引起更多的消费支出流向服务业。因此，在工业化后期，服务业占主导地位的产业结构的形成反而会降低经济增长（生产率）的速度[1]（Baumol，1976；Maddison，1987；McCombie，1991；

---

　　[1]　在工业化后期的这种产业结构变动与经济增长之间的负相关关系经常被称为"鲍莫尔成本"，它的存在意味着工业化后期生产要素在产业间的再配置又可能会降低生产率的增速，从而降低了潜在经济增长率。

Oulton，2001；Magnani，2003；Pugno，2006）。

第三节 经济新常态与我国产业结构优化升级战略

我国是一个发展中大国，在经历了改革开放 40 余年的高速经济增长之后，正逐步转入追赶发达国家的新阶段。在新常态下，我国产业结构优化升级既体现出后发经济体追赶过程中产业结构演变的一般规律，又表现出新追赶阶段的特殊问题。目前，已有不少文献对新常态下我国经济发展和产业结构优化升级问题进行了分析。

一、新常态下我国经济发展面临的挑战

新常态下，我国经济增长率下滑的趋势不仅受到我国国内一系列结构性问题的影响，还受到国际上一系列不利因素的影响。如果这些问题得不到有效的应对和处理，会对我国经济的稳定增长和城乡居民收入水平的进一步提高造成较大的负面影响。因此，部分学者从全球视野出发，着重分析了新常态背景下我国经济面临着严峻的外部挑战，并且这些挑战主要源自西方发达国家的经济竞争与地缘政治战略。韩文秀（2013）指出，世界金融危机发生后所出现"逆全球化"和发达国家"再工业化"现象虽然不会从根本上改变全球化的基本趋势和国际产业分工的基本格局，但对我国的影响还是存在的。对我国而言，全球经济再平衡的压力、减少碳排放的压力、承担更多国际义务的压力将长期存在。同时，美国在反恐战争告一段落后，在军事、外交上"重返亚洲"，搅乱了和平安定的周边环境，对我国遏制的一面明显上升。徐洪才（2014）指出，"新常态"下中国经济面临的外部环境存在三大突出问题，具体包括全球金融治理向美元主导的旧体制回归、亚洲金融稳定机制存在内在缺陷，WTO 多边框架下的自由贸易谈判未能取得实质性进展。张占斌（2015）认为，从中长期来看，进入新常态后的中国经济主要面临着两

大外部挑战：一是世界经济游戏规则正面临深刻调整。以美国为首的发达国家积极推进 TPP 和 TTIP，以美联储为中心的六国实行货币互换，对中国深度融入全球经济和产业分工带来新挑战。二是世界正在酝酿新的科技革命和产业变革。新的技术和商业模式的应用，对现有产业体系可能带来很大冲击。谈俊（2015）认为，"新常态"下基于阶段性分化和区域性融合并存的外部环境特征，我国出口领域将面临来自全球经济增速放缓、部分国家货币相对贬值、贸易保护主义抬头、新兴经济体和发展中国家的竞争等方面的挑战。

与上述学者不同，更多的学者着重关注源自我国内部的问题和挑战。王一鸣（2013）将"新常态"给我国经济带来的新挑战归结为以下四个方面：产能过剩矛盾将趋于突出、生产要素成本加快上升、企业创新能力不足，以及财政和金融风险上升。向松祚（2014）认为，已经进入"新常态"的中国经济面临三大根本性难题：第一，劳动生产率的增长速度大幅度放缓，这是经济增速持续放缓的根本原因甚至是唯一原因；第二，贫富分化和收入分配的较大差距。贫富分化和收入差距扩大，不仅会严重遏制低收入老百姓的消费，而且会导致大量社会问题；第三，我国经济的高速增长已经对资源、环境造成巨大破坏，这个代价难以估量。马光远（2014）指出，新常态下的中国经济发展至少面临着四项风险：刺激依赖症的风险、不改革的风险、过去刺激政策导致的产能过剩和企业债务风险，以及房地产业全面调整带来的风险。夏金彪（2014）认为，新常态下中国经济增长下行压力仍然不小，长期积累的深层次矛盾逐步暴露，企业面临着成本上升、产能过剩和创新能力不强等多重挑战。刘世锦（2014）指出，新常态下中国经济面临着三个方面的重要挑战：一是如何有效把控和化解转换过程中的财政金融风险；二是如何有效提升非贸易部门的效率；三是如何拓展新的增长领域，并促进多种形式的创新。李扬和张晓晶（2015）认为，在经济新常态时期，我国经济发展面临的新矛盾主要体现在产能过剩、地方债务风险、城市化战略转型和金融乱象丛生四个方面。沈坤荣（2015）指出，新常态下我国处于增长速度换挡期、结构调整阵痛期和前期刺激政策消化期"三期叠加"

阶段，在受到国际经济形势不确定性影响的同时，也受累于自身的体制性问题。

二、新常态下我国产业结构优化升级战略

既然新常态下我国经济发展面临着上述一系列风险与挑战，那么，如何有效地应对上述问题呢？理论上讲，在当前我国所面临的各种结构性问题中，产业结构是核心性的基础结构，是新常态下我国加快转变经济发展方式的主要突破方向，产业结构优化升级对未来我国经济社会发展的影响至关重要。因此，不少文献将产业结构优化升级作为一项重要的应对战略进行了讨论。

第一，一部分文献着重讨论新常态下我国宏观的经济转型、结构调整和经济增长问题。国家发改委宏观经济研究院课题组（2010）的研究发现，"十二五"前的一段时间，我国产业结构顺应了需求变化支撑了经济高速增长，但所形成和积累的问题也在很大程度上制约了我国未来经济持续健康发展。我国产业结构的矛盾集中表现为过度集中于生产和加工制造等价值链中低端环节，而研发、设计、供应链管理、营销、品牌等高端环节缺失，由此带来了产能过剩，能源、资源与环境压力，贸易条件恶化，现代服务业发展滞后以及国民收入增长缓慢等一系列问题。为此，"十二五"时期我国应总体上实施"突破关键环节、提升价值链"的产业结构优化升级战略。中国经济增长前沿课题组（2013）基于拓展的增长核算框架，分析了新常态下我国经济转型的六方面结构性特征，具体包括：人口结构转型、生产率的产业再分布、收入分配调整、城市化率提高、资本效率递减以及全要素生产率改进空间狭窄，这些因素的共同作用可能引起经济增长速度放缓。在向发达经济阶段迈进的假设下，中国的资本和劳动产出弹性、投资率、产业结构等均呈现出向经济发达阶段收敛的态势。这种"结构收敛一致性"可能潜藏了经济过快减速的宏观风险。为应对这种潜在风险，应将政策着力点放在提高资本效率上，建立低效率企业的市场出清机制，并进行相应的制度改革。中国社会科

学院财经战略研究院课题组（2013）对政府主导型和市场主导型的经济结构调整方式进行了比较分析，发现政府主导经济增长和结构调整的方式的负面效应已超过正面效应，政策操作空间也已日益萎缩，结构调整方式的市场化改革势在必行。为此，要改变"保姆心态"和包办式思维惯性，切实从行政命令调节转变为市场信号调节，使结构性的资源存量配置问题的解决切实建立在市场化的税率机制、利率机制、汇率机制、价格机制、订单机制、淘汰退出机制的基础上。中国经济增长前沿课题组（2014）分析了中国经济增速放缓条件下经济转型的方向，指出资本积累速度下降、人口红利消失和"干中学"技术进步效应消减的三重叠加，是新阶段中国经济增长速度放缓的主要原因。同时，现阶段制度结构阻碍了技术创新，扭曲了人力资本配置，导致上述三重冲击带来的经济增长减速无法通过生产效率提高来加以补偿和缓冲。为保证经济增长的延续性和有效性，必须加快推进存量调整，推动传统赶超模式中的"纵向"干预体制向"横向"竞争机制转变，在"科教文卫"等公共服务部门和事业单位进行市场化改革。何玉长（2015）认为，当前中国新常态经济面临跌入"中等收入陷阱"的严峻挑战。中国实施新常态经济发展战略是跨越"中等收入陷阱"的必然选择。这种战略的一项重要内容就是着力调整经济结构，以跨越"中等收入陷阱"，包括实现经济结构转型和产业升级，转变经济增长方式，以及创新增长动力机制。刘伟、蔡志洲（2015）分析了我国工业化进程中产业结构优化升级与新常态下经济增长之间的关系。他们认为当前中国已进入工业化后期，在这一新的发展阶段，第三产业将替代第二产业，成为经济增长的主导产业，具体表现为第三产业的增长率将高于第二产业，占国民经济中的比重也超过第二产业并且开始迅速提升，而第二产业的增长率则出现回落。

第二，部分文献聚焦分析了新常态下我国产业结构优化升级的必要性、一般性目标和战略路径。张秀生、王鹏（2015）认为，产业结构优化是新常态背景下经济工作的重要任务。在以"转方式、调结构、促转型"作为阶段发展目标的基础上，应构建结构优化、技术先进、清洁安全、附加值高、吸纳就业能力强的现代产业体系，推动三次产业比例协调、行业内部构成有序、大中小微企业共同成长、区域布局合理的产业结构，以确保经济社会健康发展。魏杰、杨林（2015）指出，新常态下产业结构优化升级是我国经济发展的主要任务，新常态下服务业、战略性新兴产业和现代制造业急需升级和培育。同时，产业结构优化升级可能会造成很多企业经营困难甚至破产，产业结构优化升级的成本应由政府承担主要部分。因此，政府应实施更加适应新形势的配套改革措施，为产业结构优化升级提供更加便利的条件。刘英基等（2015）认为，全球金融危机后，新兴经济体面临着经济增长、结构调整、可持续发展和就业的压力。在逐步融入全球价值链，成为全球产业新型分工格局的重要环节过程中，新兴经济体普遍面临着推动产业转型升级，攀升全球价值链高端环节的重要任务。刘雅君、卢婧（2015）认为，新常态下中国产业结构优化升级的环境条件发生巨大变化。从国际条件上看，各国在金融危机后加速调整产业结构，加强技术创新，使原有的产业分工格局发生变化；从国内条件上看，我国第二产业发展处于中后期，原有人口红利消失，城镇化进程加快。因此，新常态下应加快我国传统产业转型升级，推动战略性新兴产业和先进制造业的发展，积极发展生产性服务业，合理布局基础设施和基础产业，推动现代信息技术产业的发展。郭旭红、李玄煜（2016）分析了新常态下我国产业结构优化升级的有利因素，具体包括战略性新兴产业和生产性服务业的快速发展，大国人口的"二次红利"，以及"一带一路"倡议所提供的新机遇。徐礼伯等（2016）基于波特的钻石理论框架分析了新常态下的供给侧结构性改革与中国产业结构优化升级问题，指出供给侧结构性改革应围绕构建微观动力机制、转变政府职能建设新型"强"政府、化解产能过剩尤其是"隐性"过剩等方面展开，同时要做好需求端的协同，适当扩大总需求，优化需求结构，从根本上内生地促进产业结构优化升级。张俊山（2016）用社会再生产理论分析了经济发展的"新常态"及结构调整方向，指出引领新常态，需要通过提高经济发展的质量和效率，对经济结构进行存量调整、增量做优，以创新驱动为发展动力等手段实现发展方式的转变。

第三，还有一些文献从不同的专业视角来分析新常态下我国产业结构优化升级问题。林毅夫、巫和懋、邢亦青（2010）基于产业进入的动态分析框架，对产业"潮涌现象"的形成机理进行了分析。他们发现，在经济景气周期下，产能过剩经常成为经济复苏过程中必须加以应对的问题。在发展中国家，由对产业良好前景的市场共识引起投资大量涌入、导致产能过剩的"潮涌现象"十分突出，并由此导致结构性产能过剩。为此，政府要从产业政策层面加强对"产能过剩"的治理，通过结构性政策组合控制潜在的"产能过剩"行业发展，同时鼓励引导新兴产业发展，培育新的经济增长点。安苑、王珺（2012）综合利用 1998～2007 年的区域和产业数据，采取两阶段回归的方法分析了政府财政行为的波动性对产业结构的影响。他们发现地方政府财政行为的波动，显著抑制了产业结构的升级，财政行为的波动性越大，那些技术复杂程度越高的产业的份额下降越多，特别是行政管理支出的波动性会产生更大的负面影响。因此，如何促进地方政府行为模式的合理化，对我国产业结构优化升级十分重要。龚强、张一林、林毅夫（2014）分析了银行和金融市场在不同经济发展阶段对产业发展的作用差异。他们发现当产业的技术和产品较为成熟时，风险相对较低，资金回报较稳健，银行是更加有效的融资渠道；而在技术前沿的产业中，创新和研发是企业发展的关键，技术风险和市场风险都较高，金融市场能够提供更加有力的支持。随着经济发展，产业结构不断升级，金融结构也必将随产业结构的变化而变迁。在中国经济由成熟制造业主导的阶段，银行为主的金融体系为经济发展提供了重要支持。随着中国经济转型和产业升级，许多产业不断接近世界技术前沿，金融市场的重要性将逐步显现，而良好的市场投资环境是金融市场有效发挥作用的前提条件。柯善咨、赵曜（2014）使用地级及以上城市面板数据，实证分析了产业结构和城市规模对我国城市经济效率的协同影响机制，估计与产业结构相适应的最优城市规模以及在城市规模约束下产业结构转变的边际效益。研究结果显示：生产性服务业——制造业结构对生产率的影响取决于城市规模，城市需要达到一定的门槛规模方能从上下游产业关联中获益。随着城市规模的增大，城市经济效益发生先增长后下降的倒 U 型变化，而城市规模增大的边际收益则随产业结构向服务业转变而增加。我国大部分地级市的实际规模仍小于最优规模，因此，经济发达的大城市向服务型经济转型的同时，中小规模的地级市应该推动当地制造业的发展和人口集聚。刘楷（2015）利用我国各地区1998~2012年工业发展数据的实证分析发现，能源原材料工业在地区工业中所占百分比减少，倾向于增加地区工业的相对增长速度；而装备制造业在地区工业中所占百分比增加，亦倾向于增加地区工业的相对增长速度。因此，靠发展能源原材料工业来提升地区工业增长速度的做法，最终会降低工业增长速度，而要加快地区工业增长速度，最终要依托装备制造业和轻工业的发展。在经济新常态下，各地区要更好地通过地区工业结构的变动来加速地区工业发展。张云等（2015）分析了经济新常态下中国产业结构低碳转型问题，他们以经济增长和二氧化碳排放减少为目标函数，以排放强度、一般均衡、水资源、部门扩张、就业等为约束条件，构建多目标规划模型，定量分析了经济新常态不同产出增长率下，产业结构低碳化模拟结果以及控制碳排放的宏观经济成本。结果表明，通过产业结构低碳转型可以实现我国量化减排目标，而且我国产值增长率越大则实现减排目标的平均宏观经济成本越小，严控高碳行业增长的产业结构优化，不仅可以实现较高水平的减排目标，还可以增加工业产值和就业人数。汪伟、刘玉飞、彭冬冬（2015）从消费需求效应、人力资本积累效应、劳动力禀赋效应、劳动生产率效应、老龄负担效应这五个方面探讨了人口老龄化引起产业结构转变的理论机制，通过构建多维产业升级指标并运用中国1993~2013年29个省份面板数据进行了相应的实证研究。结果表明，人口老龄化与产业结构优化升级并不是对立的，人口老龄化不仅促进了中国三次产业结构的优化，还推动了制造业与服务业内部技术结构的优化。人口老龄化推动产业结构优化升级的机制主要包括增加消费需求、加快人力资本积累和"倒逼"企业用资本和技术替代劳动。吴意云、朱希伟（2015）以中国31个省、自治区和直辖市37个工业行业面板数据为基础的实证研究发现，中国工业的地理集中和行业专业化在2005年前后均由上升转为下降，导致省际产业同构现象加剧，而地方政府所采取的相似的产业政策是导致这一现象的直接原因，中央政府的产业政策是地方政府制定本地产业政策的重要参照，是诱使各地产业政策高度相似的深层原因，"中央舞剑、地方跟风"已成为一种普遍的发展模式。这种发展模式往往会迫使欠发达地区偏离自身条件，被动"复制"发达地区的经验，造成中国工业的地理集中度过低和地区间分工不足，从而引发经济上的效率损失。戴觅、茅锐（2015）[①] 基于 1998～2007 年的规模以上工业企业数据库数据，分析了我国不同部门间经济收敛的异质性特征，揭示产业结构对我国省际间经济收敛的影响。他们发现，与人均 GDP 不同，我国工业部门的劳动生产率在省际间表现出稳健的绝对收敛特性，但非工业部门劳动生产率不存在收敛趋势。因此，产业结构在解释我国地区经济收敛问题中起到了重要作用，优化落后地区的产业结构，推进落后地区工业化进程，有助于缩小我国地区之间经济发展的差距。辜秋琴、董平（2016）基于我国1996～2014 年的数据，运用灰色关联分析法实证检验了自主创新与产业结构之间的关联性。研究发现，自主创新促进产业结构优化升级的内在作用机制主要体现在两个方面：一是自主创新通过对不同产业相对成本变动的影响来推动产业结构优化升级；二是自主创新通过改变整个社会的需求结构从而促进产业结构优化升级。新常态下政府、市场、企业以及科研机构等多方力量应合作推动我国自主创新能力建设，最终实现我国产业结构协调发展目标。郑江淮、沈春苗（2016）通过一个包含劳动力错配的三次产业非平衡发展模型，再现了改革开放 30 多年来中国经济增长过程中部门生产率向发达国家收敛的路径。数值模拟结果显示，中国部门生产率收敛呈现出不同于国际经验的"工业部门劳动生产率不收敛而服务业部门劳动生产率被动式收敛"特征。而造成中国现实与国际经验背离的主要原因是中国存在严重的劳动力错配，导致过多的劳动力被滞留在工业部门，而服务业部门吸纳本地就业的功能得不到有效发挥。因此，未来很长一段时间内，提高劳动力市场灵活性，消除劳动力在产

① 戴觅，茅锐. 产业异质性、产业结构与中国省际经济收敛 [J]. 管理世界，2015，6：34－46＋62＋187.

业间自由进出的制度性障碍，促进劳动力部门间优化配置，将成为推动中国从"工业大国"向"工业强国"转变的关键。黄群慧、黄阳华和贺俊等（2017）研究发现，在进入中上等收入阶段后，我国出现制造业比重和全要素生产率同时下降的"过早去工业化"的现象，加大了我国落入"中等收入陷阱"的风险。为此，我国必须加快建设制造强国，发展先进制造业，提升传统产业发展的质量和效益。

第四，最近的文献则高度关注我国产业链供应链安全以及现代化水平提升问题。随着党中央作出构建新发展格局的重大决策部署，新常态格局下，我国产业链供应链安全以及现代化水平提升问题引起了越来越多的文献关注。林梦、路红艳、孙继勇（2020）研究发现，全球供应链变局加速演进，呈现出链条逐步缩短、生产本地化、区域化、碎片化、数字化等趋势，将给我国在全球供应链中的地位带来巨大的冲击。我国必须积极应对，通过高质量共建"一带一路"、开展产业基础能力攻关、培育具有供应链整合能力的跨国企业、加强国际供应链合作等举措，稳固提升我国在全球供应链中的竞争优势。牛志伟、邹昭晞、卫平东（2020）实证分析发现，虽然中国已经超越美国和其他贸易大国成为世界各经济体主要上游供应国，但是我国在全球价值链中所获得的附加值较低，尚未形成完整意义上的全球价值链地位优势。我国应积极调整和完善国内国际两个循环圈，强大国内市场，不断提升产业竞争力，以赢得全球价值链重构的新型竞争。朱晓乐、黄汉权（2021）指出，新冠肺炎疫情冲击与中美贸易摩擦、贸易保护主义加剧等因素交互作用，加剧全球供应链向近岸化、多元化、区域化的方向演变。我国应采取科学合理的应对措施，切实维护产业链供应链安全稳定，不断夯实和提升中国在全球供应链中的优势地位和竞争力。中国社会科学院工业经济研究所课题组（2021）将产业链供应链现代化水平提升的驱动机制归纳为终端需求驱动、要素供给驱动、区域产业布局驱动和融入全球产业分工体系驱动四大动力机制，并在此基础上提出了我国产业链供应链现代化水平提升的路径建议。张其仔、许明（2022）认为，提升产业链供应链现代化水平，是强化供给质量、形成新发展格局的必由之路，而推动传统产业政策向产业链供应链现代化导向型产业政策转化，是提升产业链供应链现代化水平的现实路径。沈立、刘笑男（2022）认为，当前全球产业链体系正处于转型期，技术因素使得现有全球产业链分工体系遭遇瓶颈，经济因素驱动第五次产业转移浪潮提速，安全因素推动全球产业链布局重构加速，未来若干以区域中心国家掌控核心环节、周边国家配套生产为特征的区域循环体系或将取代以往的全球大循环体系。为此，我国要加快畅通国内循环，推进"一带一路"建设，构建与欧美国家之间的新型经贸联系。盛朝迅（2022）指出，国际产业竞争正在从产品竞争升级到产业链群之间的竞争，产业链成为世界各国战略竞争的主战场。我国需要更加关注实施产业链政策，增强产业政策制定的"链式思维"和系统思维，尽快制定更具系统性和更有针对性的产业链政策方案，统筹推进产业基础高级化、产业链安全稳定、竞争力提升和现代化升级。徐建伟（2022）指出，随着技术创新发展和全球经济格局重塑，全球产业链正在逐步向强化自主发展、链条扁平发展、多元弹性布局、寻求产业生态等方向转变。我国参与全球产业链分工的原有空间被大幅度压缩，产业链供应链风险显现。我国需要立足强大的国内产业体系和市场优势，有序推进产业链再造重构，加快在新兴前沿领域的布局发展，争取尽快形成更强的竞争优势和分工位势。张杰、陈容（2022）认为，现阶段以美国为首的西方发达国家正在酝酿和制定蚕食策略、局部脱钩策略、同盟封锁策略和区域排挤策略四大新策略，这可能会对中国在全球和国内两个层面的产业链供应链安全形成一定的负面冲击，削弱中国在全球和区域性产业链供应链体系中的现有地位。我国应加大国家和企业层面的基础研究投入，加快构建基于国内市场需求的产业链供应链体系，积极推动全球区域性产业链供应链体系的形成。石建勋、卢丹宁、徐玲（2022）分析了第四次全球产业链重构对中国产业链升级的影响，提出了以扩大内需为产业链升级的战略基点，以高水平开放的双循环新发展格局推进产业链升级，以国内外协同创新推动产业链与创新链深度融合，以高质量发展促进"一带一路"建设布局全球产业链等政策建议。

第二章

新常态下我国产业结构
优化升级的紧迫性

第一节　抢抓新一轮工业革命发展先机的迫切需要

根据主要技术、主导产业和关键投入品等标准来划分，人类社会至少已完整经历了三次工业革命，而目前正处于新一轮工业革命①的发轫期。由于新技术的运用可以大幅度扩张生产可能性边界，提高潜在经济增长率，历史上三次工业革命释放了巨大的生产力，推动了人类文明飞跃式的进步。马克思和恩格斯在《共产党宣言》中指出："资产阶级在它的不到一百年的阶级统治中所创造的生产力，比过去一切世代创造的全部生产力还要多，还要大。……过去哪一个世纪料想到在社会劳动里蕴藏有这样的生产力呢?"②。巨大的生产力创造使得每一次工业革命都对世界政治经济格局产生了革命性的影响，纵观近代以来全球经济发展史，世界强国的兴起无一不是引领工业革命的结果。第一次工业革命之前，英国的经济总量明显落后于其头号竞争敌手法国。18世纪初，英国

---

① 国内外对新一轮工业革命的表述存在差异，这里我们采用的是"二十国集团领导人杭州峰会"公报中提出的"新工业革命"的概念。

② 马克思恩格斯文集（第2卷）. 北京：人民出版社，2009：33–36.

的经济总量大约相当于英国的 50%。但随着第一次工业革命最早在英国发生，以纺织、冶金、铁路、机械等为代表的大机器工业体系在英国迅速建立并壮大起来，扭转了英国经济发展水平长期落后于法国的局面。到 1820 年，英国经济总量超过了法国，人均 GDP 相当于法国的 1.5 倍，英国一跃而成为世界第一强国，并将这一领先地位一直保持到第二次工业革命时期。以电力、内燃机等技术突破为代表的第二次工业革命首先在美国暴发，促使由钢铁、汽车、电气、石化等行业组成的新产业体系率先在美国发展起来，使美国经济总量和人均 GDP 分别在 1872 年和 1901 年超过英国，美国取代英国成为世界头号强国。大约半个世纪以后，以信息技术突破为主要特征的第三次工业革命催生了计算机、信息产业、航空航天等新产业，进一步强化了美国作为世界头号经济体的竞争优势。可见，历史上每一次工业革命都为后发国家赶超式发展提供了不容错失的历史机遇。以上历史经验给我们的重要启迪就是，我国要建设社会主义现代化强国，实现中华民族伟大复兴的中国梦，就必须深度参与乃至引领新一轮工业革命，加快推进产业结构优化升级。

当前，以数字化和新一代信息技术为主导的新技术革命方兴未艾，对全球产业发展格局产生了越来越具有颠覆性的影响，世界产业发展呈现出以下几方面新趋势。为了在全球经济竞争中赢得主动，我国必须适应这些新趋势，加快推进产业结构优化升级，提升产业国内价值链发展水平。（1）产业智能化趋势。数字化、新一代信息技术与产业发展深度融合是新技术革命的主要内容。新一代信息技术促进了供给体系与市场需求的融合、实物生产与服务的融合，推动了产业形态发生了根本性变化，新行业、新模式、新业态不断涌现。随着大数据、云计算、人工智能等新一代数字化制造技术的飞速发展，现代产业的智能化发展步伐加快。从产品设计研发、生产加工到营销服务等全产业链环节都趋向于数字化、网络化与智能化，使得智能制造成为新产业革命的主要突破方向，产业智能化水平已成为影响地区经济综合竞争力的重要因素。（2）制造业服务化趋势。制造业服务化，一方面是指制造业部门在生产过程中使用越来越多的专业化中间服务，中间服务投入成为影响企业产品价值增值的重要因素；另一方面是指制造业产出中服务比重不断提高，制造企业越来越多地通过提供服务以获取新的增加值。这意味着制造业创造价值方式的转变，企业不再仅仅依赖传统的商品加工和销售，还包括将专业化的技术、信息、管理和营销等高端服务要素引入产品生产和销售的过程。在新技术业革命影响下，产业加速融合发展，全球制造业服务化趋势日益凸显，受新技术变革驱动的制造业服务化正成为地区产业转型升级，参与全球产业竞争的重要方式，越来越多的企业从传统型产品制造商向服务型产品制造商转变。（3）产业绿色化趋势。产业绿色化主要是指企业进行商品生产或提供服务过程的节能化、低碳化和生态化。在全球气候变暖的大背景下，各国产业发展面临的资源环境约束日益趋紧，迫切需要实现资源能源的高效利用和减少碳排放。为此，世界主要经济体纷纷提出产业绿色化转型战略，清洁生产、循环经济和低碳环保成为不可阻挡的发展趋势，成为发达国家塑造新的产业竞争优势的重要手段。（4）产业集聚化趋势。在新技术革命背景下，创新型劳动力、新技术、数据和新型基础设施网络等新要素供给成为影响企业区位决策的重要因素。在外部性、规模经济等"第二性"因素的影响，这些新型要素往往倾向于在经济较为发达的优势地区集中。由于集中了更多的新型要素，优势地区的投资、创新与创业活动更为活跃，实现了更快的经济增长，而更好的经济表现又反过来吸引更多的新型要素在本地区集聚。这是一个先发优势与经济增长"循环累积相互强化"的作用过程，形成了地区发展的动态比较优势，导致经济活动在空间上通常是不均衡分布的，地理区位良好的中心城市、都市圈等地区往往成为经济集聚的中心。数字化生产和智能制造的兴起，一方面降低了企业生产过程对模具、零部件等中间产品的需求，企业生产过程的迂回程度降低，产业链环节缩减，全球产业内贸易量减少（利夫西，2018）；另一方面，智能设备的广泛应用降低了企业生产过程对传统生产要素的依赖（Aghion et al.，2017；Prettner and Strulik，2017），大量传统劳动力被智能设备所替代，一般性劳动力成本在企业总成本中的比重下降，而新设备投资成本的比重上升，企业出于降低劳动力成本而进行产业空间转移的动力减弱。所有这些都进一步强化了先发地区的发展优势，全球产业地方化集聚趋势日益显著。

第二节　新常态下我国产业结构优化升级的外部压力

一、来自发达国家的产业竞争加剧

2008年，世界金融危机之后，发达国家普遍陷入了投资与经济增长乏力、失业率上升和财政状况恶化的困境。为了尽快恢复国内经济增长，降低失业率，发达国家在吸取金融危机教训的基础上，重新认识到发展实体经济的重要性，纷纷推行以重振制造业、扶持战略性新兴产业、加强技术创新和低碳发展为核心的"再工业化"战略（见表2－1）。发达国家的新一轮再工业化战略引发了资本、人才和技术等生产要素在全球范围内的重新配置，导致了全球范围内产业结构的剧烈变动，以市场、资本、技术创新和新兴产业为重点的国际产业竞争进一步热化，形成了新常态下我国产业结构优化升级的外部压力。

表2－1　　　　　　　　　　　发达国家再工业化战略

国家	加强制造业发展	扶持战略性新兴产业	加强技术创新	加强低碳发展
美国	《国家出口计划》《美国复苏和再投资法案》《重振美国制造业框架》《先进制造伙伴计划》《先进制造业国家战略计划》	《美国清洁能源安全法案》《美国将主导未来产业》《美国就业计划》	《无尽前沿法案》《NSF未来法案》《2022财年研发预算优先事项和全局行动备忘录》	《绿色能源与安全保障法案》《美国清洁能源安全法案》

续表

国家	加强制造业发展	扶持战略性新兴产业	加强技术创新	加强低碳发展
英国	《制造业新战略》	《产业战略：建立适应未来的英国》《低碳产业战略远景》	《创新国家》《实施"高端逐鹿"》	《气候变化法案》《英国低碳转型计划》《英国可再生能源战略》《能源规划草案》《英国低碳工业战略》
法国	《法国新产业政策》	《数字国家》《未来工业计划》《未来投资计划》	《新产业政策》	《未来投资计划》
德国	《"工业4.0"战略》	《信息与通信技术2020创新研究计划》	《高技术战略2020》	《废弃物限制及废弃物处理法》《循环经济与废弃物管理法》《节约能源法案》《国家可持续发展战略报告》
日本	《制造基础白皮书》《制造技术国家战略展望》	《能源基本计划修正案》《未来投资战略2017：为实现"社会5.0"的改革》《新产业结构蓝图》	《创新25战略》《机器人新战略》《科学技术基本计划》《科学技术创新综合战略2020》	《低碳社会行动计划》

注：资料来源于文献分析的结果。

（一）重新加强制造业发展

2008年世界金融危机之后，美国重新审视实体经济发展，赋予实体经济极高的定位，先后颁布了《美国复苏和再投资法案》《重振美国制造业框架》《先进制造伙伴计划》《先进制造业国家战略计划》等旨在重振制造业的系列政策，在救市和财政刺激方案中加大了对实体经济的援助力度，鼓励制造业投资，吸引制造业岗位回流，积极推动工业制成品对外出口，扩大制造业在全球的市场份额。英国政府和产业界重新评估制造业这一基础性产业的重要性，改变了"重金融、轻制造"的政策导向，出台了《制造业新战略》，确立了新的制造业振兴目标，提出制造业的五大竞争策略。法国的《法国新产业政策》则明确将工业置于国家发展的核心位置，提出了法国制造业规模的增长目标、战略规划及具体措施，着力提升产业国际竞争力。德国于2010年公布《高技术战略2020》，提出被业界广泛引用的"工业4.0"发展战略，大力推动制造业转型升级，着力重塑德国制造业的新优势。日本将制造业作为产业政策的核心，制订了《制造基础白皮书》和《制造技术国家战略展望》等制造业发展新战略，加强信息家电、环境与能源、纳米与新材料、医疗与生物工程等领域的技术研究开发，企图将日本建成世界尖端技术领域研究开发以及生产高附加值产品的集聚区。

（二）大力扶持战略新兴产业

当前，世界正处于第四次技术与产业革命的起步阶段，以新一代信息技术、新能源、新材料、生物医药和量子技术为代表的新技术和新兴产业是世界各国经济和技术竞争的焦点，世界主要发达经济体纷纷投入大量资源进行前瞻性部署，力图在战略性新兴产业发展上赢得先机。美国特朗普政府2019年发布《美国将主导未来产业》报告，将人工智能、先进制造业、量子信息科学和5G通信技术等新兴产业发展确定为国家战略。2021年，拜登政府公布《美国就业计划》进一步明确将半导体、先进计算、先进通信技术、先进能源技术、清洁能源技术和生物技术等作为美国未来优先发展的领域。2017年，英国发布《产业战略：建立适应未来的英国》白皮书，提出要重点发展人工智能与数据经济、未来交通、健康和低碳清洁四大未来产业，以确保民众能够受益于未来产业变革。法国分别于2010年、2014年、2017年和2021年启动了四期"未来投资计划"（Investments for the Future），大力发展未来产业，其中2021年"未来投资计划"明确了健康（数字健康、创新疗法、生物疗法、生物制造）、生态和能源转型（工业脱碳、促进生态转型的可持续发展的农业设备、可持续的生物燃料、无碳氢技术、能源系统先进技术、脱碳和数字化移动出行）和数字技术（云、5G通信和未来的电信网络技术、网络安全、量子技术）三大优先发展领域。德国在2020年推出应对新冠肺炎疫情的刺激经济计划，在新兴产业领域投入巨额资金，主要投资领域包括药物和疫苗（重要药物和医疗设备的生产、新冠病毒疫苗研发、药品创新机构）、电动汽车（电动汽车，充电基础设施，商用汽车、公共汽车和卡车的电动化）、氢能（氢能技术、燃料电池的供热系统、氢气运输等）、数字化和通信（电子政务系统、5G通信、6G通信）以及人工智能和量子等。日本2017年发布《新产业结构蓝图》，所确定的重点新兴产业领域包括自动驾驶汽车、保险与评级智能化、原创新药、功能食品、尖端材料制造、生物能源、个性化医疗药品、护理关怀计划、维护保养服务、智能化授信、理财资讯服务等。

（三）加强技术创新

面对激烈的新产业竞争，发达国家和地区均投入大量资金进行新技术研发和创新活动，纷纷抢占新技术制高点。例如，欧盟于2010年成立了未来新兴技术工作组，并于2013年选择"石墨烯"和"人脑计划"项目作为首批十年期项目，分别给予10亿欧元资助。其中"石墨烯"项目不仅由诺贝尔物理学奖和经济学奖获得者牵头负责，而且参与项目研究的机构和企业超过100个，其中不乏阿尔卡特、朗讯、空客等知名企业。美国则遴选出3D打印、先进复合材料、数字制造、轻量级现代金属等15项前沿技术，并建立相应的创新中心，这些创新中心积极联合工业界、大学和社区学院配合联邦政府机构，以解决与产业联系密切的技术问题、缩短新的制造技术从基础研究到产业化应用的流程。其中，"国家增材制造创新研究所"由80家企业、9所大学、6个社区学院和19个非营利性机构共同构建，所取得的研究成果得到了广泛的应用，帮助美国企业在制造领域重新确立了竞争优势。2021年，美国出台的《无尽前沿法案》[①]几乎对当前新一轮科技革命的所有重要领域都进行了针对性的部署，具体包括人工智能与机器学习，高性能计算、半导体、先

---

① 该法案的名称来源于美国1945年发布的战略报告《科学：无尽的前沿》（*Science，The Endless Frontier*），由万尼瓦尔·布什给时任总统罗斯福提出，其目在于力图通过该法案的实施维持美国在第二次世界大战后期的科技战略优势长久不衰。

进计算机软硬件，量子计算科学与技术，机器人、自动化与先进制造，自然与人为灾害的防灾与减灾，先进通信技术与沉浸技术，生物技术、医学技术、基因组学与合成生物学，数据存储、数据管理、分布式账本技术与网络安全，先进能源技术、电池与工业能效以及先进材料科学等。德国高度重视未来工厂与智能制造技术的创新，西门子公司、弗劳恩霍夫协会等 21 家企业、大学和研究机构共同参与智能工厂生产系统"CyProS"的研发设计，率先在数字工厂等新工业生产模式上实现了技术突破。同时，德国政府还大力鼓励各类创新企业发展，设立"高科技创业基金"以弥补国内种子市场早期风险投资缺口，目前约占种子资本市场总量的 54%，极大地促进了高技术创新型企业的初创与成长。日本于 2015 年 1 月公布了最新的《机器人新战略》，确立了机器人领域技术创新的三大路线：一是成为"世界机器人创新基地"，增加产、学、官合作，增加用户与厂商的对接机会，促进创新；二是成为"世界第一的机器人应用国家"，着力在制造、服务、医疗护理、基础设施、自然灾害应对、工程建设、农业等领域广泛使用机器人；三是率先"迈向世界领先的机器人新时代"，实现数据的高级应用，形成数据驱动型社会。2020 年出台《科学技术创新综合战略 2020》，积极在公共卫生、人工智能、超算、大数据分析、卫星、远程商业、低能耗技术、清洁能源和生物技术等领域进行新技术开发布局。

（四）加强低碳发展

在全球变暖的大背景下，各国都把清洁能源和低碳产业发展作为再工业化战略的重点，出台各种优惠政策保证绿色能源和低碳产业的发展，加大对相关研究的资金支持。美国出台《绿色能源与安全保障法案》《美国清洁能源安全法案》，投入大量资金推广清洁能源汽车技术、提高能效和扩大对可再生能源的生产，并通过各种政策鼓励新能源技术研究和能源资源的多元化。2008 年金融危机后，美国政府提出了"绿色新政"，积极推动新能源产业发展，尤其重视新能源装备制造业的发展，对部分新能源制造企业给予资助，扩大产业规模，并以此拉动就业。英国则高度重视低碳经济发展，构建了包括《气候变化法案》《我们能源的未来：创建一个低碳经济体》《英国低碳转型计划》以及《低碳产业战略远景》等在内的较为完善的低碳经济发展政策体系，完善可再生能源和低碳基础设施，鼓励可再生能源产业发展，增加可再生能源在国民经济总的能源消耗中的比重。同时，英国还将低碳产业作为第四次技术革命和未来发展的支柱产业，在 2009 年公布的《英国低碳转型计划》中提出到 2020 年力争创造 120 万个绿色就业机会，在"联合城市计划"中英国政府则大力资助研制环保型汽车，力推新能源汽车产业发展。德国高度重视生态环保和循环经济发展，出台了《废弃物限制及废弃物处理法》《循环经济与废弃物管理法》《节约能源法案》《国家可持续发展战略报告》等政策文件，着力降低经济发展的碳足迹，抢占低碳产业发展制高点。日本制订了《低碳社会行动计划》，明确了未来能源技术发展重点，特别是制订了清晰的太阳能发展目标，恢复了 2006 年停止的太阳能产业补贴政策，给予太阳能发电设施补贴并提供低息贷款等优惠政策扶持。此外，日本还出台了《低碳社会行动计划》，提出建立"逆向工厂"，提高工业废料处理水平，并把它作为资源实现"制造业进化"。

二、面临的外部不确定性增大

（一）美国的经济技术打压

进入新常态以来，随着经济持续快速发展，我国已经成长为经济规模仅次于美国的世界第二大经济体，在经济总量、科技创新和部分高技术产业发展等方面快速地逼近美国。在这种情况下，美国感到其在工业、金融、军事、科技等方面的霸主地位受到了挑战，美国政府不愿接受这一现实，采取了重大的战略调整，企图遏制我国经济和科技的快速发展。另外，美国滥用美元国际货币地位导致的贸易逆差、债务危机和制造业空心化问题日趋严重，致使美国经济不景气、就业率不断下降，国内社会矛盾加剧。为转移国内矛盾，美国政府以贸易逆差、知识产权和国家安全为借口，挥舞单边主义大棒，对我国科技创新与高端产业发展进行全面的遏制，给我国产业发展造成了巨大的外部不确定性。

当前，我国正处于由经济高速增长阶段转向高质量发展阶段的关键时期，高技术产业的快速发展是能否实现这一阶段性转变的关键，而高技术产业发展向来都是国际经济竞争的焦点，也是本轮中美贸易战中美国打压封锁我国的关键领域。美国商务部产业安全局明确将"确保美国在战略技术领域的领先地位"作为重要的使命之一。为此，2018 年 3 月，美国借助"301 贸易调查"指控中国强制或迫使美国企业转让技术，并发布了拟加征关税的中国进口产品清单。尽管美国声称这样做的目的在于弥补其在科技产业领域所遭遇的损失，实则将矛头直指"中国制造 2025 计划"，企图通过打贸易战的方式来遏制我国高技术产业的发展。

在主动挑起中美贸易战以后，美国已经开始有计划地全面修订出口管制法规，强化所谓的"长臂管辖"① 行为，在科技领域开始对中国采取全面的对抗性竞争政策。为了打压中国高科技企业的发展，2019 年 5 月，美国总统特朗普要求美国以"科技网络安全"为由进入紧急状态，并赋予美国商务部禁止美国公司购买"外国敌人"生产的电信设备和技术的特权。2020 年 5 月 20 日，美国政府提交了《美国对中华人民共和国的战略方针》（*United States Strategic Approach to The People's Republic of China*）的阶段性工作报告。同一天，美国参议院一致通过《外国公司问责法案》，不仅要求特定证券发行人必须证明其不受外国政府拥有或控制，还赋予美国政府对上市公司进行检查的权力，否则将禁止上市公司在美交易。5 月 22 日，美国商务部以"国家安全"为由，把 33 家中国公司和机构列入"实体名单"，禁止这些公司和组织，在没有得到美国政府批准的情况下使用美国技术。这是继打击华为、中兴之后，美国针对中国企业的又一轮范围更广的打压，这意味着美国已全面加强了对中

---

　　① "长臂管辖"是指美国从自身国家利益目标出发，任意扩大其国内法适用对象与范围，对其他国家的公民和实体所采取的司法行动。经过长期实践和演变，美国在各领域编织精致的国内法陷阱，为其对外战略服务，"长臂管辖"已扩展到合同侵权、商业经营、金融投资、家庭关系、反腐败、反垄断、网络等不同领域，使用范围呈扩大趋势。

国高科技产业的封锁与遏制。2021年，美国新政府上台之后，基本上继承了上届政府的对华政策，对我国高技术产业发展的围堵和打压有过之而无不及。美国在航空航天、人工智能、电子通信、生物制药、新材料等高技术领域对中国实施的全面打压政策，沿产业链形成了巨大的垂直挤压力道，在一定程度上阻碍了我国产业升级的步伐。

美国单方面发起的贸易摩擦不仅对中国高技术产业全球供应链造成了风险，也对全球产业链供应链的正常运转带来了巨大冲击。作为世界第一和第二大经济体，美中两国经济总量约占世界生产总值的40%，两国的进出口贸易额占全球贸易总量的25%左右。在全球经济交融日益加深的情况下，中美贸易战不只是中美两个国家之间的直接竞争，也与全球产业链供应链上的许多上下游国家或地区紧密相关，这使得中美贸易战不仅对中美两国经济发展带来显著的不利影响，也不可避免地践踏了全球供应链规则，扰乱了全球供应链的稳定，对全球经济复苏造成了严重的负面影响。

（二）新冠肺炎疫情的冲击

2020年突如其来的新冠肺炎疫情全球大暴发，给世界经济造成了巨大的冲击，经济衰退的风险时刻笼罩世界各国。在新冠肺炎疫情的影响下，全球资本、技术和人员等要素流动受限，物流和贸易大幅衰退，企业债务风险上升，全球产业链供应链循环受阻甚至有断裂的风险，世界各大机构普遍对全球经济增长保持悲观的预期。回顾新冠肺炎疫情暴发以来全球产业链供应链所受到的影响以及各国应对政策的变化，全球疫情大暴发对产业供应链的影响大致经历了以下两个阶段。

第一阶段为新冠肺炎疫情暴发初期，时间跨度为2019年年底至2020年3月。这一阶段疫情对全球产业链供应链的冲击主要体现在我国经济活动大幅放缓，部分国内供应链运行受阻以及由于我国生产放缓对全球供应链的影响上。在这个阶段，出于对人民群众生命健康的高度重视，我国对部分经济活动按下了暂停键，不仅国内供应链运行放慢了速度甚至被阻断，而且面向全球供应网络的交货规模和速度也受到了很大程度的影响。

第二阶段为国际疫情大暴发阶段，时间跨度为 2020 年 3 月中旬至今。在这一阶段，由于应对得当，我国国内疫情得到了有效控制，而海外疫情处于持续暴发状态，直到今天还没有出现明显受控的态势。这一时期国际疫情的高发状态势在进出口贸易、国际供应链安全、国际经济合作三个方面对我国经济发展造成了较大的负面影响。首先，国际疫情暴发引发全球经济衰退，导致国际需求萎缩，接单难、履约难、国际物流不畅等问题凸显。从出口目的地来看，世界重点疫区与我国的贸易关系较为紧密，美国、欧盟、东盟、日本和韩国等疫情较为严重的国家（地区）占我国出口总量的比重较高，这些国家经济增长放缓，减少了对我国商品的需求。从出口商品的类别来看，数据处理设备、电子元器件等机电类产品以及纺织服装、家具、塑料制品等日常消费品等商品占我国出口的比重较高。其中，数据处理设备、电子元器件等机电类商品主要与出口对象国的制造业生产活动相关，这些国家停工停产，极大地影响了对中间零部件的需求。而其他日常商品的需求弹性较大，与出口对象国的消费景气度密切相关。在新冠肺炎疫情反复暴发的情况下，世界各国商业活动大幅度萎缩，程度甚至远超全球金融危机最严重时期。随着疫情国家的消费需求下降或后延，上述出口行业受到了较大的负面影响，我国企业的出口订单数量增长放缓甚至有所下降。其次，在有效地统筹疫情防控和经济活动的条件下，我国企业在疫情暴发后的最短时间内就进入了复工复产状态，经济实现了持续稳定的增长。但随着其他疫情国停工减产或运输受阻，全球产业链供应链面临断链风险，对我国制造业的发展带来一定的冲击。在我国进口商品中有大量商品属于制造业生产过程中的中间投入品，如高级工业原材料、集成电路及电子元件、数据处理设备和半导体器件等。疫情的快速蔓延影响了相关企业的正常生产和运输，从而推升相关上游原材料、重要零部件的成本上涨和断供风险，对我国相关制造业部门发展构成较大的不利影响。

当前，随着新冠肺炎变异病毒毒株的不断出现，国际疫情呈现出常态化反复发作的态势，疫情对全球产业链供应链的影响从短期影响逐步演变为长期影响。为了有效应对疫情的长期影响，欧美各国纷纷把降低产业链供应链对外依赖作为重要的战略选项，竞相采取措施推进产业链本地化或实现就近配套。而以美国为首的部分发达国家出于地缘政治目的，利用疫情大做文章，把降低本国产业链供应链对我国的依赖作为政策目标，采取多种手段调整其产业全球供应链布局，对全球产业的供应链体系特别是对我国高技术产业链供应链造成了很大的负面影响。

第三节　新常态下我国产业结构优化升级的内部压力

改革开放以来，随着市场化改革的逐步推进，我国经济实现了连续30多年的高速增长，使我国2010年一跃而成为仅次于美国的世界第二大经济体。2021年，我国经济总量已超过110万亿元，人均GDP约为12 000美元，已成功跻身全球中上等收入国家的行列，正稳步地向高收入经济体迈进。但是，在经济高速增长的同时，我国经济发展的内部环境发生了深刻变化：在供给方面，基于要素禀赋结构的比较优势发生了重要变化，劳动力、土地等生产要素供给约束趋紧，要素成本快速上升；在需求方面，随着收入水平的提高，居民消费需求结构日益趋向高级化、个性化和服务化，企业投资需求也急需拓展新的潜在空间；在政策环境方面，随着土地资源日益稀缺和地方债务风险的累积，地方政府运用土地政策工具谋取经济发展的空间日趋狭窄。以上三方面因素加在一起，使得我国经济发展方式存在的不协调和不可持续等问题逐渐暴露出来，形成了推动产业结构优化升级的内部压力。

一、生产要素成本快速上升

进入"新常态"后，随着我国经济发展水平的提升，我国生产要素禀赋结构发生了巨大的变化，过去相对丰裕的土地、劳动力等多种生产要素变得日益稀缺，价格进入快速上升阶段，导致成本上升成为我国产业发展面临的"新常态"，特别是实体经济①发展的要素成本快速增大，形成了推动产业结构优化升级的巨大压力。

（一）劳动力成本

近年来，在我国经济快速发展和国民收入水平迅速提高的同时，我国人口的增长率出现了明显的下滑。在低出生率和人均寿命延长的双重影响下，我国人口的总体结构发生了不利经济发展的变化。图 2 - 1 显示了我国主要年份人口增长率与人口年龄结构的变化，从中可以看出，自 1982 年以来，我国人口年净增长率②持续下降，从 2.09% 下降为 2020 年的 0.53%。人口增长率下降，导致我国社会老龄化趋势加速显现，60 岁以上人口占我国人口总量的比重快速上升，2020 年已达到 18.7%，而年龄处于 15~59 岁的经济活动人口比重显著下降，从 2010 年的 70.14% 下降到 2020 年的 63.35%。这种变化趋势扭转了我国劳动力要素的供给态势，劳动力要素供给增长显著放慢，这使得我国不少劳动密集型产业受到严重冲击，各地均不同程度地遇到"民工荒"和"招工难"等问题。

劳动力要素供给增长显著放缓，使得劳动力市场上供需双方的地位发生了变化，劳动力工资水平快速上升。虽然我国劳动力工资水平与发达国家相比仍然存在一定程度的差距③，但快速上涨的工资加重了企业的成本负担，已经在一定程度上削弱了我国实体经济的竞争优势。根据图 2 - 2 的数据，自 2000 年以来，我国劳动力工资增长率明显快于经济增长率，且两者的差距呈波动上升的态势。尤其是进入新常态以来，在我国经济增长水平下调的同时，劳动力工资却保持了较快的增长，导致

---

① "实体经济"并不是一个严格的专业术语，除了金融部门以外，只要经过注册的提供生产服务活动的经济组织都可以算作实体经济。次贷危机全面暴发以后，美联储频繁使用"实体经济"这个词语，其所指的是除去房地产和金融业以外的经济活动，而制造业是实体经济的主体。

② 人口年净增长率为每年人口出生率减去死亡率的结果。

③ 根据牛津经济研究院最近的一份报告估计，我国相对美国的工厂制造业人工成本优势已经减弱到 5% 以下。参见：http://world.huanqiu.com/article/2016 - 03/8777260.html。

劳动力工资增长率领先于经济增长率的幅度逐年拉大，二者的差距从2014年的2.1%扩大到2020年的5.4%。

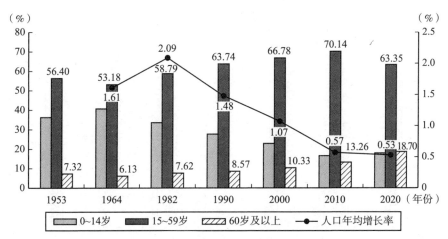

图2-1　我国人口增长率与结构变化

资料来源：历次全国人口普查。

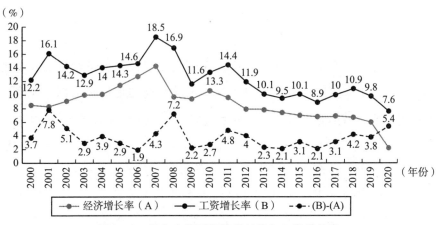

图2-2　近年来我国经济增长率与工资增长率

资料来源：相关各年《中国统计年鉴》。

（二）土地成本

多年来，经济的高速增长使得我国城乡土地资源消耗很快，城乡建设用地规模快速扩张，导致城镇土地开发强度①持续上升，各地经济发展面临的土地约束越来越紧。从图 2 - 3 的数据可以看出，自 2006 年以来，全国城市平均开发强度逐渐上升，从 2006 年的 20.5% 增加到 2020 年的 31.3%，已经达到了土地开发强度的国际警戒线水平。

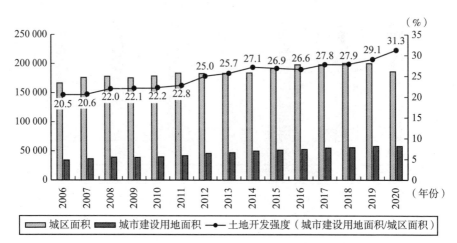

图 2 - 3　2006~2020 年全国城市平均开发强度

资料来源：相关各年《城市建设统计年鉴》。

　　土地开发强度持续上升，意味着我国城镇建设用地供给紧张，土地市场出现供不应求的态势，导致各类用途的建设用地价格上涨，在降低企业用地需求满足水平的同时，提高了企业的用地成本。表 2 - 2 显示了 2020 年我国主要城市（直辖市、省会和副省级城市）各类用途土地的价格水平，从中可以看出我国城市地价普遍处于较高水平：（1）综合地价。在四大直辖市中，北京综合地价水平最高，达到了 71 817 元/平方米；上海位居第二，为 28 931 元/平方米；天津和重庆的综合地价水平则相对较低，分别为 13 397 元/平方米和 11 327 元/平方米；北京的综合地价水平大约相当于重庆的 6 倍。在省会和副省级城市中，厦门的综合地价水平最高，达到了 46 028 元/平方米；南京位居第二，综合地价为

---

①　土地开发强度指标为城市建设用地面积除以城市行政辖区土地面积的结果。

33 726 元/平方米；深圳位居第三，综合地价为 32 078 元/平方米；另有青岛、郑州、杭州和宁波等 9 个城市的综合地价水平处于 10 000~30 000 元/平方米之间；而综合地价相对较低的城市主要处于东北和西部地区，其中西宁、银川和乌鲁木齐三市的综合地价水平最低，分别为 1 564 元/平方米、2 192 元/平方米和 2 487 元/平方米。（2）商服地价。在四大直辖市中，北京商服地价水平最高，达到了 25 370 元/平方米；上海位居第二，商服地价为 20 244 元/平方米；而天津和重庆的商服地价水平则明显较低，分别为 8 352 元/平方米和 5 331 元/平方米；北京的商服地价水平大约相当于重庆的 4.8 倍。在省会和副省级城市中，深圳的商服地价水平最高，达到了 22 855 元/平方米；南京位居第二，商服地价为 21 899 元/平方米；广州位居第三，商服地价为 13 073 元/平方米；厦门商服地价也超过了 10 000 元/平方米，而其他城市商服地价水平均在 10 000 元/平方米以下。（3）住宅地价。在四大直辖市中，北京住宅地价水平最高，达到了 37 390 元/平方米；上海位居第二，住宅地价为 32 377 元/平方米；而天津和重庆的住宅地价水平则明显较低，分别为 9 465 元/平方米和 5 764 元/平方米。在省会和副省级城市中，南京的住宅地价水平最高，达到了 23 856 元/平方米；深圳位居第二，住宅地价为 18 973 元/平方米；广州位居第三，住宅地价为 18 321 元/平方米；杭州、宁波、福州、厦门和合肥 5 市的住宅地价也超过了 10 000 元/平方米，而其他城市住宅地价水平均在 10 000 元/平方米以下。（4）工业地价。按照我国现有的土地出让制度设计，工业用途土地的出让价格要明显低于其他用途的地价。在四大直辖市中，北京工业地价水平最高，达到了 3 059 元/平方米；上海位居第二，工业地价为 1 910 元/平方米；而天津和重庆的工业地价水平则明显较低，分别为 1 119 元/平方米和 478 元/平方米。在省会和副省级城市中，深圳的工业地价水平最高，达到了 1 752 元/平方米；广州位居第二，工业地价为 1 463 元/平方米；宁波位居第三，工业地价为 1 261 元/平方米；大连、南京、福州和兰州 4 市的工业地价也超过了 1 000 元/平方米，而其他城市工业地价水平均在 1 000 元/平方米以下。地价上涨除了直接导致企业的用地成本升高以外，还会引发房价和房租上涨。这一方面使得企业的办公、生产用房成本上升，另一方面也导致劳动力的生活成本上升，从而提高了劳动力的市场工资水平预期，这又会反过来进一步提高企业的劳动力成本。

表 2 - 2　　　　　　　2020 年全国主要城市地价水平　　　单位：元/平方米

城市	综合地价	商服地价	住宅地价	工业地价
北京	71 817	25 370	37 390	3 059
天津	13 397	8 532	9 465	1 119
石家庄	5 417	2 653	2 461	779
济南	9 148	2 440	6 287	653
青岛	13 609	8 778	9 112	518
郑州	11 832	4 372	4 654	752
沈阳	5 542	3 713	4 324	451
大连	8 162	5 062	6 211	1 066
长春	6 190	3 685	3 982	392
哈尔滨	3 077	2 065	1 287	480
上海	28 931	20 244	32 377	1 910
南京	33 726	21 899	23 856	1 021
杭州	21 839	8 511	16 402	987
宁波	15 362	3 081	13 824	1 261
福州	26 561	8 876	13 077	1 044
厦门	46 028	10 171	17 739	625
广州	29 139	13 073	18 321	1 463
深圳	32 078	22 855	18 973	1 752
海口	4 576	3 150	3 027	725
合肥	16 051	2 508	10 290	419
南昌	5 677	3 851	3 248	404
武汉	9 785	4 064	5 710	571
长沙	13 793	4 293	4 648	989
重庆	11 327	5 331	5 764	478
南宁	6 116	6 329	2 369	456

城市	综合地价	商服地价	住宅地价	工业地价
成都	15 562	3 802	6 420	906
贵阳	4 506	6 397	2 165	482
昆明	6 389	5 580	3 310	689
西安	7 865	2 888	2 798	794
太原	4 228	2 311	2 226	986
呼和浩特	4 585	4 562	2 375	637
兰州	7 959	3 497	2 038	1 033
西宁	1 564	1 090	631	497
银川	2 192	1 986	1 823	263
乌鲁木齐	2 487	1 926	1 759	485
拉萨	3 939	2 761	2 628	743

注：表中商服和住宅地价为楼面地价，综合和工业地价为地面价。
资料来源：本表数据取自中国城市地价监测网。

二、技术要素供给能力不足

改革开放以来，我国凭借低廉的劳动力、土地等要素成本优势加入国际产业分工体系，经济发展取得了长足的进步。我国经济快速增长的背后是经济活动效率的提升，经济活动效率的提升包括资源配置效率和生产效率两个方面。资源配置效率提升是资源要素优化配置的结果，而生产效率的提升则得益于技术的进步。长期以来，外来技术与低成本生产要素、巨大的国内市场和良好的政策环境的结合，造就了我国举世瞩目的发展成就。在这一过程中，推动我国生产效率提升的主要是外来技术本地化的模仿性创新。这种模仿性创新着重对外来技术进行产业化、市场化应用，在改进我国经济运行效率的同时，也导致对外部核心技术的依赖，使得生产效率的改进容易遭遇技术天花板，也使我国企业在参与全球竞争的过程中处于被动的跟随地位。

从全球价值链视角来看，我国企业绝大多数集中在产品价值链的加工制造环节，核心设备与技术、品牌、营销和供应链管理等关键环节发育不足，导致我国产业结构的名义高度化较快，而实际高度化不足，经济发展长期依赖资本、劳动力等要素投入的增加。但随着我国迈入中等收入阶段，经济发展如果继续依赖要素投入增长，则有可能出现发展动力不足的问题。这是因为在技术进步不明显的情况下，投资的边际报酬将趋于下降，并最终导致经济增长的动力衰减。正因为如此，通过持续不断的技术创新推动技术进步，实现增长动力转换是全球工业化国家的基本经验。虽然我国产业体系完整，工业生产能力在全球领先，但我国企业的自主技术创新能力普遍不足，核心技术、核心零部件和核心设备对外依存度较高，经济增长的技术进步贡献率不高，经济发展存在动力不足的风险。我国 200 多万家大中型企业中拥有自己研发机构的只占 1/4，绝大部分企业没有专门的研发机构和研发功能，60% 以上的企业没有自主品牌，90% 以上的企业没有申请专利，只有极少数企业拥有核心知识产权。正是由于在核心技术、关键零部件、供应链管理和品牌等环节上的弱势，使得我国产业结构实际高度化不足。

现阶段，我国技术创新对经济发展贡献不足的一个重要表现是全要素生产率增长放缓。党的十九大报告明确提出要着力提高我国全要素生产率，实现经济发展的动力变革。但是，近年来我国全要素生产率的增长明显减速。有学者的研究发现，我国 1995～2009 年全要素生产率的增长速度为 3.9%，而 2011～2015 年的增长速度为 3.1%，预计 2016～2020 年这一速度还将下降到 2.7%（蔡昉，2016）。对此，中国社会科学院的一项研究显示，1979～1985 年，我国经济增长的全要素生产率的贡献率为 19.6%，2001～2005 年的贡献率为 56.1%。因此，可以说自改革开放以来直到 2005 年之前，大量成熟工业制造技术的引进和非核心技术的进步在我国经济发展中发挥着越来越重要的作用。但是，近几年这一趋势发生了逆转，2011～2015 年全要素生产率对经济增长的贡献率下降为 44.9%。全要素生产率增长速度放缓，意味着我国企业的技术效率改进步伐放慢，经济增长的动力减弱，这将在很大程度上限制我国经济长期增长的潜力。未来要实现经济高质量发展，我国必须打破上述对外技术依赖状态，加大原始创新力度，不断拓展生产可能性边界。

近年来，随着我国跃上新的发展台阶，我国在全球经济与技术发展的大格局中所处的位置发生了根本性的变化。在一系列重要新兴技术领域，我国与其他发达国家几乎处于同一起跑线上，我们面前的创新"无人区"逐渐多了起来，过去颇为有效的"跟跑"战略已难以奏效，这种新的技术发展态势要求我们从过去的模仿性创新向原始创新转变，从"跟跑"向"并跑"乃至于"领跑"转变。原始创新能够大大拓展生产可能性边界，对新时代我国经济高质量发展至关重要。经过多年的发展，我国已积累起相当的经济与技术优势，包括消费市场巨大、产业配套完整、人力资本水平快速提升等。这些优势使得任何一项新技术更容易获得市场化、商业化的机会，更快形成新的商业模式。但是，我们也必须清醒地看到我国在原始创新上也存在不少短板，其中最大的短板是基础研发水平滞后。2021年，我国研发投入占GDP的比重已经接近经济合作与发展组织（OECD）国家的平均水平，但基础研究经费在研发经费的比重仍然只有6%左右，与发达国家普遍处于15%～20%的水平相比差距明显，尤其是中国企业的基础研究投入非常少，占国家基础研究经费的比重低于5%。基础研发投入不足的直接后果就是我国不少行业的关键核心技术难以做到自主可控，高端芯片、核心工业软件和核心部件等许多关键核心技术和产业链关键环节对外依赖严重。

三、供给体系难以适应市场需求的变化

2021年，我国人均GDP折合美元已达12 000美元左右，按照世界银行的标准，我国已成功地由一个低收入国家转变为上中等收入经济体，并正稳步地向高收入经济体迈进。随着经济进入新的发展阶段，我国内部需求结构也正在发生明显的变化，对我国产业结构的调整形成巨大的内在牵引力。首先，在实物消费方面，随着收入水平的提高，消费者对商品的品质、功能、适用性和安全性等方面的要求也日趋挑剔。例如，过去人们在淘宝、天猫、京东等电商网站进行购物时倾向于将价格便宜作为一个重要的选择依据，但是现在人们则越来越多地根据产品质量的

好坏、安全性和适用性等标准做出购买决策。近年来，我国兴起一股海外购物的潮流，海外消费支出规模增长迅猛，以往我国居民海外购物以奢侈品为主，现在则逐渐扩张到诸如奶粉、马桶盖和电饭煲等日常消费品。这些消费者购买行为的变化意味着随着收入水平的提高，国内消费者的需求偏好已经发生了巨大的变化，与高收入经济体越来越相似，产品质量要求在消费者购买决策中权重日益提升。其次，居民消费需求结构从衣食住行等实物消费为主向服务与实物消费并重的转变。随着收入水平的提高，我国居民的消费观念、偏好和能力均发生了巨大的变化。在基本物质需要得到满足的情况下，人们对高质量的商品与服务的需求日益增长。2019 年，中国城镇居民的消费支出中，食品烟酒、衣着、生活用品及服务三项支出的占比约为 40.3%，比 2014 年下降了 4.07 个百分点；居住和交通通信支出的占比为 36.7%，比 2014 年上升了 4.61 个百分点；医疗保健、教育文化娱乐以及其他用品与服务支出的占比为 22.9%，比 2014 年提高了 2.96 个百分点。这一消费支出的结构变化预示着中国居民的消费正逐步地从过去排浪式、从众型的实物消费模式走向实物与服务消费并重的模式，人们对高质量服务的需求快速增长。

与上述市场需求结构变化相对应的是，我国现有的产品供给体系仍然停留在主要满足低层次的实物消费阶段。我国当前的产品供给体系主要由三个部分所组成：一是与交通、能源、产业园区等基本建设以及房地产行业高度相关的投资品供给，具体包括水泥、钢铁、煤炭、有色金属、化工、机械、电缆等行业产品；二是主要面向中低收入群体的低质低价产品供给体系，包括服装、食品、电子产品、塑料制品、金属制品等日用消费品；三是以生产加工组装出口商品为主的外销供给体系。这样的产品供给体系显然与市场消费需求不匹配，导致大量工业制成品特别是生产资料库存高企、产能严重过剩，产业结构出现结构性失衡问题。1999~2015 年，我国所有工业行业的产品库存年平均增长率高达 12.1%，其中与房地产业、交通运输设备业密切相关的上下游产业的产品库存年增长率明显偏高。例如，有色金属冶炼和压延加工业为 16.3%，黑色金属冶炼和压延加工业为 13.7%，黑色金属矿采选业为 22.6%，煤炭开采和洗选业为 17.2%，家具制造业为 15.0%。此外，与出口加工产品相关的行业也有较高的库存增长率，如纺织服装鞋帽制造业为 14.0%，农副食品加工业为 15.9%，木材加工和木竹藤棕草制品业为 15.9%，食品制造业为 13.0%等①。

与工业实物供给过剩形成明显对比的是，与人民群众生活高度相关的医疗、教育、住房保障、文化等服务产品供给却很不充分，这已经成为新阶段我国经济社会发展的重要矛盾。特别需要注意的是，在各级地方政府追求短期经济增长目标和财政利益的政策影响下，我国各地区对上述服务产品供给的投资也有所不足。例如，近年来我国人口老龄化趋势发展加快，对养老服务的需求增长也非常迅速。第七次全国人口普查数据显示，到 2020 年 11 月，我国 60 岁及以上人口已经达到了 2.64 亿人，占全国总人口的比重为 18.70%，其中，65 岁及以上人口已经达到了 1.91 亿人，占全国总人口的比重为 13.50%②，到 2055 年，这一比例预期将达到 35%。老年人口的快速膨胀，形成了对社会化养老服务的巨大需求，但是，如果按照每 100 老人 5 张床位的国际标准计算，我国养老床位存在巨大的缺口。

四、系统性金融风险显现

改革开放以来，我国政府部门在很大程度上承担了企业家的创业功能，在很多情况下积极介入经济活动，干预市场运作，强化对经济资源配置过程的支配性影响。这种企业家型政府对我国多年来经济高速增长起到了重大推动作用，但同时也导致我国政府职能定位过分偏重经济建设。经济分权使得政府的行为和角色发生了根本的变化，刺激了地方政府以经济发展来谋取更大的利益。1980～1984 年实行的"划分收支，分级包干"政策、1985 年利改税的改革，以及 1987 年实行各种形式的

---

① 资料来源：http://www.360doc.com/content/16/0229/09/9179869_538198402.shtml.
② 资料来源：第七次全国人口普查主要数据情况，http://www.stats.gov.cn/ztjc/zdtjgz/zgrkpc/dqcrkpc/ggl/202105/t20210519_1817693.html.

"财政大包干"等，使得地方政府逐步获得了独立的财政利益。1994 年以来，国家在全国范围内推行分税制，建立了稳定的财政分权制度。在这种财政体制下，地方政府税收的多少与当地经济发展水平密切相关。因此，地方政府有较强的经济激励去努力发展本地经济，把 GDP 增长放在十分重要的位置上，各级地方政府经常充当企业家角色，干预市场的资源配置过程，努力增大地方投资力度，以促进本地经济发展。企业家型政府过分关注辖区内的经济建设目标，形成了强烈的投资冲动和地方保护倾向，在一定程度上影响了市场机制在社会资源配置上的基础性作用，加剧了投资过热和重复建设，导致银行信贷规模快速扩张，我国经济发展过程中的杠杆率不断提升，债务风险上升。

近年来，我国债务风险扩大是我国经济增长过度依赖基础设施、房地产和城市开发的结果。进入 21 世纪以来，随着"入世"后的国际化、重工业化和城市化进程的加速，中国经济进入一轮黄金增长期。经济连续多年以接近甚至超过 10% 的速度增长。这个时期的高增长与 1994 年进行的"分税制改革"有紧密关联。在分税制改革之后，由于中央在预算内收入中所占份额大大提高，而同时地方政府实际的支出显著增加，导致地方政府必须面对与日俱增的巨大的财政压力。为了扩大税基，地方政府开始大规模招商引资，并通过所谓的"经营城市"，开启了一个以城市化过程中土地开发为基础的"城市化与全民招商热潮"，形成了一种非常具有中国特色的以金融扩张为基础的土地驱动经济发展模式。随着时间的推移，这种发展模式存在的问题逐渐暴露出来。在快速的信贷扩张条件下，由于土地资源的不可再生性，地方债务上升很快，地方债务风险与土地开发之间形成了一种相互影响，相互强化的累积循环作用机制，使得各地运用土地政策工具的空间日趋狭窄，迫切需要进行必要的产业结构优化升级。一方面，基础设施、房地产及其相关产业在我国经济结构中所占的比重较高，随着投资边际报酬水平下降，这些重资产行业的相对比重较高，反而不利于我国经济的持续增长，进一步加剧了潜在的债务风险。另一方面，在土地驱动发展的模式下，具有政府背景的各类机构和平台公司，房地产企业、购房者、基建项目等成为金融市场上重要的融资主体。在金融资源有限的情况下，基础设施、房地产及其相关产业融资规模的扩张可能意味着严重的金融抑制，其他行业面临的金融供给减少，可能面临着更为严峻的融资约束，导致新兴高技术制造业和现代服务业得不到足够的金融支撑。

2008 年全球金融危机后，我国曾采取以俗称"四万亿"信贷刺激计划为代表的宏观政策，在短期内起到了稳定经济增长的积极作用。但这一信贷扩张计划实施的另一个重要结果就是我国经济的宏观杠杆率水平也有了显著的提升，提高了系统性金融风险暴发的可能性。在宏观杠杆率水平上升的同时，微观企业的杠杆率也迅速上升。金融危机暴发以后，全球经济增长率下降，经济复苏面临的不确定性增大，非金融企业盈利能力降低，各行业投资增速放缓。为了维持现金流以及必要的流动性，企业不得不扩大在信贷市场和债券市场上的融资规模，导致企业的资产负债率大幅上升。根据国际清算银行（BIS）的数据，截至 2019 年，我国实体经济杠杆率已达到 257.3%，在所统计的 46 个国家、地区经济体中排名第 16 位。尽管从全球的视角来看，我国实体经济杠杆率仍然处于中等偏高水平，但由于我国债务增长速度较快且包含较多隐性债务，潜在的系统性金融风险仍然需要认真加以应对（马建堂等，2016），而应对的一个重要途径就是要加快推进产业结构优化升级，控制信贷规模扩张，并提高实体经济投资报酬率。

五、资源环境约束趋紧

长期以来，我国产业结构的名义高度化水平较高，而实际高度化水平较低[①]，经济增长过度依赖资本、土地和劳动力等有形生产要素投入

---

① 我国现行统计指标是在传统分工模式之下建立起来的，尚没有与当今全球行业内分工和产品内分工相适应的衡量产业结构优化升级的指标和统计数据，因此，传统的衡量产业结构优化升级的指标更多地体现在产业之间或行业之间名义上的升级。为此，本研究把名义高度化定义为产业结构的比例关系变化，如第一、第二、第三产业之间比例关系，以及其他中类和小类产业比例关系。而上述比例关系并不能真实体现产业的资源配置效率以及决定国民福利的分配效应和环境效应。本研究把能够有效提升生产率，并改善分配效应和环境效应的结构变化定义为实际高度化，主要通过改变在全球价值链中的分工地位、提高附加值和改善贸易条件等来反映。

的增长来维持，技术进步的贡献率较低，导致我国经济发展的资源和环境消耗巨大，未来我国经济发展的资源与环境约束趋紧。近年来，我国能源消费弹性系数一直在高位徘徊，特别是进入 21 世纪以后，数值已远大于 1，这反映了我国能源消耗增长的速度超过了 GDP 的增长速度。导致我国资源能源消耗快速增长的一个重要原因是经济发展过程中资源能源的利用效率偏低。从主要工业产品的能耗来看，我国主要产品能耗显著高于国际水平，火电供电煤耗和大中型钢铁企业吨钢能耗约高 20%，水泥综合能耗约高 40%，乙烯综合能耗约高 30%。在现行汇率水平下，我国创造每万美元 GDP 消耗的钢材、钢、铅、锌为世界平均水平的 5 倍左右，工业万元产值用水量是国外先进水平的 10 倍，工业用水重复利用率要比发达国家低 15 个百分点左右。我国是一个人均资源贫乏的国家，除了煤炭等少数矿种外，多数大宗矿物对国际市场的依赖度比较高，资源能源消耗如此快速地增长对我国资源能源供给安全造成了巨大压力。

此外，随着我国"碳达峰""碳中和"目标的提出，我国产业结构转型升级的迫切性凸显。习近平主席在 2020 年 9 月第七十五届联合国大会一般性辩论上的重要讲话中指出，中国二氧化碳排放力争在 2030 年前达到峰值，努力争取 2060 年实现碳中和。这是我国首次提出"碳达峰""碳中和"的目标和时间表。2020 年 12 月，中央经济工作会议把"做好碳达峰、碳中和工作"定为 2021 年八大工作重点之一。2021 年两会政府工作报告指出"扎实做好碳达峰、碳中和各项工作。制定 2030 年前碳排放达峰行动方案。优化产业结构和能源结构"。2021 年 3 月 11 日发布的《中华人民共和国国民经济和社会发展第十四个五年规划和 2035 年远景目标纲要》进一步提出"落实 2030 年应对气候变化国家自主贡献目标，制定 2030 年前碳排放达峰行动方案。完善能源消费总量和强度双控制度，重点控制化石能源消费。实施以碳强度控制为主、碳排放总量控制为辅的制度，支持有条件的地方和重点行业、重点企业率先达到碳排放峰值。推动能源清洁低碳安全高效利用，深入推进工业、建筑、交通等领域低碳转型"。现有政策文件清楚表明，我国要想如期实现"碳达峰""碳中和"目标，就必须着力推进产业结构优化升级，大力淘汰落后产能，严格控制高耗能行业新增产能，推动钢铁、石化、化工等传统高耗能行业转型升级。

图 2-4 显示了中国、美国、法国、英国和印度 1960~2018 年人均碳排放水平。从中可以看出，美国在碳达峰年份的人均 GDP 和人均碳排放量均处于世界最高水平。美国大约在 2005 年实现了碳达峰，当年美国人均 GDP 为 48 500 美元，而人均碳排放量为 19.6 吨。作为老牌资本主义强国，英国最早在 1971 年就实现了碳达峰，当年英国的人均 GDP 为 18 474 美元，而人均碳排放量为 11.8 公吨。与英国类似，法国也早在 1979 年就实现了碳达峰，当年法国的人均 GDP 为 26 578 美元，而人均碳排放量为 9.6 吨。由上可见，作为世界发达国家的代表，美国、法国、英国均在人均 GDP 达到较高水平的情况下才实现了碳达峰。如果以这些国家的数据作为参照，我国在 2030 年之前不仅要实现经济的快速增长，大幅提高人均 GDP 水平，还要有效地控制碳排放水平的增长。为了实现上述目标，我国迫切需要推动社会生产与生活方式低碳转型，特别是要加快推进产业结构的优化升级：一方面要加快推动传统产业的绿色转型，积极发展新兴知识技术密集型制造业和现代服务业；另一方面要加快推进发展动力转换，促进产业的功能升级。

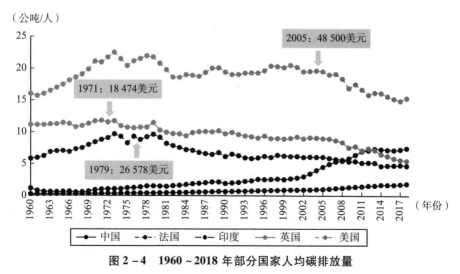

图 2-4　1960~2018 年部分国家人均碳排放量

资料来源：世界银行数据库。

第三章

新常态下产业结构优化
升级的理论分析

第一节　产业结构优化升级的内涵

概括地讲，从经济理论演变的历史来看，现有文献关于产业结构优化升级的研究形成了两条清晰的主线。

首先，不少文献从部门结构变动的角度来分析产业结构优化升级问题，这一研究主线可以追溯到关于产业结构变迁的研究。早在 17 世纪，配第（Petty）就发现了产业结构变化与国民收入水平变动之间的影响，形成了经济学文献关于产业结构研究的开端。随着资本主义世界工业化的持续扩张，结构变动与经济增长日益成为两个相互促进的过程，经济理论对产业结构变迁问题的关注日益增多。大约在 20 世纪 40 年代，产业结构变迁理论基本形成，代表人物有费雪尔（Fisher）、克拉克（Clark）和库兹涅茨（Kuznets）等人。20 世纪 60 年代，产业结构变迁理论已较为成熟，以里昂惕夫（Leontief）、刘易斯（Lewis）、赫希曼（Hirschman）、钱纳里（Chenery）等为代表的学者相继对产业结构变迁问题进行了深入研究。在他们的研究中，产业结构概念实际上描绘的是国民经济体系中不同门类产业之间在产出、就业等发展指标上的相对比例关系，而决定这种比例关系的是生产要素在不同门类产业之间的流动。在充满竞争的经济环境中，生产要素会基于市场的效率原则发生从低效率产业向高效率产业的流动，从而引起经济系统的结构性变化，这种产业门类的结构性变化在地区经济发展阶段转变中扮演着不可或缺的角色。对此，罗斯托（Rostow，1981）[①] 指出，在经济增长的不同阶段，各国应该选择具有较强扩散效应的部门作为主导产业，将主导产业的生产优势传递到其他关联产业当中去，带动和促进其他产业发展，而产业结构的变动是经济社会发展从一个阶段到另一个阶段的关键。

其次，与上述基于部门视角的研究不同，另一条研究主线则着重从功能结构的角度来探讨产业结构优化升级的过程与机制。所谓功能结构是指一个国家或地区的企业在某一门类产业全球价值链上所处环节的组合情况，而不同的价值链环节代表了不同的产业功能，具体包括研发设计、零部件生产、加工组装和品牌营销等。自第二次世界大战结束以来，经济全球化发展的过程中，在产业间分工深化的基础上产业内分工加速发展，以生产过程垂直分解和生产环节跨地区分布为特征的全球化进程日益将各国的生产活动整合为彼此间互动密切的全球性生产组织网络。在此背景下，以格雷非（Gereffi，1994）、迪肯斯（Dickens，1998）等为代表的学者提出了全球价值链（Global Value Chains）的概念，并以此为基础探讨了在全球化背景下一个国家和地区产业结构优化升级的新路径。根据联合国工业发展组织的定义（UNIDO，2002[②]），全球价值链是指"在全球范围内，连接某产品生产、销售和服务等不同价值增值环节的跨企业和跨区域网络组织，其内容包含产品的概念设计、研发、生产制造、市场营销、售后服务，以及最终消费和回收处理的整个过程"。全球价值链概念提出以后，基于全球价值链的产业升级便被不少研究看成是后发经济体追赶前沿国家的重要途径（Gereffi，1999；Ernst，2002；

---

① W. W. 罗斯托著. 从起飞进入持续增长的经济学［M］. 贺力平等译. 成都：四川人民出版社，1981.

② UNIDO. Competing Through Innovation and Learning，Industrial Development Report 2002/2003. https：//zh. scribd. corn/document/201105586/Industrial－Development－Report－2002.

Humphery and Schmitz, 2002；Schmitz, 2004；Schmitz and Knorringa, 2010 等）。尽管不同的学者对基于全球价值链的产业升级存在着认识上的偏差，但一个普遍的共识是，这种产业升级实际上是指后发经济体的厂商从全球价值链低端环节向高端环节攀升的过程，我们可以将这一过程概括为产业体系的功能结构升级。

国内学者在探讨产业结构优化升级时经常使用的概念包括产业结构调整、产业结构优化、产业结构优化升级等，各个概念术语的内涵虽然存在一定程度的差异，但均包含了产业结构变动和产业功能升级两方面含义。例如，周振华（1995）从产业结构形态论的角度出发研究，指出产业结构优化升级就是产业结构从低级形态向高级形态的发展。刘志彪（2000）认为，产业结构优化升级包括劳动力结构调整、产业部门升级、产品结构升级以及行业内生产要素配置率提高四个方面，强调生产效率、生产技术以及产品附加值在产业结构优化升级中的作用。张耀辉（2002）认为，产业结构优化升级就是高附加值产业替代低附加值产业的过程，创新和要素升级是产业结构优化升级的关键。陈明森（2004）将产业结构优化升级分为产业结构合理化、产业结构高度化以及产业结构高效化三个方面来衡量。姜泽华和白艳（2006）认为，产业结构优化升级和产业升级是两个不同的概念，两者之间既有联系又有区别，产业结构优化升级应包含三方面内容：一是产业结构规模扩大，即参与交易活动的产业数量有所增加或原有各产业之间交易活动的容量有所增加；二是产业结构水平提高，具体包括先进技术设备、生产工艺、新材料的使用，高素质劳动力的参与，产业规模扩大以及经营方式改善、管理水平提高等；三是产业结构联系紧密，即一个产业的生产与其他产业之间关联程度和生产要素互通程度得到了提高。朱卫平、陈林（2011）指出，产业升级是指要素禀赋的动态转化促使新兴主导产业不断涌现，并迫使旧主导产业实现技术、组织形式和产品升级的动态过程。张晓宏（2012）强调生产率、需求以及技术水平对产业结构优化升级的贡献，认为结构升级的外在表现是经济良性发展和国际贸易条件改善。

从政策发展的视角来看，产业结构优化升级是一个具有鲜明中国语境特色的概念，较好地反映了在建设社会主义现代化国家过程中我国产业发展战略思路的演变。进入 21 世纪以来，党中央不断深化对产业结构优化升级的论断，并作出了一系列重大决策部署。党的十六届五中全会提出产业结构优化升级的概念，做出了推进产业结构优化升级的部署，即要形成以高新技术产业为先导、基础产业和制造业为支撑、服务业全面发展的产业格局。2007 年，党的十七大报告首次提出"现代产业体系"概念，指出"发展现代产业体系，大力推进信息化与工业化融合，促进工业由大变强，振兴装备制造业，淘汰落后生产能力；提升高新技术产业，发展信息、生物、新材料、航空航天、海洋等产业；发展现代服务业，提高服务业比重和水平；加强基础产业基础设施建设，加快发展现代能源产业和综合运输体系"。2010 年，《中共中央关于制定国民经济和社会发展第十二个五年规划的建议》对"现代产业体系"的概念做了进一步阐述："坚持走中国特色新型工业化道路，必须适应市场需求变化，根据科技进步新趋势，发挥我国产业在全球经济中的比较优势，发展结构优化、技术先进、清洁安全、附加值高、吸纳就业能力强的现代产业体系。"习近平总书记多次强调，产业结构优化升级是提高我国经济综合竞争力的关键举措，要加快改造提升传统产业，深入推进信息化与工业化深度融合，着力培育战略性新兴产业，大力发展服务业特别是现代服务业，积极培育新业态和新商业模式，构建现代产业发展新体系。正是在习近平总书记重要论述精神的指引下，国家"十三五"规划提出："围绕结构深度调整、振兴实体经济，推进供给侧结构性改革，培育壮大新兴产业，改造提升传统产业，加快构建创新能力强、品质服务优、协作紧密、环境友好的现代产业新体系"。2020 年，党的十九届五中全会提出，全面建成小康社会、实现第一个百年奋斗目标之后，我们要乘势而上开启全面建设社会主义现代化国家新征程、向第二个百年奋斗目标进军，这标志着我国进入一个新发展阶段。立足新发展阶段，国家"十四五"规划提出要加快发展现代产业体系，推动经济体系优化升级，并明确了提升产业链供应链现代化水平、发展战略性新兴产业、加快发展现代服务业、统筹推进基础设施建设和加快数字化发展五大重点任务。

综上所述，虽然现有文献对于产业结构优化升级内涵的界定存在一定程度的差别，但在以下几点上基本上达成了共识：一是产业结构优化升级通常带来的是产业体系部门构成特别是主导产业的变化；二是产业结构优化升级意味着企业在全球价值链中所处环节的变化，导致产业国际分工地位的提升；三是产业结构优化升级意味着生产的技术水平和要素使用效率的提升。在总结提炼现有文献分析的基础上，我们可以从以下两个理论维度来界定产业结构的内涵：（1）部门结构。部门结构是指特定时间节点一个国家或地区国民经济中不同部门的产出、就业、投资等指标之间的相对数量比例关系。由于国民经济部门可以从不同的角度进行划分，名义产业结构就可以表现为基于不同划分标准的各类产业之间的相对数量关系。如第一、第二与第三产业，劳动密集型、资本密集型与技术密集型产业，农业、轻工业与重工业以及高效率与低效率产业等之间的相对数量关系等。（2）功能结构。与部门结构不同，功能结构是指特定时间节点一个国家或地区的企业在产业链不同功能环节上的组合，衡量的是一个国家或地区在产业链的研发设计、加工制造和品牌营销等功能环节上的发展水平。上述两种结构关系既相互联系，也有所区别。部门结构实际上反映的是不同时间节点一个国家或地区产业体系的门类组成以及在数量上居于主导地位的产业类型，但不能真实地反映一个国家或地区在全球产业链分工中所处的地位。相比之下，功能结构可以更加准确地体现一个国家或地区在全球产业链分工中所处的地位，从而在更大程度上决定了地区经济竞争力，因此，要将这两种结构结合起来进行分析才能准确地反映一个国家或地区产业结构的真实状态。鉴于此，本研究认为产业结构优化升级是指一个地区产业体系由低效率水平、低附加价值状态向高效率水平、高附加价值状态演变的趋势，这种演变趋势包括以下两个维度的转变：一是部门结构优化，即国民经济体系中高技术密集度、高生产率行业的相对规模和比重上升；二是功能结构升级，即一个国家或地区越来越多的企业沿着全球价值链向高附加值功能环节攀升，具体表现为企业核心能力由低端的加工制造功能向高端的研发设计、精密制造和品牌营销功能的升级，这两个维度转变的结果是整个产业体系的效率提升。因而，产业结构优化升级具有较强的内生增长效应，对维持地区经济长期可持续增长意义重大。

第二节　产业结构优化升级的理论机制

在从传统社会迈向现代化的进程中，一国或地区的经济增长必然伴随着产业结构优化升级，产业结构优化升级是经济系统中诸多内生因素共同作用的结果，具体包括要素供给条件、市场需求潜力，制度环境三个方面因素。由自然资源、劳动力、资本以及技术知识所组合形成的供给条件决定了产业结构优化升级的现实可能性，在供给方面形成了产业结构优化升级的推动力；由最终产品需求与中间产品需求所构成的市场需求潜力会影响厂商的生产策略选择，形成了产业结构优化升级的市场牵引力；而由政府主导的制度环境则可以通过影响要素供给条件与市场需求潜力的变化，进而影响地区产业结构的调整。表 3 - 1 揭示了要素供给条件、市场需求潜力，制度环境影响地区产业结构优化升级的基本逻辑和作用机制。下面我们就按照表 3 - 1 的框架来分析新常态下我国产业结构优化升级的理论机制。

表 3 - 1　　　　　　　新常态下我国产业结构优化升级的理论机制

影响因素	要素供给条件	市场需求潜力	制度环境
具体内涵	自然资源 劳动力数量与质量 资本 技术知识	终端产品需求 中间产品需求	发展战略 配套政策 实施机制
主要功能	为产业结构优化升级提供必要的要素支撑	为产业结构优化升级提供必要的市场需求支撑	影响供给条件和需求潜力，并进而影响产业结构

影响因素	要素供给条件	市场需求潜力	制度环境
作用机制	要素禀赋结构持续变化导致各类要素相对成本变化，促使厂商改变要素使用策略，并进而引起宏观上的部门结构调整	随着收入水平的变化，最终产品需求发生变化，进而引起中间产品需求变化，从而形成产业结构优化升级市场牵引力	提供市场运行所必需的公共产品 影响厂商的生产策略影响消费者的消费选择

一、要素供给条件

要素供给条件取决于一个国家或地区的自然资源、劳动力、资本、技术知识等要素资源组合的丰裕程度，而产业结构优化升级的背后是要素资源在不同部门以及同一部门不同生产环节之间流动与分布的结果。因此，要素供给条件在很大程度上决定了产业结构优化升级的现实可能性，要素供给条件的变化会推动地区产业结构进行调整。要素供给条件影响产业结构的作用机制在于，通过地区比较优势影响最优生产结构并且与地区生产结构形成相互强化的累积循环因果链条。新结构经济理论的最新进展指出，一个国家或地区的要素禀赋结构与生产结构是互为累积因果循环的关系，即要素禀赋结构变化会引起生产结构变化，而生产结构变化又会反过来推动要素禀赋结构发生变化。在长期经济发展过程中，要素禀赋结构与生产结构通过相互累积影响的因果关系不断推动地区产业结构的变迁①。

（一）自然资源禀赋

自然资源禀赋是社会经济活动面临的先天自然条件，一国或地区的先天自然条件会在很大程度上影响产业结构的形成与演变。某种自然资

---

① 新结构主义经济理论认为，在经济发展的任意时点上，任一经济体都面临给定的要素禀赋结构，禀赋结构决定了最优的生产结构。如果生产结构符合基于要素禀赋结构的地区比较优势，则这种生产结构是最具有竞争力的，所能创造的经济剩余也最大，积累的边际回报率最高，积累倾向最大，从而导致禀赋结构升级最快，生产结构升级也最快（林毅夫、付才辉，2019）。

源丰富意味着相对于其他要素而言，这种资源的成本较低，理性的厂商便会在选择使用更多的这种资源替代其他要素进行生产，从而降低生产成本，以最大限度获取利润。众多厂商这样选择的结果就会导致一个国家或地区在宏观上形成一种资源依赖型的产业结构。但是，很多自然资源是不可再生的，随着某种资源被大量地投入到经济过程中，这种资源必然日益趋向于稀缺，价格随着时间的推移也会逐渐上升，直到厂商发现继续密集使用这种资源进行生产的成本已高到无利可图时，厂商在理性的驱使下便会转变生产要素的使用方式，转而更多地使用其他更为丰裕、成本更低的要素。在市场机制的作用下，上述微观层面上厂商行为选择转变的一个重要结果就是宏观上地区产业结构的变化。

总体上讲，自然资源禀赋丰富是有利于经济发展的，但自然资源禀赋过于丰富，往往导致经济活动对廉价自然资源的过度依赖，厂商缺乏对技术创新进行投资的经济激励，其后果是基于资源开发的初级产品生产在地区产业结构中占据主导地位，而技术、知识密集型产业难以得到发展，这反而不利于一个国家或地区产业结构优化升级，并进而影响其经济增长潜力。而在自然资源相对匮乏的国家或地区，恶劣的先天禀赋条件形成了对厂商开展技术革新的巨大压力，这反而推动了资本技术密集型产业的发展，从而有助于这些国家或地区更快地建立起现代化产业体系。经济学文献在对世界各国经济增长进行经验研究的基础上，发现不少自然资源丰富的地区并非总是具有较好的经济增长表现。很多具有良好的化石能源和矿产资源禀赋的国家，如非洲的安哥拉、尼日利亚、苏丹等国经济增长速度较为缓慢，产业结构层次的水平也比较低；相比之下，一些资源禀赋条件相对较差的国家或地区，如日本、韩国、新加坡以及我国的台湾地区等经济增长却明显较快，产业结构层次也明显较高。丰裕的自然资源禀赋并没有成为一些国家或地区经济增长的有利条件，反而成为一种制约因素①。可见，自然资源禀赋对一个国家或地区

---

① 基于这一观察，1993 年英国学者奥蒂（Auty）提出了"Resources Curse"概念，国内文献将这种资源丰裕度与经济增长之间的负相关关系称为"资源诅咒"（参见 Auty R M. Sustaining Development in Minery Economies：The Resources Curse Thesis［M］. London；Routledge，1993.）。

产业结构的影响是相对的，有时候甚至还存在较大的局限性，技术革新可以使得自然资源匮乏的国家或地区实现更快的产业结构优化升级。在工业化初期，自然资源禀赋在地区产业结构形成与调整的过程中扮演着重要角色，但在工业化的后期，自然资源禀赋的作用开始逐渐减弱，地区经济增长与产业结构越来越多地依赖技术知识、高素质人力资本等无形的生产要素。

（二）劳动力

作为一种要素投入品，劳动力供给是经济增长的必要条件，对一国或地区产业结构的形成与调整具有重要的影响。劳动力要素具有数量和质量两个维度，二者在影响地区产业结构的过程中既相互联系，也有所区别。首先，劳动力数量取决于人口规模以及经济活动人口比重①两个因素。一个国家或地区特定时期的人口规模越大，经济活动人口占比越高，劳动力要素供给越充裕。劳动力要素充裕使得同等条件下劳动力工资水平相对较低，诱使厂商使用更多的劳动力从事生产，这意味着一个国家或地区具有发展劳动密集型产业的比较优势。反之，如果一个国家或地区的人口规模较小，或经济活动人口占比不高，则会面临严重的劳动力供给约束，厂商将不得不提高生产的技术装备水平，倾向于用机器来替代人手，这样，劳动密集型产业在国民经济中所占比重会相对较低。其次，劳动力要素供给还存在质量维度，劳动力质量是指特定劳动力身上所蕴含的人力资本水平，它与劳动力受教育程度、专业技能、敬业精神等一系列因素高度相关。一方面，在现有技术条件下，高质量劳动力会带来更高的单位产出，提高生产效率；另一方面，高质量劳动力推动技术与管理创新的能力较强，更有利于地区技术进步和管理创新。因此，劳动力要素质量越高，就越有利于高效率产业特别是新兴高技术产业的发展。

---

① 经济活动人口是指所有年龄在16岁及以上，在一定时期内为各种经济生产和服务活动提供劳动力供给的人口，在数量上等于就业人口与失业人口之和［参见吴忠观（主编）. 人口科学辞典［M］. 西南财经大学出版社，1997.］。

（三）资本

资本指的是厂商可供投资的资金，其充裕与稀缺情况对经济活动具有至关重要的影响。现代企业理论表明，企业本质上是各类要素所有者为了开展组织化、规模化生产活动而相互订立的一组契约的集合，而资本在其中占据一个相对独特的地位。因为有了资本所有者的大规模投资，现代化企业才得以建立起来，现代化工业大生产体系才成为可能。从国家或地区的层面来看，资本供给情况与产业结构高度化水平具有明显的正相关关系。资金短缺的国家往往缺乏对技术创新、机器装备等现代化生产所必需的高端要素进行大规模投资的能力，其产业发展更多地依赖人力的投入，资本和技术密集度较高的产业难以发展起来。资金供给充裕国家的情况正好相反，正是由于对技术研发、生产装备等持续不断的大规模投资，这些国家的产业更趋向于朝着深加工度、高附加值的方向发展。

概括地讲，厂商投资所需资本供给有自身积累和外部融资两个来源。自身积累来自厂商利润剩余部分，不仅规模较小，所需经历的时间也较长，难以适合现代化工业大生产的需求。因此，在工业化进程中，为企业提供外部融资渠道的资本市场是必不可少的，特别是高技术密集度产业发展过程中，研究开发投资需求大，不确定性较高，具有明显的"高风险""高投入"的特征，十分需要宽松的融资环境支撑。由于银行信贷明显的风险厌恶偏向以及较高的流动性、安全性要求，难以对新兴高技术产业发展提供足够的金融支撑。作为现代社会企业外部融资来源的重要渠道，资本市场可以通过独特的资金积累和资本形成机制，为技术研发、装备更新和创新创业型企业成长等注入资本要素，提供充足的投资，为地区产业结构转型升级创造条件。同时，资本市场的存在促进了资本在不同部门间的流动，优化了资本的行业配置，加快了存量经济结构的调整，从而有助于地区产业结构优化升级。

（四）技术知识

从本质上讲，地区产业结构是在特定技术条件下的一系列生产要素投入和产出的过程的结合。这里的特定技术条件就是特定阶段一个国家或地区所面临的技术知识的供给状况，技术知识决定了厂商利用生产要素的方式，不同的使用方式决定了企业的投入产出效率，因此，技术知识要素的供给状况决定了不同效率水平的厂商在国民经济中的相对比重。同时，从动态的视角来看，经济系统内生的技术进步改变了地区生产技术条件，不仅推动了长期经济增长，加速了新兴产业的发展以及传统产业的改良，而且促进了地区产业结构迈向高级化。此外，技术进步还会加速新产品的开发，促使消费品更新，由此创造有利于新产业发展的新需求，加快了新产业的孕育。

二、市场需求潜力

除要素供给条件之外，市场需求潜力也对一个国家或地区的产业结构具有重要的影响，这主要体现于对最终产品和中间产品两个方面的需求。其中，最终消费需求主要是指面向消费者的产品与服务需求，会随着消费者收入水平、消费偏好等因素的变化而变化。中间产品需求主要是指产业链上下游企业之间的需求，受不同行业经济技术关联特征和本地产业配套网络发展水平等因素的影响。最终消费需求以及中间产品需求的规模、结构等特征都会对一个国家和地区的产业结构优化升级过程产生重要的影响。

（一）最终消费需求

最终消费需求主要从三个方面影响一个国家或地区的产业结构。

首先，最终产品与服务的消费需求规模会对不同产业的空间配置产生影响。最终产品与服务的消费规模主要受地区人口数量、收入水平、消费习惯等因素影响，一般来说一个地区最终产品与服务的消费需求规模越大则相关供应链各环节在该地区集聚的可能性就越大。在各地区要素供给比较优势一定的情况下，地区消费需求规模越大，则提供最终产品与服务的厂商为节约运输成本或绕过贸易壁垒在该国家或地区进行生产的可能性就越大。一些运输成本比较高的工业制成品在消费规模较大的地区集聚的动力就很强，如汽车、家用电器、建筑材料与家具等产品。特别是，很多服务产品具有高昂的运输费用，导致对这些服务产品的消费是高度本地化的，消费者和服务的提供者不能相距太远，有时服务的提供者与消费者需要面对面地接触，因此，地区消费需求规模越大，就越能吸引更多的服务厂商在本地区布局。提供最终产品和服务的厂商在消费地集中以后又会对产业链上下游配套环节产生较强的吸引力，这主要是协调成本在起作用的结果。任何一个提供最终产品和服务的供给都需要一系列专业化零部件和服务等中间产品投入，围绕最终产品和服务的供应链各环节也需要进行技术改进、产品配套等方面的协调。如果处于供应链不同环节上的企业之间相距较远，则相关企业之间的协调成本就较高，导致产业链上下游厂商之间的配套效率降低，不利于企业经营效率的提升。因此，最终产品与服务的需求规模越大，就越会诱使相关产业网络在本地区集聚，从而提高该部门在地区产业结构中的比重。需求规模影响地区产业结构优化升级的另一个机制是推动技术进步与产业创新。技术进步是新产业诞生和产业链功能升级的动力源泉，而技术进步不仅受制于供给侧的高素质人才、研发投入等因素，也会受到市场需求规模的影响。市场需求规模可以通过影响技术创新概率、创新收益获取和市场竞争水平等变量对技术创新活动产生重要影响。在创新概率方面，在实践中企业的技术创新模式总体上可分为渐进式应用性创新和突破式颠覆性创新，无论哪一种创新都必须有潜在的市场需求作为支撑，特别是突破式颠覆性创新更需要足够大的需求规模。一个国家或地区的市场需求规模越大，突破式颠覆性创新的潜在数量就越多，通常就会有更多具有高度应用价值的创新成果进入市场，从而推动更多的新产业、新业态涌现（Acemoglu and Linn，2004；Acemoglu et al.，2020）。在创新收益获取方面，技术创新本身具有高度的不确定性，需要耗费大量的资金，大量的资金投入必须通过市场获得足够的事后补偿，否则创新将难以为继，而创新主体获得足够补偿的关键在于创新的垄断收益能否在市场上实现。一个国家或地区的需求规模越大，厂商的创新产品就越容易在本地市场上实现规模经济，从而提高了创新的潜在获利空间，厂商就有更大的可能性获得更多的创新补偿，这就为持续的高水平技术创新活动提供必要的经济激励（Aghion et al.，2005）。在市场竞争水平方面，一个国家或地区的需求规模越大，就越会吸引更多的厂商进入市场，数量众多的进入者提高了本地市场的竞争性。在技术接近前沿的条件下，激烈的市场竞争会迫使企业更倾向于通过高质量创新来形成竞争优势，获取市场垄断收益。

其次，最终消费需求的层次也会对地区产业结构产生重要的影响。最终消费需求的层次是指主要受收入水平影响的消费要求层级。一般来说，随着收入水平的提高，消费层次也会持续升级，这体现在两个方面：一方面是对产品的质量要求越来越高，购买者更加注重产品与服务基本功能的完善提升；另一方面是需求的多样化程度越来越高，即在产品基本功能之外，消费者还会增加对产品美感、舒适度、精准度、便捷度、卫生环保水平和个性化等多方面的要求，而且消费者能够为这些附加的特性支付更高的价格。欧美、日本等发达国家在收入水平提高后，产品的多样化程度、精致程度也不断提高，引领全球的消费风尚就说明了这一点。在我国，伴随着居民收入水平的上升，也出现了商品多样化和品质不断提升的趋势。一个地区对最终产品消费层级的上升会推动厂商加大资源投入进行产品创新，并进而引起整个供应链的技术升级。其原因是消费需求层级上升后，日益挑剔的市场需求会促进企业不断改进产品，这既要求最终产品厂商加强产品和工艺革新，也会通过供应链对上下游企业的技术创新提出要求，进而提升了整个供应链的技术水平。同时，如果某地区消费需求在全球是超前或领先的，则相关制造企业，尤其是创新性的企业更愿意在该地区集中，以便更快速地把握消费者的消费动态，进行相关的创新并从中获利，从而更快地占领前沿市场，这无疑也有利于地区产业结构的升级。

最后，最终消费需求对地区产业结构优化升级的影响还体现在需求结构变动上。需求结构是指消费者花在生活必需品、耐用消费品和服务产品等不同类型产品上的支出的相对比重。在工业化之前的传统社会状态下，人们绝大部分支出都用在了食品、衣着等生活必需品消费上。随着工业化程度加深，人们的收入水平逐渐提高，食品、衣着等生活必需品消费支出所占的比重逐步降低，以耐用消费品为代表的工业制成品消费占比上升。这一消费需求结构的变化为现代工业生产体系的建立提供了支撑，制造业成为一个国家或地区的优势主导产业。当社会迈入工业化后期时，人们的收入水平进一步提高，消费者追求更高层次的效用满足，在食品、工业制成品等实物消费上的支出比重下降，而用于教育、文化、旅游等服务消费上的支出比重增加，由此导致工业在国民经济中的地位下降，服务业的地位上升，地区主导产业就会发生适应性的递进变化。

（二）中间产品需求

中间产品需求是指供应链内部或产业之间的上下游需求，中间产品的需求规模与本地产业总体规模以及供应链完善程度高度相关。一般来说，某个国家或地区产业总体规模越大，供应链完善程度越高，则中间产品需求的规模越大；而中间产品需求规模越大，则供应链在该地区进一步延伸的可能性就越大，该地区的产业集聚水平会进一步提高，这无疑在很大程度上影响了本地区产业结构的变化。上述过程意味着中间产品需求和产业供应链本地化集聚之间存在着一个累积循环的自我强化机制，具体表现在以下三个方面。

（1）运输成本节约机制。运输成本是影响中间产品厂商区位选择的重要因素，如果一个地区已经具有了一定的供应链基础，即已经有大量的供应链上下游企业在本地区集聚，则供应链上的其他企业转向该地区布局就可以降低中间产品的运输成本，这对供应链各关联企业均形成了较强的吸引力。已有研究指出，供应链相对完善的产业集群是实现弹性专精生产模式的有效组织形式，相关行业在同一地区的集中自然形成了对本行业中间产品一个较集中的市场，最终产品与中间产品厂商相互靠近，降低了企业的运输成本投入（Piore and Sabel，1984）。而由于运输成本的降低，本地中间产品价格趋于下降，最终产品生产商的成本也随之降低，这会进一步吸引更多的最终产品和中间产品生产商进入该地区，从而扩大本地产业集聚规模（Krugman，1991a；Krugman and Venables，1995；Venables，1996）。

（2）规模经济机制。如果本地区供应链相对完善，产业集聚规模也比较大，则本地市场对中间产品供应链各环节的产品需求就比较大，这有利于供应链各环节厂商在新产品开发上形成规模经济。在产品生命周期的研发和商业化初期阶段，市场上还没有形成产品的主导设计，产品的多种技术路线在进行激烈竞争，如果市场规模较大，则各类技术路线能够在市场中得到充分的试验，最终形成更具商业价值和发展前景的主导设计就可能性比较大，因此中间产品需求规模越大，就越有利于新产品实现从研发阶段向商业化阶段的转化，这既有助于吸引供应链上大量新产品企业在本地集聚，也加快了本地产业链新产品的创新速度。

（3）降低交易搜寻匹配成本的机制。中间产品的需求具有较强的专用性，这主要因为中间产品通常是为了某条产业链的下游企业而生产的，在材料、规格、性能等方面具有较强的异质性，需要企业进行大量的专用性投资。企业一旦要转变所从事的生产领域，将会面临较高的转换成本，因此，较大的需求规模和稳定的交易关系对于专用性较强的中间产品生产是十分有利的。一般来说，一个地区产业集聚水平越高，中间产品需求规模越大，则该地区中间产品需求的异质性程度就越高，而且每一种特殊需求的规模也越大，这样生产某种特殊中间产品的供应商在寻找客户时会优先向该地区推销，以便于降低市场搜寻成本。这样，中间产品需求规模大的地区也会成为全球中间产品供应商的主要销售目的地，吸引大量中间产品供应商在该地区设立生产设施或销售分支机构。同时，对于本地中间产品采购商而言，这也大大降低了它们在全球范围内采购商品的搜寻匹配成本。可见，集中的中间产品需求会吸引更多的供应链上下游企业为了节约市场搜寻匹配成本向该地区集中。

三、制度环境

概括地讲，制度环境是指与地区产业发展相关的一系列组织与规则体系。无论是从经济还是社会变迁的视角来看，产业发展都是在一定的制度环境中进行的。当制度环境与地区发展的要素供给条件以及市场需求变化的趋势相适应时，就能够充分地发挥地区比较优势，动员要素资源进行生产，满足不断变化的市场需求，从而推动地区产业结构优化升级；反之，就会难以充分动员要素资源，阻碍地区比较优势的发挥，对地区产业结构高级化产生不利影响。具体而言，制度环境由发展战略、配套政策和实施机制三维要素组成，这三维要素共振联动、高效运转，一同推动了地区产业结构的形成与演进。

第一，发展战略是一个国家或地区政府在特定发展阶段，从不同的决策目标出发，所制定实施的产业发展中长期战略规划。其主要功能是明确特定时期国家或地区产业发展的总体目标、阶段任务和战略步骤等，为产业发展提供全面的指导，并向市场主体发出政策倾向性信号。从世界各国的经验来看，无论是发达国家还是发展中国家，均在不同时期基于各自的国家竞争目标，制定了大量的产业发展战略。2008年世界金融危机暴发后，美国为了应对制造业空心化问题，提升自身产业国际竞争力，制定了一系列促进制造业发展的战略。2009年12月，美国公布《重振美国制造业框架》，全面阐述了重振美国制造业的原因、优势与挑战，并提出七大方面政策措施。2010年8月，美国公布《2010制造业促进法案》，该法案与2010年7月底众议院通过的其他法案一道构成了后危机时代美国重振制造业较为完备的法律框架。2011年2月，美国发布了《美国创新战略：保护我们的经济增长和繁荣》，把发展先进制造业、生物技术、清洁能源等作为美国优先发展的领域。与美国同为发达国家的日本，长期以来也十分重视通过制定实施产业发展战略来推动产业结构持续升级。自21世纪初以来，为推动经济发展，提高产业综合竞争力，日本在2014年制定《产业竞争力强化法》，力图通过规制改革和政策支持的方式，鼓励企业进行技术创新，促进产业的新陈代谢，提升经济活动效率。作为发展中国家的代表，我国也十分重视制定实施产业发展战略。例如，每隔五年连续制定的"五年计划（规划）"就包含了对特定时期产业发展进行战略性规划和指导的内容。从1953年开始制定第一个"五年计划"起，我国已经公布实施了十四个"五年规划"①。2015年，我国颁布了由百余名院士专家共同起草的《中国制造2025》，为中国制造业未来10年的发展提供了顶层规划和路线图，以推动实现中国制造向中国创造，中国速度向中国质量，中国产品向中国品牌三大转变。

第二，配套政策是为了保证产业发展战略的有效实施，政府所制定实施的一系列具体的政策工具。这些政策工具包括在价格、融资、税收、就业、消费等方面的支持性或限制性政策组合。支持性的政策工具包括基础设施建设、税费优惠、优惠贷款以及财政补贴等；限制性政策工具包括市场准入、移民限制、金融信贷以及生态环保等方面的限制措施。配套政策是基于发展战略的需求而制定的，它的主要功能就是服务于一个国家或地区的产业发展战略，引导稀缺的要素资源在不同部门、不同主体之间进行高效流动，提供市场运行所必需的公共产品，并对产业发展过程中的负外部性问题进行治理。一般而言，配套政策可以通过以下三种途径发挥上述功能：一是国家直接或通过自己掌握的企业进行资源配置，布局建设产业园区、技术平台和基础设施等重要项目；二是通过实施专项政策工具，影响市场主体开展生产经营活动的成本和收益，向市场释放对特定产业的支持性或限制性政策信号，引导市场主体和要素所有者的行为选择，进而影响资本、劳动力等要素资源在不同行业和产业链不同环节之间的流动；三是政府通过实施特定的政策工具，将企业行为的社会成本内部化，以应对垄断、环境污染、市场分割等负外部性问题。

第三，实施机制是指保障发展战略和配套政策工具能够得到有效实施与执行的一套激励和约束机制安排。习近平总书记在2015年6月26日主持中共中央政治局第二十四次集体学习时强调，"法规制度的生命力在于执行"。产业发展战略与相关配套政策的生命力也在于执行，而高效的执行离不开有效的实施机制。在我国，始终坚持党的集中统一领导是中国特色社会主义市场经济体制的核心特征，而产业发展战略和配套政

---

① 从"十一五"起，"五年计划"改为"五年规划"。

策能够得到有效实施的关键就在于党的集中统一领导。在党的集中统一领导下，我国形成了高效的"集中"与"分散"有机结合的经济治理机制，以及与之相配套的财政分税制、人事任免与地方政府绩效考评等制度安排。这既保证了国家产业发展战略意图能够得到自上而下地贯彻，同时又可以充分调动地方政府和市场主体的积极性，提高了战略规划与政策工具实施的效率。我国各级地方政府不能仅仅根据本辖区的发展目标而采取行动，它的行为选择要严格地受到中央政府所确定的宏观战略框架的约束。同时，中央政府也通过引进市场机制、扩大地方管理权限、实行财政分税制以及目标导向的绩效考评等一系列举措，允许地方政府在合理范围内追求本辖区的财政利益和政绩目标，强化各级地方政府促进本地产业发展的内在激励，有力地促进了我国产业结构优化升级。与我国不同，在西方国家，地方政府间的关系本质上是竞争性的（Tiebout，1956；Breton，1998），不同地方政府之间迫于选民和市场主体的压力，必须为满足本地区居民和市场主体对公共产品的需求而展开激烈的竞争。在居民和要素资源可以自由流动的前提下，只有那些提供了最优公共产品组合的政府才能够吸引居民和要素所有者进入并扎根于本地区。由于缺乏强有力的国家层面的统一协调力量，相互竞争的地方政府很难就一项总体产业发展战略的实施采取统一行动，这导致西方发达国家制定的产业发展战略和配套政策往往难以得到有效的实施，从而影响了其政策目标的实现。

　　要素供给条件、市场需求潜力和制度环境是影响一个国家或地区产业结构变化的三大因素，三者在实践中的运行机制如下：首先，一个国家或地区在特定发展阶段的要素供给条件是内生给定的，并且会随着发展阶段的变化而变化。在不同的发展阶段，一个国家或地区各类要素的相对价格有所不同，厂商会利用不同的要素组合进行生产，这会引起要素在不同行业之间以及同一行业供应链不同环节之间的流动，从而形成推动产业结构优化升级的力量。其次，一个国家或地区在特定发展阶段的市场需求潜力也是内生给定的，并且也会随着发展阶段的变化而变化。在不同的发展阶段，随着收入水平的提高，人们的支付能力与消费偏好会发生变化，导致市场对终端产品与服务的需求发生变化；与此同时，与生产过程中要素组合变化高度相关的中间产品需求也发生了变化。这两种需求的变化形成了促进一个国家或地区产业结构优化升级的牵引力。最后，理论上讲，一个国家或地区在特定发展阶段的最优产业结构就是与其要素供给条件和市场需求潜力相适应的产业结构，产业结构优化升级就是该国家或地区实现产业结构无限逼近最优产业结构的过程。要想使这一逼近过程在现实中真正发生，并提高其效率，就需要适当的制度环境提供支撑。这是因为，只有将基于要素供给条件变化的推动力和基于市场需求潜力变化的牵引力较好地结合起来，才能在现实中保障产业结构优化升级的方向、速度与规模，而这就需要一个有利的制度环境。在这样的制度环境中，一个国家或地区可以通过制定与实施发展战略以及相应的配套政策，来增进市场的资源配置功能，从而有效地对供给要素供给条件和市场需求潜力进行跨时期、跨地区和跨部门匹配，提高资源配置效率。

第三节　产业结构优化升级的途径

一、部门结构优化的途径

一个国家或地区产业体系的部门结构优化，既会表现出明显的路径依赖特征，也会呈现一定程度的路径突破倾向。这是因为，地区部门结构的演进一方面要取决于已有的产业基础，同时也会受到技术进步的强烈影响。在这两方面因素的作用下，地区产业体系的部门结构优化不是随机的，而是会遵循一定的规律并沿着特定的途径进行。产业基础影响了未来新产业和该地区现有产业之间经济技术联系的性质与强度，而技术进步决定了未来新产业在生命周期中的位置，这两方面因素加在一起，决定了地区新产业的发展是在路径依赖与路径突破之间寻求平衡的结果。

　　区域部门结构优化会在很大程度上受制于已有的产业门类构成，产品空间理论将这种现象归结为区域产业结构演化过程中所存在的路径依赖特征，即一个国家或地区的现有产业体系能够通过投入产出关联、要素共享与技术知识外溢等途径对新产业的形成与发展，发挥着至关重要的影响（Hausmann and Klinger，2006；Hidalgo et al.，2007）。这一理论将每一种产品想象为一棵树，所有产品集合在一起就形成了一片产品森林（或产品空间），这个产品空间会对一个国家或地区产业结构的变化会形成范围约束。一个国家或地区生产不同产品的企业就类似于生活在不同树上、占有并使用这些树的猴子，而一个国家或地区产业结构的转变就类似于"猴子在距离不同的树之间的跳跃"。由于产品森林的构成不是均质的，有的区域树木果实相对较多，有的地方树木果实相对较少，这样，区域部门结构优化的过程就好像猴子从森林中果实较少的树木跳向了森林中果实较多的树木，这意味着更多的企业进入了高效率部门，区域产业体系中高效率部门所占的比重上升，区域经济产出获得了较快的增长。同时，猴子在森林中也不能进行无限远的跳跃，它们不得不在跳跃一段距离后才能进入另一片森林。实际上，部分猴子最终可能无法穿越已经存在的产品森林，这意味着猴子可能不得不优先选择向距离较近的树上跳跃。以上形象的比喻包含了一个重要的理论认识，即一个国家或地区在产品空间结构中的初始位置会影响该国或地区后续产业结构演进的路径。

　　豪斯曼等（Hausmann et al.，2014）学者根据产业邻近度指标和网络科学算法，构造了所有800多个产业①之间的网络关系，他们将这种网络关系的总和定义为产品空间（Product Space），图3-1是对这种网络关系进行简化与可视化的结果。在图中，每一个点代表一个行业，点的大小代表该产业在全球贸易中的贸易量，每两个点之间的距离代表他们之间的距离，而产业距离则取决于不同产业之间的经济技术关联强度。

---

　　①　他们在研究中所使用的行业分类方法为国际贸易标准分类（SITC）第二版行业分类法，共包含800多个产业。

我们可以根据产业间经济技术关联度来分析一个国家或地区已有产业与其他各类产业的距离，进而判断该国家或地区向现有产业之外的其他各类型产业扩张的难度与路径。

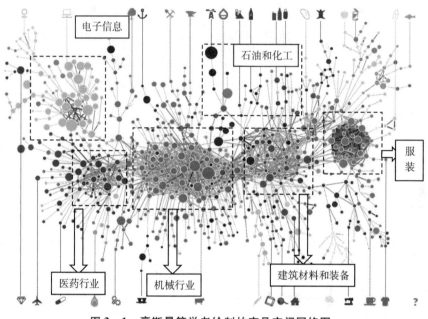

图 3 - 1　豪斯曼等学者绘制的产品空间网络图

资料来源：Hausmann，Hidalgo et al. The Atals of Economic Complexity：Mapping Paths to Prosperity［M］. The MIT Press，2014.

　　一般来说，一个国家或地区向与现有产业距离较近的其他类型产业拓展会更容易一些，因此，由于不同类型产业之间存在着不同程度的经济技术联系，产业距离便决定了一个国家或地区部门结构转换的具体路径与成功概率。如果新产业与旧产业的距离越近，新产业的发展更容易获得成功；反之，如果新产业与旧产业的距离越远，则该地区转向该类新产业的努力可能难以达到预期的效果。例如，在图 3 - 1 所呈现的产品空间中，所有的行业可以大致分为 34 个产业群，每个产业群内部各行业之间产业距离较近，而与产业群之外的产业距离较远，这样，相对集中的产业群就构成了一个大类行业。图 3 - 1 标示了机械、建筑材料和装备、医药、服装、石油化工和电子信息六大产业群，机械行业在产品空间中技术复杂程度最高，在国际贸易中的占比也最大，最靠近产品空间的中心地带，具有向其他新产业拓展的相对经济技术优势。从产业距离来看，机械行业与建筑材料和装备行业的距离较近，如果一个国家或地区机械类行业发展水平较高，现有的行业基础较好，那么，理论上它会优先向距离较近的建筑材料和装备以及医药行业扩张，而不是向产业距离较远的服装和电子信息等行业扩展。

产业空间理论的上述论断得到了一系列基于跨国贸易数据的研究的实证支撑，这些文献分析了各国出口产品与产业结构演变之间的关系，通过分析产品之间的相关性，他们发现那些与现有产业结构相关性较强的新产业更容易获得发展。例如，内菲克等（Neiffke et al.，2011）对瑞典 70 个地区在 1969～2002 年产业结构演变的研究发现，地区产业的发展与衰退都显著地受到原有产业结构的影响。波斯马和伊玛马里诺（Boschma & Iammarino，2009）对意大利各省在 1995～2003 年进出口贸易联系的分析也揭示区域了产业结构演化过程中所表现出的路径依赖倾向。安东等（Ahdon et al.，2010）基于 124 个国家或地区 5 107 种产品数据的研究发现，技术复杂度最高的产品是机械、化学以及金属制品，技术复杂度最低的产品是原材料、木制品、纺织品以及农产品。出口高技术复杂度产品的国家通常是高收入国家，出口低技术复杂度产品的国家通常是低收入国家，并且随着人均收入的增长，一个国家或地区高技术复杂度产品的出口比重增加，低技术复杂度产品的出口比重降低，而这一变化过程则反映了区域产业体系部门结构的优化。菲力普等（Felip et al.，2013）利用产品空间理论分析了中国 2006 年之前出口产品的结构，指出早在 1962 年中国具有比较优势的产品已经达到 105 种，其中包括 14 种核心产品。这种比较优势与计划经济时期中国所采取的重工业优先发展战略有关，那一时期的工业投入积累为改革开放后中国经济复杂度的快速提升奠定了基础。

可见，无论从理论还是实践的角度，产品空间理论为我们考察一个国家或地区产业体系部门结构的优化提供了一个富有解释力的视角。新产业的发展通常离不开已有部门的技术、资本以及专业技能的积累，已有产业与新产业之间的距离在很大程度上影响了一个国家或地区部门结构演化的目标与路径。但是，我们在分析地区部门结构优化时，不能过分夸大产业距离的影响，否则，地区产业结构变动就难以突破原有产业体系的局限，特别是对于那些后发经济体而言，这可能意味着产业发展的"低阶锁定"。因此，在分析地区部门结构优化问题时，我们还要考虑技术进步对地区产业发展的影响。关于技术进步，一个最直接的影响是导致新兴产业的出现，为各地区政府的新产业战略定位和企业的向新行业扩张提供了潜在的目标。波特（Porter，1980）将新兴产业出现的原因归结为技术创新、相对成本结构改变、新消费需求的出现或其他经济和社会变化，这些变化使得某种新产品或新服务成为一种潜在可行的商业机会。在这些变化中，技术创新是根本性的变化，正是由于技术变革才会引起其他变革性因素的出现。因此，与一般产业从产生到衰落的生命周期划分方法不同，在这里我们认为技术创新的不确定性是划分新兴产业生命周期的主要依据。在当前新技术革命方兴未艾的条件下，新兴产业发展具有较大的技术开发与市场应用前景的不确定性，具体表现为新技术探索涉及的投入需求巨大，新产品界定以及应用场景难以形成共识，技术复杂度提升导致技术创新的系统性要求提高，以及技术换代速率过快使得企业何时进入成为决策难题等。例如，宾施托夫（Buenstorf，2007）对德国激光产业的研究发现，技术迭代速度过快，打破了传统理论所强调的先行者优势，在德国激光产业40多年的发展历程中，不断有新企业加入，但先进入者在行业后续发展中并未表现出明显的优势。与激光产业类似，不少新兴产业在技术创新上需要投入巨额的资金，开发周期长、资金回收慢，然而这类产业的技术更新速度快，快速的技术迭代可能使先进入者面临着较高的投资风险。此外，与以往传统产业的一个显著的不同之处在于，现代新兴产业往往涉及复杂的产品或系统，如大型计算机系统、航空航天系统、半导体生产线和生物制药等。由于这类复杂产品或系统具有技术精密、结构复杂、设计专门化、技术验证过程反复等特点，因而其产品或系统的研发周期、产业导入与成长期可能会非常长，而且专门化设计使得规模经济效应难以形成。

因此，根据不确定性的大小，我们可以将新兴产业的生命周期划分为科学假想、研究开发、小规模试产以及商业化等几个阶段。从科学假想到商业化的每一个阶段，新兴产业发展所面临的不确定性在逐步降低。处于研发阶段的新产业的不确定性较大，而处于小规模试产或商业化阶段的新兴产业发展的不确定性较小，不确定性成为政府和企业进行未来产业定位决策时需要权衡的重要因素。不确定性越大，意味着新产业的技术还不成熟，市场应用情景还不明朗，一般企业进入的风险较高，而不确定性较低降低了企业进入的风险，由于大多数市场主体均形成了较低的风险预期，可能会吸引更多的市场进入者。因此，新兴产业所处生命周期的阶段是我们分析地区部门结构优化时必须考虑的另一个重要变量。

在上述分析的基础上，我们可以根据新产业与现有产业的距离和新产业所处的生命周期阶段两个维度来对地区部门结构优化的路径进行分析，具体分析框架如图3－2所示。在图3－2中，新产业与现有产业存在远、近两种距离，而新产业的生命周期可以概括地划分为研发阶段（包含了科学假想、研究开发两个阶段）和商业化阶段（包含了小规模试产以及商业化阶段）两个大的阶段。我们把上述两种距离和两个阶段结合在一起就可以得到四种不同的组合，每一种组合代表了一种产业类型。地区部门结构优化过程就是一个国家和地区从现有产业体系向这四种类型产业扩张的过程。通过分析这四种类产业的特点，可以揭示地区部门结构优化的战略路径，具体如下：（1）第Ⅰ类产业。这类产业与本地现有主导产业距离较近，经济技术联系较强，并且处于商业化阶段，未来市场前景相对较为明朗。我们可以将这类产业称为优势扩展型产业，而它们通常是地区部门结构优化过程中优先发展的新产业。（2）第Ⅱ类产业。这类产业与本地现有主导产业的距离较远，经济技术联系不强，但已处于商业化阶段，未来市场前景也较为明朗。我们可以将这类产业称为战略延伸型产业，虽然本地区已有的产业基础不强，但这类产业可以为一个国家或地区提供新的发展空间。（3）第Ⅲ类产业。这类产业与本地现有主导产业距离较近，经济技术联系紧密，但还处于生命周期的早期研发阶段，未来市场前景面临较大的不确定性，我们可以称之为优势前沿型产业。由于该技术或产业与本地区现有产业具有较强的关联性，因此也是地区部门结构优化的重要目标领域。（4）第Ⅳ类产业。这类产业与本地现有主导产业距离较远，经济技术联系不强，并且处于生命周期的早期研发阶段，市场前景很不明朗，我们可以称之为战略跳跃型产业。这类行业在技术开发和市场应用方面均具有很大的不确定性，本地产业基础也较弱，通常不是地区部门结构优化的优先领域，但地方政府和企业可以适当进行前瞻性布局，密切跟踪技术发展动态，做好未来型产业储备。

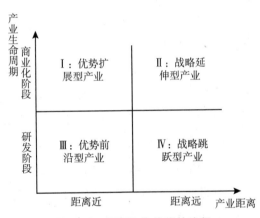

图 3-2　部门结构优化的途径

二、功能结构升级的途径

地区产业体系功能结构升级的基础是企业核心能力的变化，企业核心能力的变化会导致企业在产业内部价值链上所处的位置发生变化。如果这种变化是沿着从低附加值环节向高附加值环节的方向前进，就意味着企业实现了功能升级，很多文献对此进行了界定（Gereffi，1999；Ernst et al.，1998；Kaplinsky and Morris，2000；Humphery and Schmitz，2002等）。企业的功能升级是我们分析地区产业体系功能结构升级的微观基础，一个地区的企业在某类具体产业链中所从事的功能环节组合就构成了地区产业体系的功能结构。任何一类具体的产业均存在一个由不同功能环节所组成的产业链，不同的功能环节对企业核心能力的要求不一样，导致该环节的进入者数量、市场竞争结构和盈利水平存在明显的差异。对企业核心能力要求越高的环节，进入的门槛越高，进入者的数量越少，企业面临的是一个更具垄断竞争特征的市场，因而处于这些环节的企业具有更强的议价能力，从而可以分享更高比重的产品附加值。反之，对企业核心能力要求越低的环节，进入的门槛越低，进入者的数量越多，企业面临的是一个更具完全竞争特征的市场，企业的议价能力较低，因而可以分享到的产品附加值水平也比较低。例如，一个典型的制造业产业链通常由研发、设计、核心与一般零部件生产、加工组装、品牌、营销等功能环节组成，研发、设计、核心零部件生产、品牌、营销等环节对企业的核心能力要求较高，往往是高附加值环节；而一般零部件生产和加工组装对企业的核心能力要求较低，通常是低附加值环节。在当今全球化时代，为了追求利润最大化目标，上述产业链不同环节一般都被配置在不同的国家或地区，而拥有不同核心能力的企业则在价值链中分别扮演了核心生产商、品牌采购商、关键供应商、一般分包商和原料供应商等角色，并分享不同水平的产品附加值（具体见表 3 - 2）。

表 3 - 2　　　　　产业链功能升级的分析框架

分工角色	功能环节描述	典型案例	附加值
Ⅰ. 一般分包商	为客户生产一般性零部件、组装成品或提供中间服务，以及用于其他商品生产的原材料等初级产品	汽车零部件、服装、呼叫中心等	较低
Ⅱ. 核心生产商	从事研发设计，以自己的品牌满足客户需求和采购，较少有自己的生产设施	SIMENS、华为、NIKE、Ralph Larren 等	较高
Ⅲ. 终端销售商	不从事研发设计与实质性生产活动，为供需双方提供销售终端网络与平台	阿里巴巴、亚马逊、沃尔玛	较高

分工角色	功能环节描述	典型案例	附加值
Ⅳ. 核心供应商	为客户生产关键零部件、设备或提供中间服务	ASML、信越半导体、高通等	较高
Ⅴ. 原料供应商	提供用于其他商品生产的能源、原材料等初级产品	淡水河谷、必和必拓、阿布扎比国家石油公司等	不确定

从表 3 - 2 的分析框架可以看出，我们可以根据企业在产业价值链内所处功能环节的不同，将企业分为以下五种类型。

（1）第Ⅰ种类型为一般分包商。这类企业通常不具有研发设计能力，它们引进外部的成熟技术和生产设备，为客户生产一般性零部件，提供替代性较强的中间产品或加工组装最终产品。如生产一般的汽车零部件、服装服饰配件的生产企业以及金融、电信服务业中提供呼叫服务的服务企业等均属于这种类型的一般分包商。在融入全球产业分工体系的过程中，后发国家或地区的企业通常扮演了这种角色。由于缺乏对核心技术和关键设备的控制力，这类企业的综合竞争力和谈判能力较弱，往往只能被动地接受产业链核心企业的分包业务，因而在产品附加值分配中处于明显的不利地位。但是，从后发国家或地区的视角来看，充当一般分包商可能是加入现代工业生产体系不开的关键一步，因而理论上我们可以将其视为后发国家或地区产业体系功能升级的起点。

（2）第Ⅱ种类型为核心生产商。这类企业拥有自己的研发设计力量，从事本行业前沿技术与产品的研发设计，并在充分发挥研发设计优势的基础上建立了具有较强市场影响力的品牌。同时，为了最大限度地降低成本，专注于发展自身的核心能力，这些企业通常只投资较少的关键生产设施，而将大量的中间产品或成品生产加工业务外包给其他厂商来完成。这类企业既有来自高技术领域的 SIMENS、华为等技术创新型企业，也包括传统消费品领域的 NIKE、Ralph Larren 等设计领先型企业。由于控制了核心技术与关键设备，这类企业的综合竞争力和谈判能力较强，属于产业链中的技术支配者和业务发包者，在产品附加值分配中处于明显的优势地位。从全球价值链演进的实践来看，绝大多数核心生产商来自先发地区，这些先发地区的企业在长期发展中逐步积累起技术经济优势，并基于这些优势推动全球产业分工网络的发展。它们在控制核心技术和关键设备的同时，将技术含量不高的加工制造业务外包给其他后发国家或地区的市场参与者，从而最大限度地利用全球其他地区的经济优势服务于自身利润最大化的目标。这些经济优势包括当地低廉而供应充足的能源、土地和劳动力等生产要素，接近当地有规模的消费市场以及各种有利的政策因素等。

（3）第Ⅲ类型为终端销售商。这类企业不直接从事研发设计与实质性生产活动，其核心资产是所搭建的有形或无形的销售终端网络，它们依靠这种网络向市场的供需双方提供服务。需要指出的是，在大多数情况下它们并不专属于某个产业链，而是面向多个部门甚至是整个生产体系提供服务。在全球著名的终端销售商中，既有沃尔玛、Pick&Pay等实体销售商，也有阿里巴巴、亚马逊等线上销售平台。终端销售商的竞争力来源于规模经济和交易费用下降等因素，由于能够吸引大量的个人和企业需求方进入采购，终端销售商可以形成强大的市场力量。特别是在数字技术日益渗透人们生活的今天，依托于电子平台的终端销售商可以在短时间内吸引巨量的消费者和厂商进入，并且可以凭较低的交易成本快速达成交易，它们所产生的规模经济效应是任何市场参与者所不能忽视的。正因为如此，终端销售商以近乎垄断的方式占有了市场供需双方的联结通道，这使得它们在参与产品附加值分配过程中也处于一个较为有利的状态。

（4）第Ⅳ种类型为核心供应商。这类企业并不直接为消费者生产最终产品，而是为下游企业客户生产关键的零部件、加工设备或提供不可替代的中间服务。例如高精度光刻机的生产者ASML、生产高纯度高精度大硅片的信越半导体和高级芯片设计者华为海思等企业均是半导体产业链内的核心供应商。由于掌握了产业链某个独特领域的关键技术，使得它们提供的中间产品和服务是难以替代的，对下游企业的运作至关重要，因此，这类企业拥有对于下游企业强大的谈判力，从而可以分享较高份额的产品附加值。

（5）第 V 种类型为原料供应商。这类企业提供用于其他商品生产的能源、原材料等初级产品。例如，巴西淡水河谷、澳大利亚必和必拓以及阿联酋阿布扎比国家石油公司等均是全球知名的矿物和原油供应商。它们在某一产业链中的分工地位和议价能力取决于该产业链对能源、矿产等原料的依赖程度以及该原料本身的全球稀缺性。如果某产业链中对某种能源、矿产等原料的依赖程度较高，同时该原料本身在全球是高度稀缺的，那么这种原料的供应商就会具有较强的谈判力，并可以得到更多的产品附加值；反之，某种原料供应商的谈判力较低，也只能得到较低份额的产品附加值。

从静态的角度来看，以上五种类型企业的划分代表了产业链中综合竞争力不同的五种参与角色。我们可以根据这个分析框架来探讨一个国家或地区的企业在某产业全球价值链中所处的功能地位，而该产业全球价值链内所有来自该国家或地区的企业所占有的功能环节组合就构成了该国家或地区产业体系静态的功能结构。这种功能结构决定了一个国家或地区在某产业全球价值链中所处的分工地位以及对该产业全球市场价值增值的分配权力。更为重要的是，我们还可以利用这个分析框架来研究后发国家或地区产业体系功能结构升级的具体路径。具体来说，把后发国家或地区作为分析对象，这些地区的企业在最初嵌入全球价值链时普遍扮演了一般分包商和原料供应商的角色。因此，如果把一般分包商和原料供应商作为分析的逻辑起点，从这三种不同的目标出发，我们可以发现一个后发国家或地区产业体系功能结构升级至少存在以下四种不同的路径。

（1）专注于一般分包商的生产加工能力提升（基于角色 I 的能力升级）。后发地区的企业通常均以一般分包商的角色嵌入全球价值链，它们接受核心生产商的订单，利用自己的成本优势，引进外部成熟的技术与设备生产一般性零部件或组装制造最终产品。虽然作为一般分包商，企业在全球价值链分工中处于相对不利的位置，所获得的附加值较少，但这类企业仍然可以通过专注于独特的生产加工技术，强化生产加工方面的能力优势，来提升自己在产业链分工中的地位。这个过程类似于休弗瑞和施密兹所说的工艺升级（Processing Upgrading），企业通过持续不断的技术工艺革新提高生产过程的效率（Humphrey and Schmitz，2000，2002）。例如，我国台湾地区半导体企业在芯片代工领域的持续升级就是这条工艺升级路径最好的例子。早在 20 世纪 90 年代初期，我国台湾地区的企业，如台积电、联电、力晶等，开始以一般分包商的角色嵌入半导体全球产业链，接受欧美先进芯片设计企业的订单进行芯片的加工制造。经过长期的工艺技术革新，目前，以台积电为代表的台湾地区企业已经成为全球最重要的芯片生产商。由于掌握了芯片领域的先进制程工艺，我国台湾地区的企业已经成为全球半导体产业的重要一极，对全球半导体产业发挥着重要影响。

（2）向核心生产商转变（从角色Ⅰ转向角色Ⅱ）。后发地区的一般分包商在代工领域积累起强大技术能力之后，可以利用这一能力进行相关多元化的业务创新，向产业链上游的研发设计等高附加值环节迈进，从而改变自身在全球产业链分工中的地位。例如，在电子信息领域，凭借着巨大的市场需求、完善的生产配套网络和有利的政策环境等诸多有利因素，近年来，我国的集成电路企业在 IC 制造、封测等领域迅速发展。2019 年，中国集成电路制造业销售额为 2 149.1 亿元，同比增长 18.2%；封装测试业销售额 2 349.7 亿元，同比增长 7.1%。在 IC 制造和封测领域站稳脚跟后，以华为海思等为代表的电子信息企业正在加速向上游的芯片设计领域迈进，在实现自身功能升级的同时，也极大地推动了全球集成电路设计行业市场的增长。2019 年，我国集成电路设计业销售额达到了 3 063.5 亿元，同比增长 21.6%，发展规模和速度均超过 IC 制造与封测业。华大九天、华为海思、晶门科技等一批龙头企业已经逐步发展成为全球电子信息产业链中的核心生产商。

（3）向终端销售商转变（从角色Ⅰ转向角色Ⅲ）。与前述升级路径不同，企业还可以从初级产品生产、加工组装环节向下游品牌销售环节延伸，建立自己的品牌和销售终端，并提升自己在价值链分工中的地位。这种升级模式在家具、服装等一些传统消费品制造领域尤为常见。例如，位于我国珠江三角洲地区的佛山市顺德区是中国家具行业重要的生产与销售集聚中心，拥有集原材料供应、产品研发、产品销售、仓储物流、家具商贸等完整的产业网络。目前，顺德家具企业除了从事传统的家具制造业务以外，还有大量企业向下游的品牌销售环节延伸业务，该地区现有家具商贸企业超过 3 000 家，拥有约 20 多个家具原辅材料及成品展示交易市场。

（4）向核心供应商转变（从角色 I 转向角色 IV）。后发国家或地区的企业，另一项重要的升级选择是转变为核心供应商，实现这种转变的途径是进行有效的产品升级（Product Upgrading）。企业可以充分利用干中学以及与上游核心厂商合作等方式不断拓展自己的产品线，从一般性中间产品加工逐步转向核心零部件和关键原材料加工，从而实现向产业链核心供应商的角色转变。例如，近年来，为突破美国的技术封锁和产品断供所造成的困境，中国高端芯片联盟把未来高端芯片发展定位在五个产品领域，具体包括处理器（CPU）、存储器、FPGA、AD/DA、传感器/MEMS。这五种产品都是现代数字产品的关键零配件，是我国电子信息企业进行产品升级的重要方向。目前，以武汉长江存储（3D NAND Flash）、福建晋华存储器以及合肥长鑫等为代表的一批电子信息企业正积极地转向这些领域，快速成长为高端芯片领域的核心供应商。

第四章

广东省经济发展阶段转变的实证分析

第一节　新常态下广东省所处的发展阶段

一、基于钱纳里标准模型的判断

经济增长与产业结构优化升级是相互依存、相互制约的关系。产业结构优化升级，本质上是具有不同技术水平与生产效率的企业或部门在整个国民经济中相对比重的变化，这种变化对一个国家或地区的经济增长有着决定性的影响。产业结构优化升级通常意味着具有较高技术水平的高效率厂商或部门在国民经济中的比重增加，这显然有利于经济的增长，反之，则不利于一个国家或地区的经济增长。同时，引起产业结构优化升级的力量不是外来的，而是在经济增长过程中逐步孕育产生的。伴随着经济发展，一个国家或地区的要素供给条件和市场需求潜力均会发生变化，从而形成了导致产业结构优化升级的推动力和牵引力。经济增长与产业结构优化升级之间的上述互动关系已经被许多国家经济发展的实践所证明，尤其是在现代经济增长过程中，产业结构优化升级和经济发展之间的相互强化作用越来越明显。

在分析广东省产业结构优化升级问题之前，我们首先根据钱纳里标准模型对新常态下广东省经济发展所处的阶段进行实证分析。钱纳里（1995）在对二战以后发展中国家工业化进程进行实证分析的基础上，提出了著名的工业化演进阶段理论，他根据人均国内生产总值标准，将不发达经济体迈向成熟工业经济体的整个变化过程划分为三个阶段六个时期，具体如表4-1所示。

表4-1　　　　　　　　　钱纳里结构转变过程的时段划分

序号	人均 GDP（美元）		广东省所处期间的划分（年份）	所处阶段	
1	532～1 064	140～280	1989～2000	初级产品生产阶段	
2	1 064～2 128	280～560	2001～2002	工业化初期	工业化阶段
3	2 128～4 256	560～1 120	2003～2006	工业化中期	
4	4 256～7 980	1 120～2 100	2007～2011	工业化后期	
5	7 980～12 768	2 100～3 360	2012～2017	经济发达初期	经济发达阶段
6	12 768～19 152	3 360～5 040	2018 年以后	经济发达后期	

注：表中第2列数据为1996年美元，计算方法参见胡军、向吉英（2000）① 的研究，第3列的数据为钱纳里标准模型中的1970年美元。

图4-1显示了广东省改革开放以来主要年份人均 GDP 的变化走势。作为改革开放的排头兵，广东省自1978年以来经济增长较快，在全国处于领先地位。在1978～2018年短短的40年间，广东省成功地由最初的初级产品生产阶段迈进了经济发达阶段。1989年，广东省人均 GDP 达到598美元，广东省当时还处于初级产品生产阶段。2001年，广东省人均 GDP 达到了1 686美元，步入了工业化初期阶段。同一年，我国加入了世界贸易组织（WTO），广东省外向型经济优势得到了充分发挥，工业生产和出口贸易快速增长，广东省在工业化初期阶段仅停留了2年，到2003年，广东省人均 GDP 达到了2 166美元，开始步入了工业化中期阶

---

① 胡军，向吉英. 转型中的劳动密集型产业：工业化、结构调整与加入 WTO［J］. 中国工业经济，2000（6）：20-24.

段，这一时期广东省特别是珠江三角洲地区已经成为名副其实的"世界工厂"，集中了大量的工业生产活动。2007 年，广东省人均 GDP 上升到 4 415 美元，这意味着在 2008 年国际金融危机暴发以前，广东省就已经进入了工业化后期阶段。虽然受到 2008 年国际金融危机的短暂冲击，但广东省在后危机阶段的经济增长速度依然保持 10% 以上，这使得 2012 年广东省人均 GDP 达到了 8 698 美元，步入了经济发达初期阶段。2018 年，广东省人均 GDP 达到 13 058 美元，可见新常态下，广东省整体上已经处于经济发达阶段。

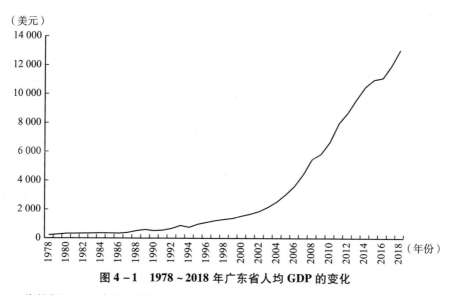

图 4 - 1　1978 ~ 2018 年广东省人均 GDP 的变化

资料来源：2019 年广东省统计年鉴和 2019 年中国统计年鉴。

二、基于世界银行收入标准的判断

自世界银行在 2006 年度报告《东亚经济发展报告》提出"中等收入陷阱"这一概念以来，世界银行每年对全球各经济体按照收入水平进行的等级划分日益受到重视，成为评判全球各经济体经济发展绩效的重要参考。世界银行每年会根据各经济体人均 GNI 数据将全球所有经济体划分为低收入、中等低收入、中高收入和高收入四个等级，表 4 - 2 显示了 2000 ~ 2019 年历年高收入经济体的人均 GNI 标准。下面我们按照这个标准从全球视角对广东省所处的发展阶段进行实证分析。由于没有广东省人均 GNI 的官方公布数据，我们只能通过推算来得到广东省历年人均 GNI 数据。同时，考虑到缺乏广东省支付给境外要素所有者的收入以及广东省要素所有者从境外所获得的收入数据，所以我们采用以下两种方法来近似地推算广东省人均 GNI 水平。采用两种方法的目的在于相互印证，从而使我们的推算结果更加可信（具体结果如表 4 - 2 所示）。

表 4 - 2　　　　　　2000 ~ 2019 年广东省人均 GNI 的推算结果　　　　单位：美元

年份	全国人均 GNI	广东省人均 GNI1	广东省人均 GNI2	世界银行高收入标准
2000	940	1 668	1 507	9 265
2001	1 010	1 842	1 605	9 265
2002	1 110	2 038	1 794	9 205
2003	1 280	2 399	2 136	9 075
2004	1 510	2 806	2 524	9 385
2005	1 760	3 577	3 019	10 065
2006	2 060	4 447	3 512	10 725
2007	2 510	5 575	4 068	11 115
2008	3 100	6 742	4 837	11 455
2009	3 690	6 841	5 549	11 905
2010	4 340	7 896	6 288	12 195
2011	5 060	9 194	7 062	12 275
2012	5 940	10 298	8 032	12 475
2013	6 800	11 506	9 123	12 615
2014	7 520	12 611	10 111	12 745
2015	7 950	12 927	10 679	12 735
2016	8 250	12 812	11 134	12 475
2017	8 690	14 291	11 811	12 235
2018	9 470	14 304	13 957	12 055
2019	10 051	17 038	15 266	12 375

注：①广东省人均 GNI1 为使用第一种方法推算的结果，广东省人均 GNI2 为使用第二种方法推算的结果；②本表所使用的广东省 GDP、净进出口收入、总人口等原始数据均来至历年《广东省统计年鉴》。汇率数据来源于国家外汇管理局，人民币对美元折算率根据每年 12 月各交易日的中间价取平均值。中国人均 GNI、高收入经济体标准数据均来源于世界银行。

首先，我们利用"GDP""净进出口收入"和"人口数"这三个指标的数据来推算广东省的人均 GNI，具体计算方法为：$Gpgni_t = \dfrac{Ggdp_t + Gtrade_t}{Gpop_t}$，其中 $Gpgni_t$ 为 t 年广东省的人均 GNI，$Ggdp_t$ 为广东省 t 年的 GDP 总量，$Gtrade_t$ 为广东省 t 年净进出口收入，$Gpop_t$ 为广东省 t 年的人口数量。从表 4 - 2 可以看出，随着经济的快速增长，自 2000 年以来，广东省人均 GNI 也迅速提高。2000 年，广东省人均 GNI 按当年汇率折算为 1 668 美元，到 2019 年上升为 17 038 元，相当于 2000 年的 10.21 倍，年均增长率超过了 13%。从与全国比较的视角来看，广东省人均 GNI 水平明显领先全国平均水平，领先的幅度呈现出阶段性的变化特征。2000 ~ 2008 年广东省人均 GNI 领先全国的幅度较大，在这一时间跨度内，广东省人均 GNI 比全国高出 80% ~ 120%，2007 年，广东省人均 GNI 领先全国的幅度最大，比全国水平高出约 120%。但自 2008 年以来，人均 GNI 水平领先全国的幅度有所减小；到 2019 年，广东省人均 GNI 高出全国的幅度下降到 70% 左右。

其次，由于世界银行公布了我国全国人均 GNI 数据，所以我们利用"全国人均 GNI""全国人均 GDP"和"广东省人均 GDP"三个指标的数据来推算广东省的人均 GNI，计算方法为：$Gpgni_t = \dfrac{Gpgdp_t}{Npgdp_t} \times Ngni_t$，其中 $Gpgni_t$ 为 t 年广东省的人均 GNI，$Gpgdp_t$ 为 t 年广东省的人均 GDP，$Npgdp_t$ 为 t 年全国人均 GDP，$Npgni_t$ 为 t 年全国人均 GNI。根据表 4 - 2 中的结果，利用这种方法推算的广东省人均 GNI 水平总体上呈现出与第一种方法类似的变化态势，但其历年指标值要比第一种方法的推算结果低。

世界银行每年都会根据世界各国通货膨胀水平更新各个层次收入国家的人均 GNI 标准。对照这一标准，我们可以从第一种方法测算的结果看出，广东省自 2015 年以来就步入了高收入经济体行列，当年世界银行高收入经济体的标准是人均 GNI 达到 12 735 美元，我国人均 GNI 是 7 950 美元，与世界银行的标准仍有不小的差距，而广东省人均 GNI 为 12 927 美元，刚好超过世界银行的标准。此后，广东省每年的人均 GNI

均稳定地高于世界银行的标准，并且领先幅度逐年拉大，到2019年，广东省人均GNI已领先世界银行高收入经济体标准4 663美元。同时，根据第二种方法测算的结果，广东省自2018年以来超过高收入经济体收入标准，当年世界银行高收入经济体的标准是人均GNI为12 055美元，我国人均GNI是9 470美元，广东省人均GNI为13 957美元，超出世界银行标准1 900多美元。2019年，广东省人均GNI为15 266美元，超出世界银行高收入经济体标准2 891美元，领先幅度继续扩大。世界银行公布的高收入经济体标准是一个相对的参考标准，从我们基于两种方法估算的广东省人均GNI水平来看，新常态下广东省总体上已经成功跨入了高收入经济体行列。虽然在高收入经济体中广东省人均GNI仍然处于相对较低的水平，但是这种率先跨越仍然具有较强的示范意义，只要广东省继续保持目前经济平稳快速增长的态势、不断培育新的经济发展动能，广东省在全球经济格局中的地位必将不断上升。

第二节　新常态下广东省要素供给条件的变化

一、资本要素供给水平

经济增长理论著名的"卡尔多事实"对工业化进程中资本要素供给水平的变化进行了深入的描述（Kaldor，1961），其中最关键的特征性事实为，随着时间的推移，劳均资本持续增长，这表明在迈向更高工业阶段的过程中，一个国家或地区的资本要素供给水平得到了显著的提高。进入新常态以后，广东省资本要素供给水平的变化印证了这一带有普遍性的特征性事实。与全国其他沿海发达地区类似，广东省已从过去资本缺乏的状态转变为资本较为充裕的状态，资本要素供给水平的提高为资本密集型产业的发展创造了必要的条件。图4-2显示了2000~2018年广东省劳均资本占有量和资本形成比重。从中可以看出，进入新常态以来，广东省劳均资本占有量迅速提升。2000 年，广东省劳均资本占有量为 9 819 万元，到 2012 年增加到 38 287 万元，相当于 2000 年的 3.90 倍；2018 年，广东省劳均资本占有量上升为 62 218 万元，相当于 2000 年的 6.34 倍。劳均资本占有量的快速上升表明广东省资本要素供给条件得到了显著的改善。此外，资本形成比重代表了经济发展过程中的积累率，表明每年新增财富中有多少用于对未来经济增长具有重要影响的投资活动。2000～2012 年以前，广东省的资本形成比重处于 30%～40% 之间，自 2012 年以来，这一指标上升到 40% 以上，并保持逐年上升的态势。

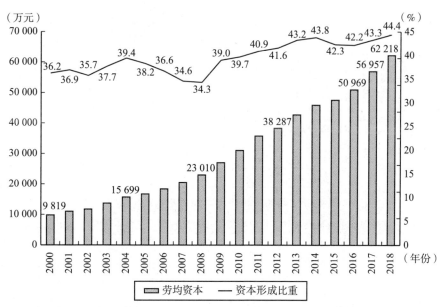

图 4-2　2000～2018 年广东省劳均资本与资本形成比重

注：劳均资本量为资本形成额与年末就业人员数的比值，资本形成比重为资本形成额与 GDP 的比重。

资料来源：2020 年广东省统计年鉴。

广东省资本要素供给条件的改善还可以从金融市场规模的扩张上体现出来。图 4-3 为 2000～2019 年广东省金融业发展情况，从中可以看出，自 2005 年以来，广东省金融业占 GDP 的比重快速上升。2005 年，广东省金融业增加值为 681.73 亿元，占当年 GDP 的比重为 3.10%；2019 年广东省金融业增加值上升为 8 881.41 亿元，占当年 GDP 的比重则增加到 8.25%。金融业的快速发展导致企业融资规模快速扩张，从间接融资指标来看，广东省金融机构本外币贷款余额占 GDP 的比重近年来也有明显的上升。2008 年受国际金融危机的影响，广东省金融机构本外币贷款余额为 56 119.28 亿元，相当于 GDP 的 91.97%。2019 年，金融机构本外币贷款余额为 232 458.64 亿元，相当于 GDP 的 156.03%。

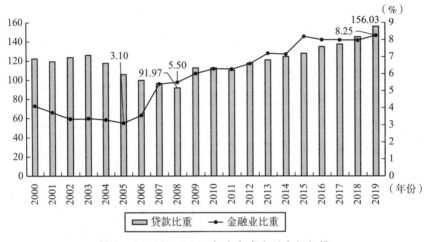

图 4 - 3　2000～2019 年广东省金融市场规模

注：贷款比重为金融机构本外币贷款余额与 GDP 的比值，金融业比重为金融业增加值与 GDP 的比重。

资料来源：2020 年广东省统计年鉴。

此外，作为经济对外开放度较高的省份，外资的大量流入在很大程度上改善了广东省的资本要素供给条件。得益于优越的地理位置、紧密的海外经济联系以及国家的政策支持，广东省历来就是利用外资大省，每年实际利用外资数量在全国处于领先地位。例如，2003 年广东省实际利用外资达 189 亿美元，占全国的比重高达 33.7%，在全国首屈一指。自 2012 年以来，广东省每年实际利用外资额均显著超过了 200 亿美元，占全国的比重虽然有所下降，但平均维持在 20 左右（见图 4 - 4）。

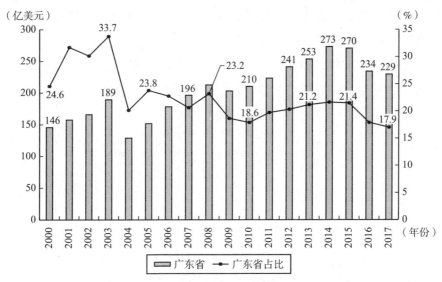

图4-4 2000~2017年广东省实际利用外资规模

注：①广东省占比为广东省实际利用外资额与全国的比值；②2018年起广东省商务厅未对外公布利用外资签订项目、合同外资额和实际利用外资数据。

资料来源：2019年中国统计年鉴和2019年广东省统计年鉴。

二、劳动力供给水平

广东省是人口大省，2019年人口总量达11 521万人，但随着时间的推移，人口增速呈现出下降的态势（见图4-5）。在20世纪70年代实行严格的计划生育政策以来，我国基本实现了低生育水平目标。在改革开放之初的1978年，广东省总人口为5 064万人，人口出生率为22.1‰，当年新出生人口数量为111万人，人口自然增长率为16.7‰。到2000年，人口总量增加到8 650万人，人口出生率下降为12.4‰，当年新出生人口仅为109万人，除去死亡人口，人口自然增长率下降为8.1‰。这种出生率和自然增长率持续下降的趋势一直持续到2016年左右才发生改变。2016年，我国对计划生育政策做出重大调整，开始实施"普遍两孩"政策，全国各地区人口出生率有所回升。2017年，广东省人口出生率增加到13.7‰，新出生人口152万人，人口自然增长数量为102万人，人口自然增长率为9.2‰。但这一增长势头并未得到保持，2019年，广东省人口出生率和自然增长率又分别下降为 12.5‰ 和 8.1‰，人口自然增长的数量降低到 100 万人以下。为了应对人口出生率下降所带来的风险挑战，2021 年，国家进一步调整完善生育政策，正式出台了"三孩政策"①，但是这一政策对包括广东省在内的各地区人口变化的影响仍有待观察。

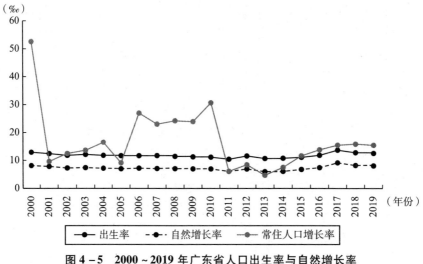

图 4 - 5　2000～2019 年广东省人口出生率与自然增长率

注：人口自然增长率为出生率减去死亡率的差值。
资料来源：2020 年度广东省统计年鉴。

　　作为全国先富起来的地区之一，改革开放以来，广东省吸引了大量的外来人口定居和就业。因此，广东省劳动力供给总量不仅取决于自身的人口自然增长率，还在很大程度上受到外来人口迁移的影响。从图 4 - 5 可以看出，除了个别年份以外，在 2000～2019 年，广东省常住人口增长率均高于人口自然增长率，这说明广东省存在大量外来人口

---

　　① 2021 年 5 月 31 日，中共中央政治局召开会议，审议通过了《关于优化生育政策促进人口长期均衡发展的决定》并指出，为进一步优化生育政策，实施一对夫妻可以生育三个子女政策及配套支持措施。2021 年 7 月 20 日《中共中央、国务院关于优化生育政策促进人口长期均衡发展的决定》公布，这两份重要的政策文件出台标志着我国人口生育政策又迎来了一次重大调整。

流入的情况。特别是 2005～2011 年，广东省常住人口增长率高于人口自然增长率的幅度尤为显著，表明这段时间从外地流入广东省的人口数量较大。但自 2011 年起，广东省人口流入的态势发生了明显的变化，常住人口增长率和人口自然增长率之间的差距明显缩小。这表明与过去相比，广东省每年吸引外来人口的数量有明显下降。

　　广东省经济的快速发展创造了大量的就业创业机会，吸引大量外来人口就业创业。改革开放以来，广东省吸引外来人口就业创业的规模持续扩大，年末常住人口及户籍人口数量之间的差额逐年递增①。常住人口数从 1985 年的 5 671 万人增长到 2020 年的 12 624 万人，同期年末户籍人口数从 5 657 万人增长到 9 809 万人，二者的差额从 1985 年的 14 万人增加到 2020 年的 2 815 万人，35 年间增长了约 200 倍。从表 4 - 3 可以看出，在五个东部沿海发达省份中，广东省吸纳外来人口的数量遥遥领先。2000 年广东省吸纳外来人口增长为 1 151.49 万人，相当于其他四省吸纳外来人口总和的 2.04 倍；到 2020 年，广东省吸纳外来人口增长到 2 815.34 万人，相当于其他四省吸纳外来人口总和的 1.41 倍。随着大量外来人口进入，广东省为他们提供了完善的教育、医疗、就业等生活保障，大力推进流动人口市民化，大量外来人口在广东省就业创业极大地改善了广东省劳动力要素的供给水平。

表 4 - 3　　东部沿海 5 个发达省份主要年份吸纳外来人口的数量　单位：万人

年份	广东省	浙江	江苏	山东	福建	四省合计	广东省/四省
1990	99.90	3.09	95.17	69.00	625.00	792.26	0.13
2000	1 151.49	178.69	257.96	22.00	105.00	563.65	2.04
2010	1 919.39	698.56	402.75	43.00	141.00	1 285.31	1.49
2020	2 815.34	1 399.00	600.51	- 7.00	7.00	1 999.51	1.41

资料来源：表中数据来源于有关各年各省统计年鉴。

———————

　　① 理论上，我们可以将一个地区年末常住人口及户籍人口数量之间的差额视为该地区所吸纳的外来人口数量。

劳动力要素供给数量不仅与人口总量有关，还与人口的年龄结构有关。自 20 世纪 80 年代以来，广东省 15~64 岁劳动年龄人口占总人口的比重逐年上升，到 2013 达到峰值为 77.2%，此后劳动年龄人口比重逐步下降，2019 年下降为 74.7%。在同一时期，65 岁及以上老龄人口比重从 1982 年的 5.46% 上升为 2019 年的 9%。虽然与全国平均水平相比，广东省劳动年龄人口比重仍然较高，但这一变化态势与人口数量增长趋势加在一起意味着广东省已越过"人口红利拐点"，未来将进一步面对劳动力要素供给缩减的局面。这会在一定程度上削弱劳动力低成本的比较优势，过去长期支撑广东省劳动密集型产业快速发展的"人口数量红利"已受到一定程度的削弱。

此外，劳动力质量也是影响劳动力要素供给条件的重要变量。劳动力质量包含劳动力的受教育水平、专业技能、敬业精神等多个维度，劳动力的受教育水平越高，专业技能和敬业精神越强，劳动力的质量越高。劳动力的质量越高通常意味着更快的技术进步和更高的经济活动效率。在影响劳动力质量的诸多要素中，受教育水平往往起到决定性的作用。表 4-4 显示了进入 21 世纪以来主要年份的教育发展关键指标，从中可以看出，伴随着经济快速发展，广东省人口的受教育水平也得到了快速的提高。2000 年，广东省高中阶段毛入学率、高等教育毛入学率和每万人普通高等学校在校生人数三项指标分别仅为 38.70%、11.35% 和 41.19

表 4-4　　　　　　　　广东省主要年份教育发展指标

年份	高中毛入学率（%）	高等教育毛入学率（%）	每万人普通高校在校生数（人）
2000	38.70	11.35	41.19
2010	86.20	28.00	140.83
2015	95.70	33.00	173.10
2017	96.48	38.71	175.09
2018	96.70	42.43	175.77
2019	96.88	48.80	181.03

资料来源：表中数据来源于有关各年广东省统计年鉴。

人，而到 2019 年大幅上升为 96.70%、48.80% 和 181.03 人。劳动力受教育水平的提高意味着广东省劳动力质量已有了明显的提高，在"人口数量红利"减弱的同时，广东省的"人口质量红利"正在逐步形成，这为技术知识密集型产业的发展提供了有力的人力资本支撑。

三、技术知识供给水平

近年来，随着广东省跃上新的发展台阶，广东省在技术创新上也取得了新的突破。改革开放 40 余年来，广东省经济快速增长的本质是经济活动效率的提升，经济活动效率的提升包括资源配置效率和技术效率两个方面。资源配置效率提升是资源要素优化配置的结果，即资源从低效率的农业等初级产品生产部门流向高效率的工业、服务业部门改进了经济活动效率，而技术效率的提升则得益于技术知识要素供给水平的提高。在进入新常态之前的一个较长时期，外来技术引进与低成本生产要素、巨大的国内市场和良好的政策环境相结合，促使广东省成功跨越了工业化的早期阶段。在这一过程中，广东省经济活动效率提升的一个主要途径是外来技术本地化的模仿性创新。这种模仿性创新着重对外来技术进行产业化、市场化应用，在改进经济运行效率的同时，也导致对外部核心技术的依赖，使得生产效率的改进容易遭遇技术天花板，也使企业在参与全球竞争的过程中处于被动的跟随地位。未来广东省要在经济高质量发展上走在全国前列，就必须打破这一对外技术依赖状态，加大技术创新力度，不断改进技术知识要素的供给水平。

广东省技术创新有了前所未有的进步，为未来高技术产业的发展打下了较好的基础。表 4-5 揭示了广东省主要年份科技发展情况。我们从中可以看出，广东省技术知识要素供给条件发生了以下几方面积极的变化：（1）研发投入大幅度增加。2000 年，广东省研发经费投入 107 亿元，占当年 GDP 的比重仅为 0.99%，而到 2019 年，研发经费投入达3 098 亿元，占当年 GDP 的比重为 2.88%。这一水平在全国省级地区中处于明显的领先地位，与全球创新能力较强的发达经济体之间的差距也大大缩小。（2）技术创新成果增长迅猛。在持续增加的研发投入的影响下，近年来广东省技术创新成果大幅度增加。2000年，广东省全省专利申请授权量为15 799件，平均每万人1.83件；到2019年，全省专利申请授权量增长为527 389件，总数位居全国省级地区第一名，平均每万人专利申请授权量增长为45.81件，相当于2000年的25倍左右。在专利申请授权量迅速增长的同时，专利结构层次也得到了显著的提高，技术层次较高的发明专利授权量所占比重上升较快，从2000年的1.65%上升为2019年的11.33%。（3）技术市场交易日趋活跃。近年来，广东省技术知识要素供给条件的改善还体现在技术市场交易规模日益扩大上。2000年，广东省技术合同成交额为48.21亿元，到2019年这一指标上升为2 272.78亿元，年均增长率超过了22%。

表4-5　　　　　　　　　广东省主要年份科技发展指标

年份	R&D经费支出/GDP占地区（%）	专利申请授权量（件）	发明专利（件）	发明专利比重（%）	技术合同成交额（亿元）
2000	0.99	15 799	261	1.65	48.21
2010	1.74	119 346	13 691	11.47	242.5
2015	2.43	241 176	33 477	13.88	663.53
2017	2.61	332 648	45 740	13.75	949.48
2018	2.71	478 082	53 259	11.14	1 387.00
2019	2.88	527 389	59 742	11.33	2 272.78

资料来源：2020年广东省统计年鉴。

第三节　新常态下广东省市场需求潜力的变化

一、最终产品与服务需求

进入新常态以来，广东省经济在快速发展的同时，包容性也日益增强。2012~2018 年，广东省经济增速平均水平比全国约高 0.8 个百分点，劳动者报酬占 GDP 的比重逐步提高，2018 年，广东省劳动者报酬占 GDP 的比重为 52.4%，比 2010 年高出 7.4 个百分点。快速的经济增速和良好的包容性使得广东省居民人均可支配收入增加较快。2014 年，广东省居民人均可支配收入为 25 685 元，到 2019 年上升为 39 014 元，年均增长 8.72%，增长速度明显超过了经济增长速度。在可支配收入稳定快速增长的条件下，广东省居民消费结构持续调整，逐步从以居住、交通通信、食品、衣着等生活必需品消费为主的消费结构向以高品质实物消费与服务消费并重的消费结构转变。在消费能力和消费观念发生了双重改变的情况下。除了满足基本的衣食住行生活需要之外，居民消费需求变得日益挑剔，对高质量产品和服务的需求增长较快。这势必会对国民经济不同部门产生不同的拉动作用，从而对广东省产业结构产生重要的影响。

从表 4-6 可以看出，在广东省全省居民消费支出中，衣着、食品等绝大部分生活必需品消费支出的比重随着时间的推移逐步降低。例如，食品烟酒支出所占的比重逐年下降，从 2014 年的 34.3% 下降为 2019 年的 32.3%；衣着支出所占的比重从 2014 年的 5.3% 下降为 2019 年的 4.1%；交通通信支出所占的比重从 2014 年的 14.6% 下降为 2019 年的 13.2%。

表 4-6　　近年来广东省居民人均可支配收入与消费指出结构

年份	均可支配收入（元）	食品烟酒（%）	衣着（%）	居住（%）	生活用品及服务（%）	交通通信（%）	教育文化娱乐（%）	医疗保健（%）	其他用品和服务（%）
2014	25 685	34.3	5.3	22.4	5.8	14.6	10.2	4.6	2.8
2015	27 859	34.5	5.3	22.3	5.9	14.4	10.1	4.7	2.8
2016	30 296	34.2	5.2	22.4	6.0	14.0	10.4	4.9	2.9
2017	33 003	33.5	5.0	23.3	5.8	13.6	10.6	5.3	2.9
2018	35 810	32.6	4.4	25.5	5.5	13.1	10.6	5.8	2.5
2019	39 014	32.3	4.1	25.3	5.4	13.2	11.2	6.1	2.4

资料来源：2020 年广东省统计年鉴。

与上述几种生活必需品消费不同的是，居住支出占广东省城乡居民消费支出的比重增加明显，从 2014 年的 22.4% 大幅度增长为 2019 年的 25.3%。这首先与广东省城乡居民居住条件改善紧密相关。2014 年，广东省城乡居民人均住房建筑面积为 34.29 平方米，而到 2019 年快速增加到 39.75 平方米。这一人均居住水平已大致相当于英国、法国、德国和日本等发达国家在 20 世纪 90 年代初的水平①。人均居住面积的扩大必然会带来消费支出的增加。同时，近年来城镇房价快速上涨也是导致广东省居民居住消费支出比重上升的重要原因。2014 年，广东省城乡商品住宅平均销售价格为 2 973 元/平方米，而到 2019 年快速上涨到 14 115 元/平方米，年均增幅达 38.27%。快速增长的居住消费支出消耗了大量居民可支配收入，导致居民部门的债务率持续上升。2016 年，广东省居民部门贷款余额占 GDP 的比重为 53.30%，2019 年上升为 67.15%。在居住条件已经得到较大改善的前提下，一方面导致未来广东省城乡居民住房消费需求增速与过去相比会有所放慢，另一方面也对居民其他商品与服务的消费能力造成了不利影响，不利于居民消费的整体升级。

此外，与发达国家的经验类似，随着人均收入的提高，居民对高品质服务的消费需求增加。例如，1980～1995 年日本人均 GDP 迅速提升，随之而来的是教育文化娱乐健康及杂项支出在居民消费支出中所占比重也由 1980 年的 23.3% 快速增加到 1990 年的 29.4%，增加近 6.1 个百分点，随后一直保持平稳上升的态势。美国的情况更是如此：1970～2008 年，随着人均 GDP 的持续上涨，美国居民的教育文化娱乐健康等在居民消费支出中所占比重由 1970 年的 28.2%，提高到 2008 年的 45.3%，增长了 17.1 个百分点，其中，自 1998 年开始，美国居民的教育文化娱乐健康等支出比重超过食品服装住房交通通信支出占比，成为居民最大的消费支出项目②。例如，广东省城乡居民在教育文化娱乐和医疗保健方面的消费支出均呈现出稳定的增长态势。2014 年，教育文化娱乐和医疗

---

① 关柯，芦金锋，曾赛星编著. 现代住宅经济 [M]. 北京：中国建筑工业出版社，2002：3.
② 厦门大学宏观经济研究中心课题组. 需求结构升级转换背景下的供给侧结构性改革 [J]. 中国高校社会科学，2016 (3)：79 – 87.

保健消费支出所占比重分别为 10.2% 和 4.6%，到 2019 年分别上升为 11.2% 和 6.1%。

二、中间产品与服务需求

经过多年的快速发展，广东省已成为全球重要的产业集聚区和一系列主要工业品的制造基地，产业的高度集中导致对供应链中间产品和服务的需求大量涌现，形成了促进产业链本地化和产业结构优化升级的市场牵引力。为了说明广东省市场对中间产品与服务需求的变化，我们选择了电子及通信设备制造业、计算机及办公设备制造业两个行业对基于供应链关联的中间产品与服务需求进行分析。我们选择这两个行业有两个方面的原因：其一，这两个行业的生产迂回度较高，产业供应链均较长，企业生产涉及大量的中间零部件和专业化服务投入。其二，这两个行业在广东省高技术制造业中占有的地位举足轻重。2018 年，在广东省高技术制造业六大行业中，电子及通信设备制造业、计算机及办公设备制造业企业数分别达到 61 635 个和 5 484 个，分别占全省高技术制造业企业总数的 77.6% 和 6.9%，二者合计接近 85%。2019 年，这两个行业实现营业收入分别为 39 578.76 亿元和 4 283.75 亿元，分别占全省高技术制造业企业总营业收入的 83.35% 和 9.02%，两者合计达 92.37%。因此，以这两个行业为例来分析广东省中间产品与服务需求的变化具有很强的代表性①。

广东省是全球重要的电子信息产业制造基地，电子信息产业也是广东省最大的支柱产业。2019 年，广东省计算机、通信和其他电子设备制造业实现产值 4.31 万亿元，产出规模连续 29 年居全国首位，总产值约占全国的 1/3。电子信息产业在本地区的高度集中，导致广东省对相关中间产品与服务的需求与日俱增，特别是对高端芯片、半导体器件等的需求增长尤为迅猛。2018 年，广东省进口额排在前三位的商品依次为集

①　为了分析的方便，我们在下文中将这两个行业并称为电子信息产业。

成电路及电子元件，占全省进口额的比重为 29.01%；数据处理设备，占全省进口额的比重为 2.94%；半导体器件，占全省进口额的比重为 2.77%；三项合计占全省进口额的比重高达 34.72%。这三种商品均为电子信息产业供应链中的关键零部件，其中，集成电路及电子元件是广东省单一最大宗进口商品，2018 年进口额达到 8 384.92 亿元，占广东省电子信息产业产值的 19.45%，占全球集成电路销售额的 32.37%。进出口额逆差达到 7 520.85 亿元，同比增长 21.68%；进出口数量逆差达 1 197.9 亿元，同比增长 11.50%。

虽然近年来广东省芯片半导体产业发展迅猛，但产业发展水平与先进国家（地区）相比依然存在较大差距，本地供应商能力有限，难以满足下游厂商对部分高端集成电路产品的需求，导致这部分需求高度依赖进口。从表 4-7 可以看出，在高端芯片领域，我国国产集成电路的占有率很低，绝大部分集成电路的自给率不到 10%。而美、欧、日等发达国家在上游的设计软件、光刻、IC 制备原材料、中下游的存储芯片、面板等领域处于领先地位，占有很高的全球市场份额。

表 4-7　　　　　　　　　中国高端集成电路国产占有率

系统	设备	核心集成电路	国产芯片占有率（%）
计算机系统	服务器	MPU	0
	个人电脑	MPU	0
	工业应用	MCU	2
通用电子系统	可编程逻辑设备	FPGA/EPLD	0
	数字信号处理设备	DSP	0
通信设备	移动通信终端	Application Processor	18
		Communication Processor	22
		Embedded MPU	0
		Embedded DSP	0
	核心网络设备	NPU	15

续表

系统	设备	核心集成电路	国产芯片占有率（%）
内存设备	半导体存储器	DRAM	0
		Nand Flash	0
		Nor Flash	5
		Image Processor	5
显示及视频系统	高清电视/智能电视	Display Processor	5
		Display Driver	0

资料来源：魏少军. 2017 年中国集成电路产业现状分析［J］. 集成电路应用，2017（4）：6 - 11.

与电子信息产业类似，在迈向产业高级化过程中，广东省不少产业对核心基础零部件（元器件）、先进基础工艺、关键基础材料、基础软件产品以及高端制造装备等中间产品的需求急剧扩张。此外，发达国家经验表明，生产性服务业的发展与工业高级化进程紧密关联，当制造业发展到一定阶段后，其附加值及市场竞争力的提升将更多地需要专业化、生产性服务业的支撑。因此，伴随着制造业网络本地化程度的提高，广东省制造业企业对信息技术、创意设计、金融、会展、物流等专业化服务的需求也与日俱增。

第四节　新常态下广东省产业发展的制度环境

一、产业发展战略

以党的十八大召开为标志，我国正式进入了经济社会发展的新时代。在新时代，我国在全球经济格局中的地位发生了翻天覆地的变化，综合经济竞争力持续提高，实现了从"富起来"到"强起来"的历史跨越。党的十八大以来，我国国内生产总值从 54 万亿元增长到近 100 万亿元，稳居世界第二大经济体地位，2017 年我国占全球 GDP 的比重达到 18.2%①。2012～2018 年，我国 GDP 年均增速保持在 7% 左右，显著高于全球同期增长水平，创造了自 2008 年国际金融危机以来的"中国增长奇迹"，对世界经济增长的贡献率已持续超过 30%，成为全球经济复苏的主要推动者。与此同时，我国人均 GNI 从 2012 年的 5 940 美元上升到 2018 年的 9 470 美元，年均增长率超过 8%，进一步缩小了与世界高收入国家的差距。随着收入水平的提高，人民不仅对物质生活提出了更高要求，而且在民主法治、公平正义、社会文化、生态环境等方面的要求也日益提高。在这一新的时代背景下，习近平总书记在党的十九大报告中指出："我国社会主要矛盾已经转化为人民日益增长的美好生活需要和不平衡不充分的发展之间的矛盾。"而解决这一矛盾的根本途径在于提高经济社会发展的质量，全面建设社会主义现代化强国，真正实现从"富起来"向"强起来"的转变。党的十九大报告将这一强国战略分成两个阶段来实施，即"第一个阶段，从二〇二〇年到二〇三五年，在全面建成小康社会的基础上，再奋斗十五年，基本实现社会主义现代化。""第二个阶段，从二〇三五年到本世纪中叶，在基本实现现代化的基础上，再奋斗十五年，把我国建成富强民主文明和谐美丽的社会主义现代化强国。"②

　　从经济发展的角度来看，要想真正实现从"富起来"向"强起来"的战略转变，就必须构建现代化产业体系，现代化产业体系是实现高质量发展以及全面建设社会主义现代化强国的基础。正是基于上述国家发展战略的重大转变，自党的十八大以来，广东省在新的历史起点上进入了构建现代化产业体系的新阶段，制定实施了一系列促进产业转型升级发展的重大战略，形成了以国家战略和五年规划为统领，以专项产业规划为构成要素的完备的产业发展战略体系（见表 4 - 8）。早在 2015 年 1 月，为了提高珠江西岸③城市产业发展的水平，打破长期以来制约广东

　　① 金星晔，管汉晖，李稻葵，Broadberry Stephen. 中国在世界经济中相对地位的演变（公元 1000～2017 年）——对麦迪逊估算的修正. 经济研究，2019（7）.
　　② 习近平. 习近平谈治国理政（第三卷）［J］. 外文出版社，2020：22 - 23.
　　③ 广东省决策部门和学术界通常按照珠江口自然形成的地理区位条件，将以深圳、惠州、东莞为代表的城市称为珠江东岸城市，而将以珠海、中山、江门为代表的城市称为珠江西岸城市。

省产业发展"东强西弱"的空间不平衡问题，广东省出台了《珠江西岸先进装备制造产业带布局和项目规划》，提出珠海、中山、江门等珠江西岸城市要重点发展智能制造装备、船舶与海洋工程装备、节能环保装备、轨道交通装备、通用航空装备、新能源装备、汽车制造、卫星及应用和重要基础件等现代化装备制造业。2015 年 7 月，为了因应制造业数字化、网络化、智能化和服务化发展潮流，广东省出台了《广东省智能制造发展规划（2015~2025）》，提出到 2025 年广东省要成为全国智能制造发展示范引领区和具有国际竞争力的智能制造产业集聚区，确定了构建智能制造自主创新体系，发展智能装备与系统，实施"互联网＋制造业"行动计划，推进制造业智能化改造，提升工业产品智能化水平以及完善智能制造服务支撑体系六项重点任务。2016 年 4 月，《广东省国民经济和社会发展第十三个五年规划纲要》出台，提出推动产业高端化、智能化、绿色化、集约化发展，组织实施智能制造等重大工程和行动，积极培育十大超万亿元产值（或增加值）产业。按照这一总体战略设计，"十三五"期间，广东省还先后制定实施了《广东省新一代人工智能发展规划》《广东省先进制造业发展"十三五"规划》《广东省现代服务业发展"十三五"规划》以及《广东省战略性新兴产业发展"十三五"规划》等专项产业发展规划，进一步明确了"十三五"时期广东省人工智能产业、先进制造业、现代服务业和战略性新兴产业发展的目标、重点任务和策略路径。

表 4 - 8　　　　　　　新常态下广东省主要产业发展战略

战略级别	战略名称	出台时间	产业发展主要任务（目标）
国家级	中共中央、国务院关于支持深圳建设中国特色社会主义先行示范区的意见	2019 年 8 月	大力发展战略性新兴产业，在未来通信高端器件、高性能医疗器械等领域创建制造业创新中心；积极发展智能经济、健康产业等新产业新业态，打造数字经济创新发展试验区。提高金融服务实体经济能力，研究完善创业板发行上市、再融资和并购重组制度

续表

战略级别	战略名称	出台时间	产业发展主要任务（目标）
国家级	粤港澳大湾区发展规划纲要	2018年2月	加快发展先进制造业，培育壮大战略性新兴产业，加快发展现代服务业，大力发展海洋经济
省级	广东省国民经济与社会发展"十四五"规划	2021年4月	产业基础高级化、产业链现代化水平明显提高，培育形成若干世界级先进制造业集群，形成先进制造业基地和制造业创新集聚地。农业基础更加稳固，现代海洋产业体系初步建立，现代服务业和先进制造业深度融合发展，战略性新兴产业规模壮大，数字对产业发展的赋能作用显著提升，数字经济核心产业增加值占地区生产总值比重达到20%，推动产业向全球价值链高端不断攀升
省级	广东省制造业高质量发展"十四五"规划	2021年8月	到2025年，全省制造强省建设迈上重要台阶，制造业整体实力达到世界先进水平，创新能力显著提升，产业结构更加优化，产业基础高级化和产业链现代化水平明显提高，部分领域取得战略性领先优势，培育形成若干世界级先进制造业集群，成为全球制造业高质量发展典范
省级	广东省金融改革发展"十四五"规划	2021年7月	加快推进金融市场和金融机构建设，提升银行证券保险产业能级，丰富金融新业态，持续稳步提高金融业对全省经济增长的贡献度，巩固提升金融业重要支柱产业地位
省级	广东省加快半导体及集成电路产业发展的若干意见	2020年2月	优化发展半导体与芯片设计业，提升产业优势；重点发展特色工艺制造，补齐产业短板；积极发展封测、设备及材料，完善产业链条；提升研发创新能力；强化人才队伍支撑；推动产业合作发展
省级	关于培育发展战略性支柱产业集群和战略性新兴产业集群的意见	2020年5月	发展新一代电子信息、绿色石化、智能家电、汽车产业、先进材料、现代轻工纺织、软件与信息服务、超高清视频显示、生物医药与健康、现代农业与食品等十大战略性支柱产业集群；半导体与集成电路、高端装备制造、智能机器人、区块链与量子信息、前沿新材料、新能源、激光与增材制造、数字创意、安全应急与环保、精密仪器设备等十大战略性新兴产业集群

续表

战略级别	战略名称	出台时间	产业发展主要任务（目标）
省级	广东省新一代人工智能发展规划	2018年7月	强化人工智能科研前瞻布局，构建开放协同的创新平台体系，推动人工智能产业集约集聚发展，营造良好的人工智能多元创新生态
省级	广东省先进制造业发展"十三五"规划	2018年7月	以高端电子信息制造业、先进装备制造业、石油化工产业、先进轻纺制造业、新材料制造业、生物医药及高性能医疗器械产业为发展重点，构建先进制造业产业体系
省级	广东省现代服务业发展"十三五"规划	2017年3月	着力发展高端生产性服务业，创新发展优势生产性服务业，提升发展生活性服务业，支持服务业业态创新
省级	广东省战略性新兴产业发展"十三五"规划	2017年8月	重点发展新一代信息技术产业，生物产业，高端装备与新材料产业，绿色低碳产业，数字创意产业，战略性产业
省级	广东省国民经济和社会发展第十三个五年规划纲要	2016年4月	坚持增量提升与存量优化并举、工业化与信息化融合，调结构和促发展并重，更加注重供给侧结构性改革，推动产业高端化、智能化、绿色化、集约化发展。组织实施智能制造等重大工程和行动，积极培育十大超万亿元产值（或增加值）产业
省级	广东省智能制造发展规划（2015～2025）	2015年7月	构建智能制造自主创新体系，发展智能装备与系统，实施"互联网＋制造业"行动计划，推进制造业智能化改造，提升工业产品智能化水平，完善智能制造服务支撑体系
省级	珠江西岸先进装备制造产业带布局和项目规划	2015年1月	重点发展智能制造装备、船舶与海洋工程装备、节能环保装备、轨道交通装备、通用航空装备、新能源装备、汽车制造、卫星及应用、重要基础件、生产服务业

注：表中资料由笔者收集整理。

党的十九大以后，适应新的区域发展态势，党中央从"全国一盘棋"的大局出发统筹推进各地区的经济社会发展，要求充分发挥不同地区比较优势，在全国范围内形成科学合理的区域分工体系，构建优势互补、高质量发展的区域经济布局。2019 年 8 月 26 日，习近平总书记在中央财经委员会第五次会议上指出，"经济发展条件好的地区要承载更多产业和人口，发挥价值创造作用。生态功能强的地区要得到有效保护，创造更多生态产品。要考虑国家安全因素，增强边疆地区发展能力，使之有一定的人口和经济支撑，以促进民族团结和边疆稳定"①。按照这个思路，党中央强调要进一步优化资源空间配置，培育经济高质量发展的区域增长极，以带动全国高质量发展，提高全国区域发展的整体效率。2019 年 8 月 26 日，习近平总书记在中央财经委员会第五次会议上讲话中强调："我国经济由高速增长阶段转向高质量发展阶段，对区域协调发展提出了新的要求。不能简单要求各地区在经济发展上达到同一水平，而是要根据各地区的条件，走合理分工、优化发展的路子。要形成几个能够带动全国高质量发展的新动力源，特别是京津冀、长三角、珠三角三大地区，以及一些重要城市群"②。在这种新的区域发展思路的指引下，2018 年 2 月，国家出台《粤港澳大湾区发展规划纲要》，提出要将粤港澳大湾区建设成富有活力和国际竞争力的一流湾区和世界级城市群，打造高质量发展的典范，并明确了粤港澳大湾区构建具有国际竞争力的现代产业体系的重点领域，具体包括加快发展先进制造业，培育壮大战略性新兴产业，加快发展现代服务业和大力发展海洋经济。2019 年 8 月，国家发布了《中共中央、国务院关于支持深圳建设中国特色社会主义先行示范区的意见》，该意见要求深圳加快构建现代产业体系，大力发展战略性新兴产业，在未来通信高端器件、高性能医疗器械等领域创建制造业创新中心；积极发展智能经济、健康产业等新产业新业态；打造数字经济创新发展试验区；提高金融服务实体经济能力，开展数字货币研究与移动支付等创新应用。

概括地看，上述两个国家战略的出台，意味着进入新时代以后，国家再次肯定了广东省作为全国改革开放排头兵的地位，并要求广东

---

①② 习近平．推动形成优势互补高质量发展的区域经济布局［J］．求是，2019（24）.

省在构建现代化产业体系上率先实现突破。鉴于此，2021 年 4 月，《广东省国民经济与社会发展"十四五"规划》提出"十四五"时期要培育形成若干世界级先进制造业集群，形成先进制造业基地和制造业创新集聚地，提高产业基础高级化、产业链现代化水平，大力发展战略性新兴产业和现代服务业，建立现代海洋产业体系，推动产业向全球价值链高端攀升。截至 2021 年 8 月，广东省已制定颁布了《广东省制造业高质量发展"十四五"规划》和《广东省金融改革发展"十四五"规划》二项专项产业规划，对"十四五"时期制造业和现代金融业高质量发展做出了战略部署。

二、配套政策

为了保证上述产业发展战略的实施，广东省先后制定了一系列由专项行动计划、实施意见等政策文件所组成的配套政策体系，有力地推进了产业结构转型升级（见表 4 - 9）。

表 4 - 9　　新常态下广东省产业结构优化升级的主要配套政策

出台时间	政策文件名称	主要政策举措
2014 年 6 月	关于全面深化科技体制改革加快创新驱动发展的决定	完善技术创新市场导向机制，发挥科技创新支撑引领作用，健全协同创新机制，加强基础与应用基础研究，完善技术创新服务体系，深化科技管理职能改革等
2014 年 10 月	关于推动新一轮技术改造促进产业转型升级的意见	加强财政资金支持，引导民间资金投入，强化金融服务，加大用地支持，简化环评审批手续，落实企业减负政策等
2015 年 3 月	广东省工业转型升级攻坚战三年行动计划（2015 ~ 2017 年）	深化体制机制改革，营造工业创新发展环境，加快重大工业项目建设，积极保障工业企业用地，发挥财政资金杠杆作用，加强金融信贷支持，强化工业人才支撑

出台时间	政策文件名称	主要政策举措
2015 年 9 月	广东省"互联网+"行动计划（2015~2020 年）	以推动互联网新理念、新技术、新产品、新模式发展为重点，以发展网络化、智能化、服务化、协同化的"互联网+"产业新业态为抓手，充分激发互联网大众创业万众创新活力，推进互联网在经济社会各领域的广泛应用，推动互联网经济加快发展
2015 年 10 月	关于加快建设创新驱动发展先行省的意见	加快形成以创新为主要引领和支撑的经济体系和发展模式，构建开放型区域创新体系，提升企业技术创新主体地位，推进产学研合作和协同创新，完善科技成果转化机制，促进科技金融产业深度融合，拓展科技创新领域对外开放，实施科技创新人才战略，深化科技创新体制机制改革
2016 年 2 月	广东省供给侧结构性改革总体方案（2016~2018 年）及去产能、去库存、去杠杆、降成本和补短板行动计划	化解过剩产能，优化产业结构；化解房地产库存，促进房地产业健康发展；推进金融去杠杆，促进金融业平稳健康发展；多措并举降低企业成本，优化企业生产经营环境；补齐软硬基础设施短板，增加公共产品和公共服务
2016 年 4 月	珠三角国家自主创新示范区建设实施方案	建设协同高效的区域创新格局，构建具有全球竞争力的产业新体系，全面提升区域自主创新能力，打造国际一流创新创业中心，全面推进体制机制改革创新与政策先行先试等
2016 年 10 月	关于深化制造业与互联网融合发展的实施意见	健全制造业与互联网融合发展体制机制，优化国有企业"双创"机制，加大财政扶持力度，强化税收金融支持，加强用地用房保障，加强创新型人才培养，拓展深化对外合作交流等
2018 年 3 月	广东省支持企业"上云上平台"加快发展工业互联网的若干扶持政策（2018~2020 年）	支持企业"上云上平台"实施数字化网络化智能化升级，开展工业互联网标杆示范应用推广，促进工业互联网产业生态创新发展等
2018 年 3 月	广东省深化"互联网+先进制造业"发展工业互联网的实施方案	夯实网络基础，打造平台体系，加强产业支撑，开展应用示范，完善生态体系，强化安全保障

续表

出台时间	政策文件名称	主要政策举措
2018 年 8 月	广东省降低制造业企业成本支持实体经济发展若干政策措施（修订版）	降低企业税收负担，降低企业用地成本，降低企业社会保险成本，降低企业用电成本，降低企业运输成本，降低企业融资成本，降低企业制度性交易成本；支持工业企业盘活土地资源，提高利用率，支持制造业高质量发展，加大重大产业项目支持力度
2018 年 8 月	关于强化实施创新驱动发展战略进一步推进大众创业万众创新深入发展的实施意见	创建珠三角国家科技成果转移转化示范区，建设知识产权保护和运营中心，推进高校、科研院所创新创业资源共享；开展投贷联动等融资服务模式创新，打造国际风投创投中心；实施工业互联网协同创新行动大力发展分享经济，大力发展数字经济；推进生态环保领域创新发展，支持返乡下乡人员创新创业，大力引进高层次人才，激发科研人员创新创业活力；构建全链条创新创业孵化育，加快建设"双创"示范基地，优化创新创业务环境
2019 年 4 月	广东省超高清视频产业发展行动计划（2019～2022年）	加快核心关键技术和标准研发，推进重点产品产业化和产业集聚，提升制播能力和节目内容供给，提升网络传输承载能力，加快重点行业创新应用，推进支撑体系建设
2019 年 5 月	广东省加快 5G 产业发展行动计划（2019～2022 年）	加快 5G 网络建设，抢占 5G 技术创新制高点，大力发展 5G 产业，开展重点领域 5G 应用试点示范
2020 年 12 月	关于推动制造业高质量发展的意见	实施广东省制造业"强核工程""立柱工程""强链工程""优化布局工程""品质工程""培土工程"等"六大工程"；突出奖优扶强，大力培育骨干企业，构建要素集聚支撑体系
2021 年 3 月	广东省加快先进制造业项目投资建设若干政策措施	加强分区域分行业分类指导，加大制造业投资奖励；加强内外资一体化全产业链招商，推动科技创新平台建设；强化资源要素保障，优化环境资源管理；加强金融和产业资本支持，强化高素质人才支撑；打造高水平项目承载平台，加大统筹协调力度

续表

出台时间	政策文件名称	主要政策举措
2021 年 6 月	广东省制造业数字化转型若干政策措施	推动行业龙头骨干企业集成应用创新，推动中小型制造企业数字化普及应用，推动产业园和产业集聚区数字化转型，推动产业链供应链数字化升级
2021 年 7 月	关于深化工业用地市场化配置改革的若干措施	高效配置新增工业用地，大力盘活存量工业用地，引导工业项目集聚发展，加强工业用地服务监管

虽然各类政策文件的具体规定有所不同，但概括起来看，新常态下广东省推动产业结构优化升级的配套政策体系主要包括以下三大方面内容。

第一，以深化供给侧结构性改革为主线，为产业结构优化升级提供必要的要素支撑。产业结构优化升级本质上是要素资源在不同行业之间流动和再配置的过程，为此，新常态下广东省以深化供给侧结构性改革为主线出台了系列政策文件，着力优化资源要素配置，为以工业为主体的实体经济发展创造良好的经营环境。例如，2015 年 3 月，广东省出台了《广东省工业转型升级攻坚战三年行动计划（2015～2017 年）》，提出要通过深化体制机制改革，营造有利于工业创新发展的环境，具体政策举措包括加快重大工业项目建设、保障工业企业用地、加大财政资金支持力度以及强化金融信贷与工业人才支撑等。2016 年 2 月，广东省发布了《供给侧结构性改革总体方案（2016～2018 年）》以及去产能、去库存、去杠杆、降成本和补短板五个行动计划，采取多元化政策工具组合化解过剩产能和房地产库存，推进金融去杠杆，降低企业成本，构建了适应产业结构优化升级需要的土地、金融、财税、环保、价格等政策体系。在推进供给侧结构性改革的过程中，广东省还着重把降低企业成本和保障土地要素供给作为扶持实体经济特别是制造业发展的关键举措。2018 年 8 月，出台了《广东省降低制造业企业成本支持实体经济发展若干政策措施（修订版）》，全面降低企业的税收负担、用地成本，社会保险成本、用电成本、运输成本、融资成本和制度性交易成本等。2020年年底，广东省制订了《关于推动制造业高质量发展的意见》，其中一个重要的政策亮点是要求各地区在编制国土空间规划时，划定工业用地保护红线和产业保护区块，鼓励工业用地连片收储开发，以确保制造业企业用地需求能够得到满足。

第二，完善技术创新扶持政策，为产业结构优化升级提供有力的技术支撑。广东省将技术创新作为推进产业结构优化升级的"第一动力"，先后制定实施了《关于全面深化科技体制改革加快创新驱动发展的决定》《关于推动新一轮技术改造促进产业转型升级的意见》《关于加快建设创新驱动发展先行省的意见》《珠三角国家自主创新示范区建设实施方案》《关于强化实施创新驱动发展战略进一步推进大众创业万众创新深入发展的实施意见》等一系列政策文件，从资金、人才和平台支撑等方面入手，构建高效的区域创新系统，全面提高企业、高校、科研院所等创新主体的创新能力。例如，在资金方面，根据2014年10月出台的《关于推动新一轮技术改造促进产业转型升级的意见》的规定，广东省加强了对工业企业技术改造升级的资金支持。2015~2017年，省财政预算安排技改专项资金75亿元，主要采用股权投资、贴息等方式支持符合条件的企业进行技术改造或进口先进技术设备。从2015年起，对符合条件的规模以上工业企业，由省、市、县三级财政三年内按对财政贡献增量额度中省级分成部分的60%、地市级分成部分的50%、县级分成部分的40%对企业技术改造进行事后奖补。同时，鼓励金融机构开发针对工业企业技术改造的信贷新品种，开设工业企业技术改造融资"绿色通道"，推动金融机构简化贷款审批流程，对重点技术改造项目优先给予扶持。在人才支撑方面，2018年8月，广东省出台《关于强化实施创新驱动发展战略进一步推进大众创业万众创新深入发展的实施意见》，聚焦关键核心领域高层次人才需求，进行了一系列政策创新探索，具体包括实施"珠江人才计划""广东省特支计划"以及海外专家来粤短期工作资助计划等重点人才工程，建设海外人才离岸创新创业基地，实施海外青年人才引进计划等。在平台建设上，2014年6月，广东省出台《关于全面深化科技体制改革加快创新驱动发展的决定》，重点推进中国（东莞）散裂中子源、国家超级计算广州与深圳中心、江门中微子实验室、深圳国家基因库、"天河二号"超级计算机系统、中新（广州）知识城、中德（揭阳）金属生态城、中德（佛山）工业服务区、中以（东莞）国际科技合作产业园以及珠海航空产业园等重大创新平台与载体建设。

第三，充分发挥信息产业优势，推动产业数字化变革。电子信息产业长期以来是广东省的优势产业，在新一代信息技术变革的背景下，广东省及时出台了相关政策促进产业的数字化发展，用数字化技术助推产业结构优化升级。自 2016 年以来，广东省先后出台了《广东省"互联网＋"行动计划》《关于深化制造业与互联网融合发展的实施意见》《广东省深化"互联网＋先进制造业"发展工业互联网的实施方案》《广东省制造业数字化转型若干政策措施》等系列政策，形成了相互衔接的支持产业数字化发展的政策体系，着力营造推动"数字化＋"产业跨部门融合的政策环境，从数字化资源供给和数字化应用需求两个路径构建产业数字化发展的生态体系，加强财税、金融、人才、土地等方面的政策对产业数字化发展的集成支持服务。

三、实施机制

当前，我国进入了全面深化改革的新阶段，改革的稳步推进是我国各项事业取得成功的关键，而党的集中统一领导是改革得以稳步推进的基础。面对当前"百年未有之大变局"，党中央以前所未有的决心和力度推进全面深化改革，加强了对国家经济社会建设的全面领导。中央深化改革领导小组第 38 次会议指出："实践证明，坚持和加强党对全面深化改革的集中统一领导，提升党中央对全面深化改革的领导力和权威性，有利于全党全国在改革上统一思想、坚定信心，有利于改革涉险滩、闯难关、啃硬骨头，有利于统筹协调、疾步稳推进各项改革，为全面深化改革提供根本政治保证。"产业结构优化升级是对既往产业发展战略的合理继承和创新，本身就是全面深化改革的产物，它要求各地区必须打破

"部门政绩观"和"任期政绩观"的束缚，统筹好"当前"与"长远""局部"与"整体"的发展关系，形成企业、市场和政府协同推动产业结构优化升级的合力，这必然需要强化对产业发展战略制定与实施的顶层引领。党的十八大以来，在党中央的坚强领导下，广东省加强了对地区产业结构优化升级战略的顶层设计，引导资源要素在不同地区、不同部门间的合理流动与集聚，有力地推动了地区产业发展战略的实施。

第一，推动建立区域产业发展规划协同工作机制。习近平总书记在谈京津冀一体化发展时强调"要着力加强顶层设计，抓紧编制首都经济圈一体化发展的相关规划，明确三地功能定位、产业分工、城市布局、设施配套、综合交通体系等重大问题，并从财政政策、投资政策、项目安排等方面形成具体措施"①。习近平总书记的讲话强调了规划协同工作机制的重要性。为此，近年来，广东省加大了对区域产业发展规划编制与实施的统筹力度，在加强对重大产业发展规划统筹领导的同时，还鼓励各地市因地制宜探索发展规划的协调工作机制。目前，在经济社会联系紧密的珠江三角洲城市群、都市圈和跨流域经济区内，各地均自觉地按照省委要求加强了在产业发展规划编制与实施过程中的协调工作力度，各地区产业发展战略既体现了各自的比较优势特色，又能做到相互衔接、相互协调。

第二，推动建立要素协同配置机制。在规划确定了产业发展目标和重点任务以后，就要通过要素协同配置机制提高要素资源的配置效率，为产业发展战略目标与任务的达成提供必要的要素资源保障。经过多年的探索，广东省已形成了一整套行之有效的要素资源协同配置机制，聚焦政策资源协同支持重点产业发展，引导社会各界围绕重点产业发展需要配置要素资源。一是充分发挥省产业发展、创新、农业等政策性基金作用，省财政结合财力统筹安排资金支持重点产业发展。二是提升金融服务重点产业发展的能力，拓宽产业融资渠道，支持重点企业境内外上市、挂牌交易，多渠道扩大直接融资，大力发展供应链金融。三是将重

---

① 人民网，http：//cpc. people. com. cn/xuexi/n/2015/0505/c385475 – 26952132. html.

点产业发展任务纳入各地国土空间规划，加强用地、用海、用能和交通设施保障。四是实施产业人才专项工程，依托"双区"面向全球汇聚关键领军人才和团队，围绕重点产业发展建立紧密对接的职业技能发展体系。

第三，加强对产业发展战略实施环节的监督考核。产业发展战略的制定与实施本身就是一项重大的改革过程，为了保障产业规划的各项目标和任务能够真正落到实处，近年来，广东省加强了对产业发展战略实施环节的监督考核。一是落实规划实施责任，强化年度计划与发展规划衔接，完善监测评估，健全实施监督考核机制，提升规划实施效能。二是健全规划修订和考核评价机制。强化规划权威性、严肃性，未经法定程序批准，不得随意调整更改各类规划。同时，规划编制部门要组织开展规划实施年度监测分析、中期评估和总结评估，鼓励开展第三方评估，强化监测评估结果应用。三是探索实行规划实施考核结果与被考核责任主体绩效相挂钩机制，考核结果作为各级政府领导班子调整和领导干部选拔任用、奖励惩戒的重要依据。强化结果运用，自觉接受人大监督、审计监督和社会监督。四是加强跟踪督办。省政府督查室牵头会同有关部门对各地级以上市重点规划落实情况实行全过程跟踪督查，省政府督查室视情况采取下达督查通知书、组织实地督查、提请省政府领导约谈、挂牌督办等方式推动工作落实。

第五章 /

新常态下广东省产业结构
优化升级的实证分析

第一节　广东省产业体系部门结构的变化

一、部门结构变化的衡量方法

部门结构变化是指不同类型的行业在产业体系中相对规模的变化，为了对广东省产业体系的部门结构变化进行深入的实证分析，我们采用以下两种方法来度量部门结构。

（1）名义结构。具体衡量方法为：$x_i = \dfrac{p_i}{p}$，其中，x_i 表示 i 行业的增加值或主营业务收入占全部行业总增加值或主营业务收入的比重，p_i 表示 i 行业的增加值或主营业务收入，p 表示全部行业的增加值或主营业务收入的加总值。

（2）工业区位商。具体计算方法为：$L_{ij} = \dfrac{q_{ij}/q_j}{q_i/q_c}$，其中，$q_{ij}$ 表示地区 j 产业 i 的产值，q_j 表示地区 j 的工业总产值；q_i 表示行业 i 的全国总产值，q_c 表示全国工业总产值。区位商可以测度一个地区产业体系的部门结构与全国平均水平的差异，从而揭示一个地区在特定行业上的专业化水平。区位商越高，表示地区 j 在产业 i 上的专业化优势越明显。当区位商等于 1 的时候，表明产业 i 是平均散布在全国各地的，任何一地都不具有显著的专业化生产优势；当区位商大于 1 的时候，表明地区 j 在产业 i 上的专业化优势超过了全国平均水平；而当区位商小于 1 的时候，表明地区 j 在产业 i 上的专业化优势低于全国平均水平。鉴于广东省是工业经济大省，我们将使用区位商指标重点对广东省工业结构的变化进行深入的分析。

二、广东省产业名义结构的变化

表 5 - 1、表 5 - 2 显示了改革开放以来广东省三大产业的发展情况，从中可以看出，广东省三大产业发展呈现出较为明显的阶段性特征。

表 5 - 1　　　　　　　1978～2018 年广东省三大产业发展情况

年份	第一产业		第二产业		第三产业	
	产出值（亿元）	增幅（%）	产出值（亿元）	增幅（%）	产出值（亿元）	增幅（%）
1978	55		87		44	
1989	352	14.66	554	20.43	476	22.37
1990	385	9.38	616	11.19	559	17.44
2000	986	-2.28	5 000	14.71	4 755	22.46
2001	989	0.30	5 506	10.12	5 544	16.59
2010	2 287	13.78	22 822	18.02	20 928	15.34
2011	2 665	16.53	26 116	14.43	24 465	16.90
2012	2 847	6.83	27 239	4.30	27 061	10.61
2013	2 977	4.57	28 994	6.44	30 503	12.72
2014	3 167	6.38	31 420	8.37	33 223	8.92
2015	3 346	5.65	32 614	3.80	36 853	10.93
2016	3 694	10.40	34 001	4.25	41 816	13.47
2017	3 611	-2.25	38 008	11.78	48 086	14.99

续表

年份	第一产业		第二产业		第三产业	
	产出值（亿元）	增幅（%）	产出值（亿元）	增幅（%）	产出值（亿元）	增幅（%）
2018	3 831	6.09	40 695	7.07	52 751	9.70
1978～1989 年平均增速	18.65		18.67		24.50	
1990～2000 年平均增速	10.16		22.94		23.56	
2001～2010 年平均增速	8.94		16.55		16.00	
2011～2018 年平均增速	6.78		7.56		12.28	

资料来源：2019 年广东省统计年鉴。

表 5－2   1978～2019 年改革开放以来广东省产业结构的变化   单位：%

年份	第一产业	第二产业	第三产业	工业
1978	29.8	46.6	23.6	41.0
1989	25.5	40.1	34.4	33.6
1990	24.7	39.5	35.8	33.6
2000	9.1	46.7	44.2	41.8
2001	8.1	45.9	46.0	41.3
2010	4.8	49.9	45.3	46.6
2011	4.8	49.3	45.9	46.1
2012	4.7	48.0	47.3	44.8
2013	4.6	46.9	48.5	43.4
2014	4.5	46.8	48.7	43.3
2015	4.3	45.4	50.3	41.9
2016	4.3	43.2	52.5	39.8
2017	3.9	42.1	54.0	38.6
2018	3.8	41.4	54.8	37.7
2019	4.0	40.5	55.5	36.6

资料来源：2020 年广东省统计年鉴。

（1）工业化起飞阶段（1978～1989 年）。这一时期，广东省经济发展的起点较低，主要发展以满足生活必需品基本需求为主的农业以及纺织、食品和初级耐用消费品工业。从发展速度看，广东省第一、第二产业发展速度的差异不大，年均增速分别为 18.65% 和 18.67%；而第三产业的发展速度明显较快，年均增速达到了 24.50%。到 1989 年，第二产业的产值仍然最大，产出值为 554 亿元，而第一产业和第三产业分别为 352 亿元和 476 亿元；第一、第二、第三产业占 GDP 的比重分别为 25.5%、40.1% 和 34.4%，第二产业取得了在国民经济中显著的优势地位。

（2）工业化加速发展阶段（1990~2000 年）。这一时期广东省第二产业的年平均增长速度为 22.94%，虽然比第三产业的增幅略低，但在三大产业当中是唯一增幅大于 1978~1989 年的增幅的产业。这说明该期间广东省工业发展发生了质的转变。纵观广东省第二产业的发展，其工业增长周期与全国基本相似，但自 1979 年以来，除极个别年份外，广东省工业增长率基本上都高于全国工业增长率，其中 1990~1995 年是广东省工业发展的黄金时期。"八五"（1991~1995 年）计划期间，广东省基于本地的地理区位、要素禀赋与历史文化等优势，充分利用国家优惠政策，积极引进外部资源，发展外向型经济，大力发展电子及通信设备制造业、仪器仪表及其他计量器具制造业、金属制品业和化学纤维工业等制造业，在珠江东岸形成了以广州、深圳、东莞及惠州为主体的全国规模最大的电子信息产业集群区，在珠江西岸形成了以佛山、中山、江门、珠海为主体的电器机械产业集群区（谢晓辉、孙东川，2000）①。与第二产业快速增长形成鲜明对比的是，这一时期广东省第三产业年均增速为 23.56%，与前一阶段相比差别不大，而第一产业增长速度与第二、第三产业的差距明显拉开，年均增速下降为 10.16%。到 2000 年，第一、第二、第三产业的增加值分别为 986 亿元、5 000 亿元和 4 755 亿元，占 GDP 的比重分别为 9.1%、46.7% 和 44.2%，第一产业比重开始下跌到 10% 以下，并在以后的时间内逐年下降，而第二产业的优势地位则继续上升。

---

① 谢晓辉，孙东川. 广东省主导产业选择分析 [J]. 统计与预测，2000 (4)：14 - 18.

（3）工业化中期阶段（2001～2010年）。2001～2010年，广东省三大产业的增长速度均有所下降，第一产业年均增速为8.94%，比前一阶段下降接近2个百分点。第二产业继续保持较快的发展势头，年均增速达到16.55%，比前一个阶段下降约6个百分点。第三产业年均增速为16%，比前一阶段下降超过7个百分点，第二产业年平均增幅在三大产业之中仍居于最高水平。加入世贸组织以后，广东省开始大力发展汽车、石油、化学原料及化学制品、冶金、医药、电子通信设备制造业等资本技术密集型制造业，特别是以计算机、通信设备等为代表的高新技术产业成为支撑国民经济高速增长的新支柱产业。到2010年，第一、第二、第三产业的增加值分别为2 287亿元、22 822亿元和20 928亿元，占GDP的比重分别为4.8%、49.9%和45.3%，第二产业占GDP的比重达到最高的峰值水平。

（4）工业化后期阶段（2011～2019年）。2011年以后，广东省第二产业增幅下滑显著，这与经济增长周期和经济结构调整有着密切的关系，广东省经济发展进入了经济增速换挡、产业结构优化升级和前期刺激政策消化的时期，发展的重心也从第二产业转移到第三产业。2011～2018年广东省第二产业年均增速只有7.56%，比前一个阶段下降接近10个百分点。第三产业的增速虽然也有所下降，但下降幅度不到4个百分点，年均增速达到了12.28%。而第一产业增长速度则继续缓慢下降，年均增速为6.78%。增长速度上的较大差异使得广东省第二、第三产业在产业体系中的地位发生了巨大变化，自2013年以来，第三产业便取代第二产业成为广东省的主导产业。到2018年，第一、第二、第三产业的增加值分别为3 831亿元、40 695亿元和52 751亿元，占GDP的比重分别为3.8%、41.4%和54.8%。

三、广东省优势工业部门的变化

通过对三次产业的增长速度以及产出比重进行分析，我们可以从较为宏观的视角把握广东省产业结构的演变，特别是新常态下广东省产业体系部门结构变化的新趋势。作为一种补充，下面我们将以工业部门为例进一步分析新常态下广东省产业结构变化的新特点，以揭示相对于全国其他地区而言广东省工业发展的优势所在。表 5-3 显示了 2018 年广东省主要工业部门的区位商，从中可以看出，广东省有 16 个区位商大于1 的比较优势行业：（1）8 个轻工消费类制造业，具体包括纺织服装、服饰业，皮革、毛皮、羽毛及其制品和制鞋业，家具制造业，造纸和纸制品业，印刷和记录媒介复制业，文教、工美、体育和娱乐用品制造业，橡胶和塑料制品业，其他制造业。（2）4 个装备制造类行业，具体包括金属制品业，电气机械和器材制造业，计算机、通信和其他电子设备制造业，仪器仪表制造业。（3）4 个基础产业，具体包括废弃资源综合利用业，金属制品、机械和设备修理业，燃气生产和供应业，水的生产和供应业。

表 5-3　　　　　　　2018 年广东省主要工业部门区位商

行业名称	占全国同行业比重（%）	占广东省同行业比重（%）	区位商
资源开采加工类			
石油和天然气开采业	0.83	0.50	0.60
黑色金属矿采选业	0.32	0.02	0.06
有色金属矿采选业	0.36	0.05	0.13
非金属矿采选业	0.33	0.15	0.46
开采辅助活动	0.17	0.02	0.12
石油加工、炼焦和核燃料加工业	4.57	2.46	0.54
化学原料和化学制品制造业	6.87	4.24	0.62
化学纤维制造业	0.80	0.10	0.12
非金属矿物制品业	4.67	3.61	0.77
黑色金属冶炼和压延加工业	6.41	1.81	0.28
有色金属冶炼和压延加工业	4.98	2.44	0.49
轻工消费类			
农副食品加工业	4.55	2.18	0.48
食品制造业	1.78	1.21	0.68

续表

行业名称	占全国同行业比重（%）	占广东省同行业比重（%）	区位商
酒、饮料和精制茶制造业	1.48	0.72	0.49
烟草制品业	1.00	0.32	0.32
纺织业	2.65	1.58	0.59
纺织服装、服饰业	1.66	2.14	1.29
皮革、毛皮、羽毛及其制品和制鞋业	1.16	1.26	1.09
木材加工和木、竹、藤、棕、草制品业	0.88	0.37	0.42
家具制造业	0.67	1.49	2.21
造纸和纸制品业	1.34	1.85	1.39
印刷和记录媒介复制业	0.62	0.89	1.45
文教、工美、体育和娱乐用品制造业	1.28	2.63	2.06
橡胶和塑料制品业	2.37	3.62	1.53
其他制造业	0.16	0.19	1.17
装备制造类			
金属制品业	3.28	4.25	1.30
通用设备制造业	3.65	2.96	0.81
专用设备制造业	2.85	2.54	0.89
汽车制造业	7.94	6.21	0.78
铁路、船舶、航空航天和其他运输设备制造业	1.13	0.65	0.57
电气机械和器材制造业	6.16	9.95	1.62
新兴高新技术产业			
医药制造业	2.31	1.24	0.54
计算机、通信和其他电子设备制造业	10.26	28.95	2.82
仪器仪表制造业	0.78	0.79	1.01
基础产业			
废弃资源综合利用业	0.39	0.59	1.5
金属制品、机械和设备修理业	0.11	0.12	1.17
电力、热力生产和供应业	5.95	4.84	0.81
燃气生产和供应业	0.71	0.73	1.03
水的生产和供应业	0.25	0.33	1.31

　　资料来源：本表数据为作者根据 2019 年中国统计年鉴与 2019 年广东省统计年鉴原始数据计算的结果。

在上述 16 个优势行业中，区位商值较大的行业以终端消费品制造业为主，这表明经过多年的发展，广东省在一系列终端消费品制造领域已经形成了明显的专业化优势。例如，计算机、通信和其他电子设备制造业是广东省专业化优势最显著和规模最大的工业部门，区位商为 2.82，占全省工业总产出的比重高达 28.95%。家具制造业是广东省第二大比较优势产业，区位商为 2.21，但与计算机、通信和其他电子设备制造业不同，家具制造业的产出规模并不大，占广东省工业总产出的比重仅为 1.49%，但仍明显高于占全国工业总产出的比重（0.67%）。文教、工美、体育和娱乐用品制造业的区位商为 2.06，位列第三名。与家具制造业类似，文教、工美、体育和娱乐用品制造业的规模也不大，占全省工业总产出的比重为 2.63%，但仍明显高于该行业占全国工业总产出的比重（1.28%）。电气机械和器材制造业的产出规模仅次于计算机、通信和其他电子设备制造业，占广东省工业总产出的比重为 9.95%，区位商为 1.62，在广东省产业发展中也占有举足轻重的地位。橡胶和塑料制品业的区位商为 1.53，占全省工业总产出的比重为 3.62%，也是广东省主要的专业化优势产业。

表 5-4 显示了 2008~2018 年广东省各细分行业占工业总产出的比重，从中可以看出各细分行业在广东省工业体系中地位的变化：（1）石油化工矿工业类的地位下降较为明显。在 12 个细分行业中，有 9 个行业所占比重下降，只有非金属矿物制品业的比重从 2008 年的 3.39% 上升到 2018 年的 3.61%。另有开采辅助活动和其他采矿业两个行业因数据不足，难以准确判定其所占比重的变化。（2）轻纺工业类的地位也呈现出下降的趋势。在 14 个细分行业中，有 11 个行业占全省工业总产出的比重下降，只有食品制造业，家具制造业和文教、工美、体育和娱乐用品制造业的比重有小幅度的上升，其中纺织业下降幅度最大，下降了 1.09 个百分点。（3）装备制造类整体上呈现出较强的上升态势。在 8 个装备制造业里，金属制品业以及电气机械和器材制造业 3 个行业的比重有所下降，分别下降了 0.48、0.97 和 1.28 个百分点，其余 5 个行业的比重均有所上升。其中，计算机、通信和其他电子设备制造业上升态势

表5-4　2008~2018年广东省工业各部门所占比重的变化

单位：%

行业名称	2008年	2009年	2010年	2011年	2012年	2013年	2014年	2015年	2016年	2017年	2018年	变化
石油化工矿工业类												
石油和天然气开采业	1.18	0.75	0.70	0.73	0.67	0.58	0.53	0.42	0.32	0.39	0.50	-0.68
黑色金属矿采选业	0.15	0.15	0.21	0.25	0.16	0.16	0.15	0.10	0.09	0.05	0.02	-0.13
有色金属矿采选业	0.14	0.14	0.15	0.19	0.13	0.13	0.11	0.06	0.05	0.05	0.05	-0.09
非金属矿采选业	0.23	0.29	0.32	0.32	0.24	0.25	0.27	0.31	0.30	0.21	0.15	-0.08
开采辅助活动	—	—	—	0.02	0.03	0.03	0.04	0.02	0.02	0.01	0.02	—
其他采矿业	—	—	—	—	—	—	—	—	—	—	—	—
石油加工、炼焦和核燃料加工业	2.90	2.78	3.21	3.42	3.56	3.33	2.69	1.87	1.66	1.88	2.46	-0.44
化学原料和化学制品制造业	4.77	4.70	4.77	5.23	4.95	4.98	5.12	5.07	4.80	4.12	4.24	-0.53
化学纤维制造业	0.24	0.20	0.22	0.18	0.13	0.12	0.11	0.10	0.10	0.13	0.10	-0.14
非金属矿物制品业	3.39	3.42	3.56	3.41	3.37	3.68	3.97	4.02	3.94	3.72	3.61	0.22
黑色金属冶炼和压延加工业	2.28	2.08	2.29	2.70	2.37	2.36	2.11	1.87	1.94	1.89	1.81	-0.47
有色金属冶炼和压延加工业	2.78	2.68	2.69	2.66	2.47	2.76	2.73	2.55	2.57	2.40	2.44	-0.34
轻纺工业类												
农副食品加工业	2.28	2.22	2.11	2.37	2.50	2.59	2.51	2.51	2.51	2.29	2.18	-0.10
食品制造业	1.14	1.31	1.31	1.36	1.46	1.50	1.39	1.45	1.43	1.37	1.21	0.07
酒、饮料和精制茶制造业	0.75	0.88	0.76	0.90	0.88	0.91	0.91	0.92	0.88	0.80	0.72	-0.03
烟草制品业	0.39	0.42	0.37	0.38	0.40	0.39	0.38	0.37	0.32	0.32	0.32	-0.07

续表

行业名称	2008年	2009年	2010年	2011年	2012年	2013年	2014年	2015年	2016年	2017年	2018年	变化
纺织业	2.67	2.83	3.07	2.45	2.23	2.24	2.11	2.12	2.04	1.83	1.58	-1.09
纺织服装、服饰业	2.64	2.84	2.68	3.06	3.13	3.17	3.17	3.27	3.13	2.83	2.14	-0.50
皮革、毛皮、羽毛及其制品和制鞋业	1.80	1.80	1.80	1.92	1.85	1.87	1.90	1.97	1.87	1.66	1.26	-0.54
木材加工和木、竹、藤、棕、草制品业	0.58	0.57	0.63	0.62	0.54	0.58	0.62	0.68	0.66	0.54	0.37	-0.21
家具制造业	1.27	1.28	1.28	1.24	1.28	1.38	1.43	1.50	1.56	1.60	1.49	0.22
造纸和纸制品业	2.02	1.83	1.93	1.79	1.72	1.58	1.57	1.62	1.60	1.86	1.85	-0.17
印刷和记录媒介复制业	1.00	1.06	0.98	0.90	0.88	0.98	0.99	0.98	0.96	0.96	0.89	-0.11
文教、工美、体育和娱乐用品制造业	1.33	1.31	1.26	3.11	3.41	3.42	3.58	3.16	2.90	2.81	2.63	1.30
橡胶和塑料制品业	4.20	4.40	4.35	3.75	3.76	3.84	3.83	3.90	3.93	3.85	3.62	-0.58
其他制造业	1.63	1.59	1.75	0.25	0.22	0.20	0.20	0.20	0.20	0.18	0.19	-1.44
装备制造类												
金属制品业	4.73	4.77	4.77	4.54	4.30	4.49	4.58	4.70	4.63	4.57	4.25	-0.48
通用设备制造业	2.34	2.28	2.22	3.02	3.04	2.95	2.94	2.93	2.96	3.06	2.96	0.62
专用设备制造业	1.76	1.75	1.71	1.69	1.71	1.69	1.81	1.99	2.16	2.5	2.54	0.78

续表

行业名称	2008年	2009年	2010年	2011年	2012年	2013年	2014年	2015年	2016年	2017年	2018年	变化
汽车制造业	5.28	6.09	6.04	4.30	4.02	4.29	4.29	4.78	4.78	5.79	6.21	1.58
铁路、船舶、航空航天和其他运输设备制造业				1.43	1.24	1.12	0.99	1.00	1.05	0.88	0.65	
电气机械和器材制造业	10.92	10.79	10.9	10.6	10.07	9.93	10.04	9.97	10.18	9.53	9.95	-0.97
医药制造业	0.76	0.91	0.93	0.97	1.08	1.11	1.14	1.19	1.23	1.13	1.24	0.48
计算机、通信和其他电子设备制造业	23.50	23.03	22.40	22.62	23.92	23.56	23.60	24.60	25.20	27.48	28.95	5.45
仪器仪表制造业	2.07	1.73	1.63	0.60	0.65	0.70	0.69	0.70	0.75	0.83	0.79	-1.28
基础产业												
废弃资源综合利用业	0.51	0.66	1.00	0.81	0.88	0.87	0.90	0.92	0.88	0.74	0.59	0.08
金属制品、机械和设备修理业	—	—	—	0.12	0.09	0.08	0.08	0.11	0.11	0.13	0.12	0.12
电力、热力生产和供应业	5.58	5.67	5.20	5.17	5.77	5.35	5.31	5.14	4.93	4.69	4.84	-0.74
燃气生产和供应业	0.45	0.47	0.49	0.61	0.58	0.56	0.61	0.63	0.65	0.57	0.73	0.28
水的生产和供应业	0.33	0.33	0.29	0.26	0.29	0.28	0.29	0.33	0.33	0.35	0.33	0.00

注：①自2010年起《广东省统计年鉴》对规模以上工业行业分类进行了调整，具体包括：新增了"开采辅助活动""金属制品、机械和设备修理业"的细分行业；将"橡胶制品业"按"橡胶和塑料制品业"加计统计；将"交通运输设备制造业"拆分为"汽车制造业"与"铁路、船舶、航空航天和其他运输设备制造业"分别统计。为了使2010年前后的数据有效衔接，本表已对调整前后的数据进行必要的整合。②变化值为2018年比重与2008年比重之差。

最为明显，2018 年，该行业占广东省工业总产出的比重比 2008 年增加
了 5.45 个百分点。（4）基础产业类变化不明显。在 5 个基础产业中，
废弃资源综合利用业，金属制品、机械和设备修理业，燃气生产和供应
业，以及水的生产和供应业占广东省工业总产出的比重在 2008 ~ 2018 年
间均无明显变化，只有电力、热力生产和供应业的比重有小幅下降。上
述变化趋势表明，虽然与全国平均水平相比，广东省在不少轻工消费品
制造上仍具有比较优势，但这类行业在工业总产出中所占的份额呈现出
下降的态势，而以计算机、通信设备和汽车制造等为代表的装备制造业
在工业体系中的地位快速上升，正在成为新的专业化优势产业。

四、高技术制造业比重的变化

新常态下广东省工业体系部门结构变化的另一个重要特征就是高新
技术制造业在整个制造业中所占的比重上升。根据第四次全国经济普查
数据，近年来广东省高技术产业的企业数量、资产规模和经济总量呈现
快速增长的态势。2018 年末，广东省全部高技术制造业企业法人单位
79 418 个，比 2013 年增加 42 878 个，增长 117.3%，增幅比全部工业企
业平均水平高 20.1 个百分点；资产总计 46 744.39 亿元，比 2013 年增
长 106.8%，增幅比全部工业企业平均水平高 47.8 个百分点。规模以上
工业企业中，高技术制造业企业有 8 525 个，比 2013 年增加 2 675 个，
增长 45.7%，增幅高于全省规模以上工业平均水平 22.9 个百分点；实
现工业总产值 46 022.37 亿元，比 2013 年增长 57.2%，增幅高于全省
29.2 个百分点。从表 5 - 5 的数据可以看出，2015 年广东省高技术制造
业增加值为 7 537.34 亿元，到 2019 年增加为 10 222.97 亿元，年均增速
达到了 8.65%。产出规模的快速扩张使得新兴高技术制造业在广东省工
业部门中占有较高的比重，广东省工业部门结构得到了进一步的优化。
自 2017 年以来，高技术制造业占广东省规模以上工业增加值的比重已经
超过了 30%，高技术制造业在广东省工业体系中的地位迅速上升。

（一）高技术产业的市场主体结构

从市场主体结构来看，内资企业特别是私营内资企业在广东省新兴高技术制造业领域占据了主导地位。从表 5 - 5 可以看出，2018 年，广东省高技术制造业企业中内资企业数为 75 311 个，占全部高技术制造业企业总数的比重为 94.8%，资产合计为 32 684.30 亿元，占全部高技术制造业企业资产总量的比重为 69.9%，实现营业收入 32 569.07 亿元，占全部高技术制造业企业总营业收入的比重为 66.4%。在上述内资企业中，私营企业数量达 65 084 个，占全部高技术制造业企业数量的比重为 82.0%；资产合计为 11 633.68 亿元，占全部高技术制造业企业资产总量的比重为 24.9%；实现营业收入 14 003.96 亿元，占全部高技术制造业企业总营业收入的比重 28.6%。相比之下，外商及港澳台商投资企业在企业数量、资产规模和营业收入方面均与内资企业存在明显差距。2018 年，广东省高技术制造业企业中，外商及港澳台商投资企业数量为 4 107 个，资产合计为 14 060.10 亿元，实现营业收入为 16 456.29 亿元，占全部高技术制造业企业的比重分别为 5.2%、30.1% 和 33.6%。

表 5 - 5　　　　　　　　广东省高技术产业市场主体结构

主体类型	内资企业		私营内资企业		外商及港澳台企业	
	数值（个、亿元）	比重（%）	数值（个、亿元）	比重（%）	数值（个、亿元）	比重（%）
企业数量	75 311	94.8	65 084	82.0	4 107	5.2
总资产	32 684.30	69.9	11 633.68	24.9	14 060.10	30.1
营业收入	32 569.07	66.4	14 003.96	28.6	16 456.29	33.6
平均规模 1	0.434		0.179		3.423	
平均规模 2	0.432		0.215		4.007	

注：表中平均规模 1 为企业资产平均规模，平均规模 2 为企业营业收入平均规模。

此外，需要指出的是，虽然内资企业占据了广东省高技术产业的主体地位，在企业数量、总资产和营业收入上所占的比重均较高，但与外商及港澳台企业相比，内资企业的规模普遍较小。从资产规模来看，内资企业的平均规模为 0.434 亿元，其中私营内资企业的平均规模仅为 0.179 亿元，而外商及港澳台企业的平均规模为 3.423 亿元，明显高于内资企业。类似地，内资企业的平均营业收入为 0.432 亿元，其中私营内资企业的平均营业收入仅为 0.215 亿元，而外商及港澳台企业的平均营业收入则为 4.007 亿元，同样明显高于内资企业。可见，广东省内资高技术企业中绝大部分为中小企业，综合实力与外商及港澳台企业仍然存在较大的差距。

（二）高技术产业的空间结构

新常态下随着工业化程度的加深，经济发展越来越依赖人力资本和创新等高端生产要素，而受到外部性、规模经济等因素的影响，人力资本和创新等高端要素往往倾向于在先发优势地区集中。由于集中了更多的人才与创新要素，优势地区的投资、创新与创业活动更为活跃，从而更有利于新兴高技术产业的发展。这是一个先发优势与经济增长"循环累积相互强化"的作用过程，导致产业在空间分布上通常是不均衡的，新兴高技术产业通常倾向于在少数先发优势地区集中，先发优势地区工业体系中，高技术产业的比重明显高于其他地区。珠江三角洲地区是我国改革开放的前沿，是经济相对较为发达的地区，也是广东省新兴高技术产业集中分布的地区。从表 5-6 可以看出，随着时间的推移，广东省新兴高技术制造业呈现出进一步向珠江三角洲集中的态势。2015 年，珠江三角洲 9 市高技术制造业增加值为 7 116.99 亿元，占广东省高技术产业增加值的比重为 94.42%；到 2019 年，珠江三角洲 9 市高技术制造业增加值为 9 850.15 亿元，占广东省高技术产业增加值的比重增加到96.35%。伴随着高技术产业集聚水平的上升，珠江三角洲 9 市工业部门总产出中，高技术制造业所占的比重也明显高于广东省其他地区。2015年，珠江三角洲 9 市高技术制造业增加值占规模以上工业增加值的比重为 30.1%，而广东省平均水平为 25.6%。2019 年，珠江三角洲 9 市高技术制造业增加值占规模以上工业增加值的比重上升为 35.2%，广东省平均水平为 31.5% 。珠江三角洲 9 市新兴高技术制造业所占比重比全省平均高出近 5 个百分点。

表 5 - 6　2015～2019 年珠江三角洲各市高技术产业发展概况

城市	2019 年		2018 年		2017 年		2016 年		2015 年	
	增加值（亿元）	比重（%）	增加值（亿元）	比重（%）	增加值（亿元）	比重（%）	增加值（亿元）	比重（%）	增加值（亿元）	比重（%）
广州	592.87	13.7	598.56	13.4	564.25	13.7	508.30	11.6	568.73	12.5
深圳	5 896.79	66.3	6 131.20	67.3	5 353.06	66.7	4 637.75	65.2	4 055.97	63.1
珠海	346.33	28.7	321.95	29.7	293.35	25.7	292.77	28.6	264.47	28.8
佛山	302.18	6.2	276.49	6.0	266.78	6.2	361.39	7.7	328.00	7.5
惠州	705.64	42.7	698.78	40.4	811.99	43.9	708.68	40.2	654.95	40.5
东莞	1 667.52	39.8	1 520.62	38.9	1 459.03	40.3	1 103.20	37.2	869.18	33.3
中山	176.01	15.4	208.65	19.1	173.39	16.1	243.29	18.4	225.46	17.6
江门	98.37	9.8	100.53	8.1	80.46	8.1	83.51	7.8	67.71	7.0
肇庆	64.44	9.6	51.81	8.4	51.03	8.4	82.06	8.9	82.53	8.6
9 市合计	9 850.15	35.2	9 908.60	35.8	9 053.34	35.2	8 020.94	31.8	7 116.99	30.1
全省	10 222.97	31.5	10 183.66	31.5	9 507.81	30.3	8 475.25	27.1	7 537.34	25.6
9 市占比	96.35%	/	97.30%	/	95.22%	/	94.64%	/	94.42%	/

注：表中的增加值为高技术制造业增加值，比重为占规模以上工业增加值的比重。

资料来源：广东省统计年鉴（2016～2020 年）。

新兴高技术制造业在珠江三角洲地区内部的分布也高度不均衡。处于珠江东岸的深圳、东莞和惠州高技术制造业发展较快，产业集聚水平较高，高技术制造业所占比重价高；而其他城市高技术制造业发展相对较慢，在制造业中所占比重也相对较低。2015 年，深圳、东莞和惠州新兴高技术制造业增加值分别为 4 055.97 亿元、869.18 亿元和 654.95 亿元，三市增加值合计占全省的比重为 74.06%。2019 年，深圳、东莞和惠州新兴高技术制造业增加值分别增加为 5 896.79 亿元、1 667.52 亿元和 705.64 亿元，三市增加值合计占全省的比重也上升到 83.96%。与这种集聚态势相对应的是，高技术制造业在深圳、惠州和东莞三市工业体系中所占比重也明显地高于广东省内其他地区。2019 年，高技术制造业占深圳、惠州和东莞三市工业增加值的比重分别为 66.3%、42.7% 和39.8%。相比之下，广州、佛山和中山等市高技术制造业发展则明显滞后，2019 年，三市高技术制造业增加值分别为 592.87 亿元、302.18 亿元和 176.01 亿元，占各自制造业增加值的比重分别仅为 13.7%、6.2% 和 15.4%，传统制造业仍然是工业发展的主力军。

（三）高技术产业的细分行业结构

以《国民经济行业分类》（GB/T 4754—2017）为基础，我国对国民经济行业分类中符合高技术产业（制造业）特征的有关经济活动进行了行业细分，把新兴高技术制造业分为 6 大细分行业，具体包括：医药制造业、电子及通信设备制造业、计算机及办公设备制造业、医疗仪器设备及仪器仪表制造业、信息化学品制造业以及航空以及航天器及设备制造业。我们根据这种分类方法对广东省六大高技术细分行业的发展状况进行了分析。表 5 - 7 显示了广东省 6 大高技术细分行业发展的部分指标，从中可以看出，电子及通信设备制造业在整个高技术部门总居于明显的主导地位，该行业的企业数、从业人员数、营业收入和利润总额指标均显著地高于其他 5 个行业。2020 年，广东省电子及通信设备制造业共有规模以上企业 6 945 个，占全部高技术企业数量的比重为 72.62%；从业人员平均人数为 306.16 万人，占全部高技术行业从业人员的比重为80.12%；营业收入为 3.9 万亿元，占全部高技术行业营业收入的比重为83.29%；利润总额为 2 110 亿元，占全部高技术行业利润的比重为76.59%。计算机及办公设备制造业也是广东省第二大高技术产业，但与电子及通信设备制造业相比，各项发展指标存在明显的差距。2020 年，计算机及办公设备制造业共有规模以上企业 1 036 个，占全部高技术企业数量的比重为 10.83%；从业人员平均人数为 37.8 万人，占全部高技术行业从业人员的比重为 9.89%；营业收入为 4 219 亿元，占全部高技术行业营业收入的比重为 9.01%；利润总额为 169 亿元，占全部高技术行业利润的比重为 6.13%。除了上述 2 个行业以外，广东省其余 4 个高技术行业的发展水平较低，特别是信息化学品制造业和航空航天器及设备制造业的各项发展指标显著偏低，行业发展尚处于起步状态。2018年，信息化学品制造业的企业数、从业人员平均人数、营业收入和利润总额占广东省全部高技术行业的比重分别仅为 0.44%、0.27%、0.23%和 0.42%。航空航天器及设备制造业的企业数、从业人员平均人数、营业收入和利润总额占广东省全部高技术行业的比重分别仅为 0.19%、0.39%、0.41% 和 1.07%。

表 5－7　　　　　2020 年广东省高技术细分行业发展指标

行业名称	企业数（个）	从业人员平均人数（人）	营业收入（亿元）	利润总额（亿元）
医药制造业	484	137 367	1 578	248
电子及通信设备制造业	6 945	3 061 616	38 982	2 110
计算机及办公设备制造业	1 036	377 980	4 219	169
医疗仪器设备及仪器仪表制造业	1 039	219 268	1 719	187
信息化学品制造业	42	10 246	110	12
航空航天器及设备制造业	18	14 715	194	29

行业名称	企业数占比（%）	从业人员平均人数占比（%）	营业收入占比（%）	利润总额占比（%）
医药制造业	5.06	3.59	3.37	9.00
电子及通信设备制造业	72.62	80.12	83.29	76.59
计算机及办公设备制造业	10.83	9.89	9.01	6.13
医疗仪器设备及仪器仪表制造业	10.86	5.74	3.67	6.79
信息化学品制造业	0.44	0.27	0.23	0.42
航空航天器及设备制造业	0.19	0.39	0.41	1.07
电子信息产业	83.45	90.01	92.31	82.72

注：①电子信息产业的数据为电子及通信设备制造业、计算机及办公设备制造业二类产业数据之和；②自 2019 年起，信息化学品制造业、航空航天器及设备制造业的数据缺失，表中数据为这两个行业 2018 年的数据。

表 5-8 显示了粤苏浙 3 省各细分行业营业收入占全部高技术行业的比重，从中可以看出，与江苏、浙江相比，广东省高技术行业的部门集中度显著偏高，呈现出明显的一业独大的发展态势。电子及通信设备制造业在广东省、浙江、江苏 3 省高技术产业发展中均处于明显的主导地位，但相对而言，广东省高技术产业发展显示出更强的专业化特征，电子及通信设备制造业的相对规模更大。2020 年，电子及通信设备制造业营业收入占广东省高技术产业总营业收入的比重为 83.84%，而浙江和江苏这一比重分别为 61.65% 和 60.03%，广东省电子及通信设备制造业营业收入所占的比重比浙江、江苏均高出 20 个百分点以上。与广东省高技术产业发展高度集中在电子及通信设备制造业上不同，浙江、江苏高技术产业发展的多样化特征则更为明显，医药制造业、医疗仪器设备及仪器仪表制造业和信息化学品制造业在二省高技术产业体系中也占有相对较高的比重。

表 5-8　　　粤苏浙细分行业营业收入占全部高技术行业的比重　　单位：%

2020 年	医药制造	电子及通信设备制造	计算机及办公设备制造	医疗仪器设备及仪器仪表制造	信息化学品制造	航空航天器及设备制造
广东省	3.39	83.84	9.07	3.70		
浙江	18.54	61.65	5.03	14.78		
江苏	13.65	60.03	17.28	9.04		
2018 年	医药制造	电子及通信设备制造	计算机及办公设备制造	医疗仪器设备及仪器仪表制造	信息化学品制造	航空航天器及设备制造
广东省	4.11	81.56	10.85	2.67	0.29	0.51
浙江	21.22	58.50	3.69	13.78	2.72	0.10
江苏	12.60	54.55	13.16	14.47	4.13	1.09

注：自 2019 年起，信息化学品制造业、航空航天器及设备制造业的数据缺失，表中空白处为数据缺失。

第二节　广东省产业体系的功能结构升级

　　概括地看，任何一个产业门类均会在市场力量的作用下形成一个由不同功能环节所组成的纵向链条。比如，一条典型的制造业产业链通常由产品的研发设计、零部件生产、加工组装、运输物流、品牌营销等功能环节前后衔接而组成。不同的功能环节对产业链的影响不一样，因而在产品附加值分配中所获得的份额也存在差异。通常情况下，研发设计、核心零部件生产以及品牌营销对产业链的影响具有不可替代性，这些功能环节一方面对产业链的运作具有较强的控制力，另一方面在产品附加值分配中所获得的份额也较高。而一般零部件生产与加工组装环节的可替代性较强，对产业链运作的影响较小，在产品附加值分配中所获得的份额也较低。因此，我们可以通过分析企业所在的产业链功能环节的变化来揭示一个国家或地区产业结构优化升级的方向与路径。但是，现有的官方统计是按照产业门类的口径进行的，缺乏上述产业链口径的统计资料。因此，在这里我们使用细分的生产性服务业数据来对地区产业功能调整作近似的分析，具体包括：交通运输、仓储和邮政业，信息传输、软件和信息技术，金融业，房地产业，租赁和商务服务业，以及科学研究、技术服务业等细分行业。我们这样做的逻辑是，生产性服务是生产过程中所涉及的专业化中间投入品，如金融、技术、运输物流和品牌营销服务等，通常是构成制造业产业链重要的高附加值环节，一个地区的生产性服务业发展水平越高，通常意味着该地区产业链功能升级越明显。下面我们通过分析近年来生产性服务业发展状况来近似地探讨广东省产业功能升级的态势。

一、生产性服务业发展状况

　　表5－9显示了近年来广东省生产性服务业的产出规模，从中可以看

出，广东省生产性服务业增加值增长较快，占服务业增加值的比重超过了50%。2011年，广东省生产性服务业增加值总量为13 043亿元，到2017年增加到24 665亿元，2011～2017年间生产性服务业增加值同比增速明显高于GDP增速。伴随着产出规模的快速扩张，生产性服务业占广东省GDP的比重也从2011年的24.50%上升到2017年的27.50%。但需要指出的是，生产性服务业占整个服务业增加值的比重则有所下降，这表明近年来广东省其他类型的服务业，特别是以网购为代表的消费性服务业的发展速度更快。

表5-9　　　　　　　2011～2017年广东省生产性服务业增加值情况

年份	总量（亿元）	同比（%）	占GDP（%）	占服务业（%）
2011	13 043	10.40	24.50	53.11
2012	14 516	10.90	25.40	53.44
2013	16 194	9.50	25.90	52.85
2014	17 622	9.00	26.00	52.79
2015	19 552	10.10	26.47	52.78
2016	21 720	11.09	26.93	51.64
2017	24 665	13.56	27.50	51.29

资料来源：数据来源于广东省统计信息网。

表5-10显示了近年来广东省制造业和生产性服务业就业人数的变化，从中可以看出二者不同的变化趋势。制造业就业人数呈现出"先上升、后下降"的倒U型趋势。2014年，制造业吸纳就业的数量最大，达到2 248万人，之后逐年下降，到2018年下降为2 193万人。与制造业不同，自2005年以来，各细分生产性服务行业就业人数均呈现出明显的上升态势，特别是科学研究、技术服务业就业人数增长最为明显，从2005年的16万人增加到2018年的79万人，增加了3.94倍。

表 5 - 10　　　　　广东省生产性服务业与制造业就业人数的变化　　　　单位：万人

行业类别	2005年	2010年	2011年	2012年	2013年	2014年	2015年	2016年	2017年	2018年
制造业	1 666	2 215	2 236	2 217	2 240	2 248	2 236	2 230	2 220	2 193
交通运输、仓储和邮政业	118	161	162	161	173	182	185	187	192	196
信息传输、软件和信息技术	37	54	58	62	78	81	87	95	100	118
金融业	30	55	56	58	54	53	55	58	59	71
房地产业	44	70	71	74	87	100	104	108	130	141
租赁和商务服务业	61	90	89	91	110	146	158	164	172	197
科学研究、技术服务业	16	26	31	33	42	52	55	58	63	79

资料来源：有关各年度《广东省统计年鉴》。

由于生产性服务业统计口径的变化，表 5 - 11 显示了最新调整后的 2010 ~ 2017 年广东省生产性服务业占服务业增加值的比重，其中最明显的变化是剔除了房地产业，并进一步将生产性服务业细分为 10 个小类行业。总体上看，生产性服务业增加值占整个服务业的比重已超过 50%，成为广东省服务业的主导部门，但各细分行业之间还存在较大差异。金融服务是广东省最大的生产性服务业，2017 年占服务业增加值的比重为 10.8%，批发经纪代理服务、信息服务、生产性支持服务和商务服务占广东省服务业增加值的比重也处于较高水平。而节能与环保服务、研究设计与其他技术服务，以及人力资源管理与培训服务占广东省服务业增加值的比重则相对较低。

为了进一步说明相同发展阶段广东省与发达国家或地区生产性服务业发展之间的差距，表 5 - 12 将 2015 年广东省生产性服务业发展数据与发达国家以及我国台湾地区 2005 年前后时期的数据进行了比较。我们从中可以看出，与英、德、法美、日等发达国家相比，广东省批发零售修理、运输仓储业、邮政电信业增加值占 GDP 的比重差距不大，但研究发展与租赁商务业的发展差距较为明显，其占 GDP 的比重明显低于发达国家。2015 年，广东省研究发展与租赁商务业占 GDP 的比重为 5.1%，与德、法两国相差了 6.1 个百分点，与我国台湾地区的水平相当。但值得注意的是，广东省的金融保险业发展水平较高，该行业 2015 占 GDP 的比重为 7.9%，大致与美国相当，普遍高于其他发达国家，也略高于我国台湾地区。

表 5-11　2010~2017 年广东省生产性服务业占服务业增加值比重　单位：%

行业分类	2010年	2011年	2012年	2013年	2014年	2015年	2016年	2017年
生产性服务业合计	53.5	53.3	53.6	53.1	53.0	52.8	51.6	51.3
研究设计与其他技术服务	2.3	2.3	2.3	2.5	2.7	2.8	2.6	2.9
货物运输、仓储和邮政快递服务	5.9	5.6	5.8	5.5	5.7	5.6	5.1	5.2
信息服务	6.7	6.4	6.4	5.9	5.9	6.2	6.8	7.9
金融服务	9.6	8.8	8.7	9.2	9.2	12.3	11.3	10.8
节能与环保服务	1.1	1.1	1.0	1.0	1.0	1.1	1.0	0.9
生产性租赁服务	0.3	0.4	0.3	0.4	0.4	0.4	0.4	0.4
商务服务	6.5	6.8	6.7	6.5	6.7	5.9	5.9	5.7
人力资源管理与培训服务	2.0	2.0	2.0	1.9	2.0	2.1	2.2	2.4
批发经纪代理服务	12.0	13.0	13.5	13.6	13.1	10.3	10.0	9.4
生产性支持服务	7.2	7.1	6.9	6.5	6.5	6.3	6.2	5.8

资料来源：广东省统计信息网以及 2019《广东省统计年鉴》。

表 5-12　2015 年广东省与其他国家或地区生产性服务业
增加值占 GDP 的比重　单位：%

行业类别	广东省	英国	德国	法国	美国	日本	中国台湾
批发零售修理	10.6	11.6	10.3	10.4	12.5	14.3	21.9
运输仓储业	3.8	4.5	3.7	4.3	2.9	4.8	3.2
邮政电信业	1.6	2.7	2.0	2.1	2.5	2.4	2.1
金融保险业	7.9	7.1	5.0	4.9	8.0	5.3	7.4
研究发展与租赁商务	5.1	11.0	11.2	11.2	8.6	7.5	4.9

注：由于广东省生产性服务业的统计口径以及统计项目与欧美不同，这里我们使用广东省统计信息网 2015 年通过数据统计口径修正后的数值与其他国家或地区进行比较。

资料来源：广东省统计信息网。

二、广东省产业体系的功能结构升级

(一) 区域产业体系功能结构升级的基本逻辑

古典经济理论较早对区域市场一体化和产业功能分工进行了理论分析。李嘉图模型 (Ricardo Model) 分析了在商品可以自由流动但生产要素不可流动的条件下国家之间的产业分工问题,提出了基于比较优势的国际产业分工的观点,各国选择生产成本较低的产业进行专业化生产,并进行交换,从而实现完全的国际专业化分工,这种分工格局决定了国际贸易的规模、流向和各国产业结构的基本特征。在商品市场一体化条件下,各个国家根据机会成本高低选择适合自己的产业组合,实现国际产业分工,开展自由贸易,各国产业结构取决于不可流动要素的相对价格。这种国际分工格局在保障各国分享自由贸易所带来的收益的同时,也改进了国际生产体系的效率,其效率改进的来源是各国比较成本优势的发挥。基于类似的逻辑,H - O 模型 (Heckscher - Ohlin Model) 认为,各国不同类型生产要素的丰裕程度不一样,进而导致了国家之间生产要素的相对价格差异,每个国家应该在密集使用本地区相对丰裕要素 (也是相对价格较低的要素) 的产品上进行专业化生产,并进口密集使用本地区相对稀缺要素 (也是相对价格较高的要素) 的产品。这样,在商品可以自由流动的条件下,自由的国际贸易体系将保障整个国际生产结构是有效率的。可见,在古典经济学理论框架内,产业的区域分工完全源自外生的技术差异和要素禀赋差异,是企业对比较利益的追求在区域层次上的表现,不可移动要素的丰裕程度和外生技术差异决定了国际专业化分工特征。在这种情况下形成的区域产业结构是以区际专业化分工为前提的,各国之间的产业结构差异取决于外生的要素禀赋与技术差异,而商品市场的一体化则促进了区域生产结构的专业化。

古典经济理论关于商品可以自由流动而要素不可流动的理论假设适应了当时不发达的国际经济状况。随着技术进步和交通网络的现代化,资本、劳动力等要素跨越国界流动的情况越来越常见，规模越来越大，对国际产业结构的影响也日益显著，国际贸易常常发生在要素禀赋相似的国家之间。对此，新贸易理论则认为由于规模经济效应的存在，两国商品相对价格的差异不完全取决于二者的要素价格差异，还要综合考虑生产者所面临的市场环境。在其他条件相同的情况下，两国市场条件和经济规模的不同，会导致生产成本的差异，并进而影响到商品的相对价格，具有较大国内市场规模的部门会获得竞争优势。因此，在考虑到市场条件之后，两国经济规模差异和不完全竞争的市场结构共同决定了商品相对价格的差异，并导致区域产业分工、贸易和资本的跨区域流动。在新贸易理论看来，在不完全竞争和规模报酬递增条件下，较大的国内市场规模为大规模生产提供了有利条件，更有利于厂商获得规模经济的好处。在此情况下，厂商便大量生产并出口具有规模优势的产品，由此促进了国家之间的专业化分工。在这种区域分工格局中，规模经济与收益递增促进了厂商的效率提升。

虽然上述两种理论主要分析了国家间产业分工问题，但二者关于分工促进效率的论断为后续的区域经济理论进展提供了思想源泉，而后续的理论进展不再局限于分析国际间产业分工问题，而在更加一般性的意义上讨论区域之间的产业分工问题。借鉴新贸易理论的基本框架，新经济地理学文献认为，在不完全竞争的市场条件下，规模收益递增会引发产业在地理空间上的集中，而产业一旦在特定的地理空间内集聚，就会产生自我强化的效应，这种效应是企业为了分享集中所带来的外部经济的结果。在现代经济体系中，这样的集聚空间通常是城市，经济和人口的集中使得城市环境具有外部经济性，外部性扮演了吸引资源要素流入城市的力量，其来源有三：一是共享（sharing）。城市经济与人口集中形成了规模较大的市场，这意味着城市中存在着大规模的集中性供给与集中性需求，厂商更容易获得规模经济的好处。厂商既可以根据集中的购买者需求提供高度专业化的商品与服务，也可以在更大范围内以更低的成本获取各类中间投入品。同时，企业也可以通过共享城市发达的软硬件基础设施网络，节省包括运输费用在内的各类贸易成本。二是匹配

（matching）。城市集中而多元化的商品和生产要素市场可以降低供需双方的搜寻成本，提高市场匹配效率。在商品市场上，多样化的产品供给组合更容易与消费者的购买需求实现匹配。而在劳动力市场上，企业更容易招募到所需劳动力，而劳动力也更容易获得就业机会。资本市场上的融资者也更容易与资金提供者实现匹配，提高融资效率，降低融资成本。三是学习（learning）。城市共享的知识基础设施和制度、频繁的人际交流以及多样化的知识环境，提高了知识创造、扩散和使用的效率，有助于提高厂商的创新水平和劳动力的人力资本水平。在城市化发展的早期阶段，在上述外部效应的共同作用下，一个具有初始制造业优势的城市会形成累积循环因果效应，从而吸引更多的产业在本地集聚，这时城市体系就呈现出"中心—外围"产业分布格局。大量工业集中分布在中心城市，中心城市成为工业产品的输出地，而外围小城市主要从事初级产品生产，成为工业产品的输入地，从而实现了城市体系内第一阶段产业分工。这一阶段的产业分工主要表现为大小城市之间的部门分工，在这种分工格局中，要素进行着从低生产率的小城镇初级产品部门转移到高生产率的大城市非农部门的单向流动，这种由低到高的要素跨部门流动推动了城市体系经济活动效率的改进。

　　要素的单向流动导致经济和人口的集中，改变了城市环境，导致城市的人口与经济密度上升，给城市带来了拥挤成本（congestion cost），拥挤成本是一种推动要素资源向外扩散的力量。人口与经济密度的提高，导致城市中经济主体对土地、房屋与通勤等非贸易品的需求急剧上升，在城市空间有限的情况下，引发了各类非贸易品价格上涨，特别是不可流动的土地要素价格上涨，加剧了厂商的生产成本和劳动力生活成本上升的压力。当城市人口与经济密度达到一个临界点之后，厂商和劳动力在享受城市环境外部性好处的同时，也必须忍受拥挤成本上升所带来的损害。在城市边界（规模）既定的条件下，上涨的拥挤成本就会迫使一部分资本和劳动力迁出城市，那些对成本敏感的低附加值制造加工环节和低素质人力资本就会率先向外部转移，而对成本上升相对不敏感的高附加值环节，以及高素质人力资本因为对抗拥挤成本上涨的能力较强而进一步向大城市集中。这种双向流动势必会推动城市间产业功能的分工，大城市服务业和高附加值制造功能进一步加强，而小城市的标准化制造功能也有所提升。在这种情况下，大城市从过去的非农产业集聚中心进一步向高附加值服务和高端制造集聚中心转变，小城市则从过去的初级产品区向制造加工基地转变，城市体系实现了第二阶段产业分工。这一阶段的产业分工本质上是大小城市之间在产业内价值链上的功能分工。在这种分工格局中，高端要素进一步向大城市高附加值产业功能集中，与此同时，低端要素则向小城镇流动。要素的双向流动进一步深化了区域产业功能分工，其结果是大小城市的综合比较优势得到了更充分地发挥，各地区都实现了产业功能升级。

（二）广东省产业体系功能升级的实证分析

从上述理论分析可以看出，我们有必要从城市的空间维度对广东省产业功能升级的状况进行实证分析，为此，我们基于杜兰顿和朴加（Duranton and Puga，2005）和赵勇、魏后凯（2015）的思路，构造了城市服务功能专业化指数来测度广东省各城市产业功能升级的状况，具体的计算方法如下：

$$FD_c(t) = \frac{\sum_{i=1}^{N} L_{cis}(t) / \sum_{i=1}^{N} L_{cim}(t)}{\sum_{i=1}^{N} \sum_{c=1}^{M} L_{cis}(t) / \sum_{i=1}^{N} \sum_{c=1}^{M} L_{cim}(t)}$$

其中，c 代表城市，$c = 1，2，\cdots，M$；i 代表行业，$i = 1，2，\cdots，N$；L_{is} 代表生产性服务业就业人员，L_{im} 代表制造业就业人员。因此，$\sum_{i=1}^{N} L_{cis}(t)$ 表示在 t 时期一个城市所有生产性服务行业就业人数；$\sum_{i=1}^{N} L_{cim}(t)$ 表示在 t 时期一个城市所有制造业就业人数；$\sum_{i=1}^{N} \sum_{c=1}^{M} L_{cis}(t)$ 表示在 t 时期所有城市所有生产性服务业从业人数；$\sum_{i=1}^{N} \sum_{c=1}^{M} L_{cim}(t)$ 表示 t 时期所有城市所有制造业从业人数。若 $FD_c(t) > 1$，则表明生产性服务业在该城市集聚程度相对较高，其值越高说明该城市的生产性服务功能就越强。相反，若 $FD_c(t) < 1$，则表明制造业在该城市聚集程度相对较高，其值越高说明该城市制造功能越强。

经过多年的融合发展，粤港澳三地已经形成了内部经济联系紧密的"9+2"大湾区城市群，因此，在城市样本的选择上，我们选择珠江三角洲9个城市加上香港、澳门共11个城市作为分析对象。参照《粤港澳大湾区发展规划纲要》的精神，将粤港澳大湾区内部城市划分为中心城市和外围城市两种类型，中心城市包括香港、澳门、广州和深圳4个城市，而外围城市包括佛山、东莞、惠州、中山、江门、珠海和肇庆7个城市。

在数据使用上，考虑到数据的可获得性及珠三角9个城市和香港、澳门的统计口径不一致等因素，我们以珠三角9个城市的交通运输、仓储和邮政业，信息传输、计算机服务和软件业，金融业、房地产业，租赁与商务服务业以及科学技术、技术服务和地质勘查业的就业人数之和来计算城市生产性服务业就业人数；相应地，香港生产性服务业就业人数则用进出口贸易，运输、仓库、邮政及速递服务，资讯及通信，金融及保险，地产、专业及商用服务行业就业人数之和来表示；澳门的生产性服务业就业人数则用运输、仓储及通信业，金融业，不动产及工商服务业就业人数之和来表示。同时，珠三角9个城市制造业就业人数包括采矿业、制造业和电力、燃气及水的生产和供应业三个行业就业人员；而香港的制造业就业人数则用采矿及采石，制造业、电力和燃气供应，以及废弃物管理三个行业的就业人数之和来表示；澳门的制造业就业人数则用制造业、水电及其他生产供应业的就业人数之和来表示。出于动态一致性的要求，我们选取的数据时间跨度为2003～2017年，所用原始数据均来源于《中国城市统计年鉴》《香港统计年刊》和《澳门统计年鉴》。由于《中国城市统计年鉴》中无中山市采矿业的从业人数，因此我们所使用的中山市采矿业的从业人数来源于《中山市统计年鉴》。此外，对于缺失的个别数据，我们采用插值法进行补充。

表5-13计算了2003～2017年间粤港澳大湾区各城市服务功能专业化指数。从中可以看出，粤港澳大湾区城市群内部已经形成明显的产业

功能专业化分工格局，即以香港、澳门为代表的中心城市服务功能专业
化趋势日益增强，而以佛山、东莞为代表的外围城市制造功能专业化的
趋势日趋明显，粤港澳大湾区内各城市产业功能升级正在加快进行。

表 5 – 13   2003～2017 年粤港澳大湾区各城市服务功能专业化指数

年份	香港	澳门	广州	深圳	珠海	佛山	江门	肇庆	惠州	东莞	中山	均值 2
2003	2.222	0.431	0.305	0.237	0.087	0.166	0.136	0.165	0.066	0.222	0.126	0.378
2004	2.375	0.467	0.313	0.220	0.061	0.164	0.118	0.152	0.063	0.221	0.107	0.387
2005	2.422	0.400	0.333	0.260	0.075	0.172	0.108	0.149	0.050	0.220	0.102	0.390
2006	2.664	0.803	0.326	0.245	0.076	0.155	0.102	0.144	0.049	0.198	0.093	0.441
2007	2.829	1.058	0.299	0.262	0.077	0.150	0.088	0.127	0.040	0.238	0.095	0.478
2008	2.960	0.964	0.320	0.271	0.080	0.132	0.106	0.130	0.046	0.222	0.107	0.485
2009	3.166	1.468	0.340	0.255	0.086	0.137	0.100	0.132	0.046	0.186	0.108	0.548
2010	3.453	1.694	0.349	0.255	0.083	0.142	0.088	0.120	0.048	0.216	0.109	0.596
2011	3.844	1.875	0.309	0.277	0.083	0.142	0.077	0.120	0.050	0.320	0.114	0.656
2012	4.100	2.083	0.314	0.295	0.095	0.118	0.076	0.142	0.054	0.273	0.113	0.697
2013	4.251	2.532	0.504	0.176	0.133	0.056	0.094	0.103	0.072	0.037	0.049	0.728
2014	4.408	3.571	0.564	0.185	0.149	0.059	0.113	0.100	0.067	0.037	0.055	0.846
2015	4.568	3.611	0.596	0.216	0.156	0.064	0.103	0.094	0.071	0.041	0.060	0.871
2016	4.798	3.325	0.660	0.239	0.171	0.067	0.117	0.100	0.071	0.043	0.061	0.877
2017	5.018	4.013	0.713	0.255	0.192	0.079	0.131	0.118	0.075	0.048	0.068	0.974
均值 1	3.539	1.886	0.416	0.243	0.107	0.120	0.104	0.126	0.058	0.168	0.091	0.624

注：表中均值 1 为各城市所有年份服务功能专业化指数的算术平均值，均值 2 为各个年份
所有城市服务功能专业化指数的算术平均值。

在四个中心城市中，香港的服务功能专业化指数明显高于其他城市，
2003～2017 年香港服务功能专业化指数的均值为 3.54，其服务功能专业
化特征十分明显，是名副其实的大湾区生产性服务中心。改革开放以来，
随着香港大量的制造业持续向珠江三角洲等地转移，香港的经济结构已
趋向于高度服务化。从表 5 – 14 的数据可以看出，2003～2018 年，香港
服务业增加值占经济总量的比重基本保持在 90% 左右，2012 年最高接近
92%。在香港的服务业中，以进出口贸易、批发和零售，运输、仓库、

邮政及速递服务，资讯及通信，金融及保险，地产以及专业及商用服务为代表的生产性服务业所占比重较高，在香港整个产业结构中扮演着举足轻重的角色。2003～2018 年，这六大生产性服务业占香港 GDP 的比重常年保持在 60% 左右，其中贸易与金融是香港最重要的两大生产性服务业，二者历年占香港经济总量的比重均在 40% 左右。与消费性服务业不同，生产性服务业提供服务的市场范围通常不会局限于本地，而作为全球著名的自由港和金融、贸易中心，香港的生产性服务业是面向全球市场提供专业化服务的，其中最重要的是向广东省提供生产性服务。

表 5 - 14　　　　　　　　2003～2018 年香港服务业占 GDP 的份额　　　　单位：%

年份	服务业	进出口贸易、批发和零售	运输、仓库、邮政及速递服务	资讯及通信	金融及保险	地产	专业及商用服务	生产性服务业合计
2003	87.71	23.04	7.59	3.58	12.99	3.89	4.33	55.43
2004	88.35	24.36	8.25	3.25	12.78	4.02	4.61	57.27
2005	89.06	25.47	8.18	3.24	13.44	4.34	4.33	58.99
2006	89.96	24.38	7.74	3.26	16.36	4.22	4.34	60.30
2007	90.29	22.99	7.26	3.12	19.55	4.36	4.56	61.84
2008	87.82	23.38	5.76	2.88	16.23	4.94	4.75	57.97
2009	88.40	22.31	5.98	2.89	15.42	5.24	5.25	57.08
2010	90.91	23.27	7.77	3.10	15.97	5.01	5.60	60.72
2011	91.51	25.48	6.21	3.25	15.78	5.48	5.58	61.78
2012	91.92	25.11	5.92	3.48	15.68	5.74	5.67	60.60
2013	91.11	24.49	5.87	3.56	16.19	4.93	5.63	60.67
2014	90.48	23.52	6.09	3.44	16.28	4.87	5.72	59.93
2015	89.84	22.01	6.26	3.37	17.09	4.82	5.72	59.27
2016	89.53	21.10	6.01	3.38	17.22	4.94	5.74	58.40
2017	88.64	20.63	5.77	3.27	18.07	4.77	5.56	58.07
2018	88.63	20.35	5.59	3.23	18.79	4.42	5.49	57.87
均值	89.64	23.24	6.64	3.27	16.12	4.75	5.18	59.20

　　与香港相比，澳门服务功能专业化指数值相对较小，其服务功能专业化水平相对较低。2003~2017 年，澳门服务功能专业化指数的均值为1.886，低于香港，但也明显高于珠三角内地 9 个城市。从表 5 - 15 可以看出，澳门产业发展服务化的特征也很明显，其服务业占经济总量的比重甚至超过了香港。2003~2018 年，服务业占经济总产出的比重的均值为 92.12%，2013 年最高达到了 96.27%。与香港不同的是，澳门的服务业中生产性服务业比重相对不高，2003~2018 年，批发零售业，运输、仓储及通信业，银行业，保险及退休金，租赁及工商服务业合计占澳门经济总产出的比重均值为 17.30%。相比之下，以博彩业为代表的消费性服务业在澳门经济产出中扮演了举足轻重的角色，对当地经济发展影响特别大。2003~2018 年，博彩及博彩中介业占澳门经济总产出的比重均值为 50.96%。除了博彩业以外，澳门最大的服务业部门为不动产业，近年来该行业占澳门总产出的比重基本上保持在 10% 左右。无论是博彩业还是不动产业，其消费性特征较为明显。上述产业结构特征决定了澳门是粤港澳大湾区乃至全球重要的休闲旅游和消费中心。

表 5 - 15　　　　　　　　2003~2018 年澳门服务业占 GDP 的份额　　　　　　单位：%

年份	服务业	批发及零售业	运输、仓储及通信业	银行业	保险及退休基金	不动产业务	租赁及工商服务业	博彩及博彩中介业
2003	89.91	4.29	4.30	4.72	2.58	8.90	3.60	42.28
2004	90.75	4.01	3.99	3.92	1.68	8.03	4.38	46.23
2005	88.26	3.79	3.73	5.08	1.59	9.37	4.27	43.25
2006	84.71	3.76	3.44	5.26	1.63	8.75	5.05	40.91
2007	85.73	3.58	3.03	4.41	1.40	8.80	5.04	44.50
2008	87.81	3.54	2.45	4.11	1.16	8.47	4.81	47.25
2009	94.42	4.35	2.53	4.04	1.20	8.73	4.90	50.00
2010	95.13	4.89	2.43	3.16	0.89	6.33	4.37	59.17
2011	95.85	5.02	2.11	2.95	0.69	5.77	3.53	63.01
2012	95.95	5.32	1.94	2.92	0.70	6.57	3.18	62.94

年份	服务业	批发及零售业	运输、仓储及通信业	银行业	保险及退休基金	不动产业务	租赁及工商服务业	博彩及博彩中介业
2013	96.27	5.28	1.78	3.25	0.69	7.13	3.32	63.10
2014	94.91	5.18	2.04	3.94	0.63	8.44	3.73	58.47
2015	92.20	5.60	2.73	5.26	0.97	10.18	3.94	48.01
2016	93.30	5.32	2.86	5.56	1.30	10.56	4.66	46.66
2017	94.93	5.63	2.66	5.42	1.08	10.58	4.43	49.13
2018	95.82	5.83	2.59	5.32	1.29	9.59	4.74	50.52
均值（%）	92.12	4.71	2.79	4.33	1.22	8.51	4.25	50.96

与香港、澳门相比，另外两个中心城市广州和深圳的服务功能专业化水平明显较低，2003～2017 年，二者的服务功能专业化指数的均值分别为 0.416 和 0.243，制造业在二市产业结构中仍然占有重要地位。从表 5 - 12 可以看出，2012 年，广州、深圳二市服务业占 GDP 的比重分别为 63.59%、55.65%，2019 年分别上升为 71.62%、60.93%。虽然与珠三角其他城市相比，二市的服务业比重相对较高，但与香港、澳门相比差距仍较为明显。特别需要注意的是，在广州、深圳二市服务业总产出中，住宿餐饮、商贸旅游等传统消费性服务业占比较高，而现代生产性服务业仍然较低。以金融业为例，2015～2019 年，广州金融业增加值占 GDP 的比重保持在 9% 左右，深圳金融业增加值高于广州，占 GDP 的平均比重约为 13%。

除了 4 个中心城市以外，粤港澳大湾区其他 7 个城市的制造功能专业化特征十分明显。从表 5 - 13 可以看出，佛山、东莞、惠州、珠海、中山、江门和肇庆 7 个城市的服务功能专业化指数均明显较低，各市 2003～2017 年服务功能专业化指数均值均明显低于 0.2，与四大中心城市，特别是香港、澳门指标值的差距显著。从表 5 - 16 可以看出，2012 年，佛山、东莞、珠海、惠州、中山、江门和肇庆 7 个城市第三产业增加值占 GDP 的比重均在 50% 以下；2019 年，珠海第三产业占比相对较高，达到了 53.84%，其他 6 个城市的第三产业比重仍然低于 50%。与此同时，以制造业为主的第二产业在各市产业结构中占有重要地位。其中，佛山、东莞和惠州 3 市的制造功能专业化特征最为明显，2019 年，三市第二产业增加值占 GDP 的比重分别高达 56.22%、56.54% 和 51.92%；江门、肇庆二市第二产业增加值所占比重较低，分别为 42.98% 和 41.15%，造成二市这一指标偏低的原因并非服务业发展水平高，而是这两个城市的农业较为发达，第一产业增加值占比相对较高。作为粤港澳大湾区内部国土面积较大的两个城市，二者均具有大面积的农业发展区，农业等初级产品生产功能也较强。

表 5 - 16　　　　　　　　　　珠三角九市产业结构

城市	2012 年			2019 年		
	第一产业	第二产业	第三产业	第一产业	第二产业	第三产业
广州	1.58	34.84	63.59	1.06	27.31	71.62
深圳	0.05	44.31	55.65	0.09	38.98	60.93
珠海	2.59	51.63	45.78	1.67	44.49	53.84
惠州	5.26	58.17	36.57	4.92	51.92	43.16
东莞	0.37	47.42	52.21	0.30	56.54	43.16
中山	2.55	55.45	42.00	2.02	49.07	48.91
江门	7.95	51.10	40.95	8.08	42.98	48.94
佛山	1.97	62.20	35.83	1.46	56.22	42.32
肇庆	16.32	45.77	37.91	17.17	41.15	41.68

此外，从动态的角度来看，自 2004 年建设部编制出台《珠三角城市群协调发展规划》以来，历经 2008 年《珠三角地区改革发展规划纲要》以及 2019 年《粤港澳大湾区发展规划纲要》，国家日益重视包括香港、澳门在内的大珠三角地区经济的融合发展，粤港澳大湾区"9 + 2"城市群一体化发展的趋势日益明显。随着区域市场一体化程度的提高，粤港澳大湾区城市群内部功能分工水平也在提高。由表 5 - 13 可以发现，在

四大中心城市中，香港、澳门和广州的服务功能随着时间的推移在逐步强化，这三个城市的服务功能专业化指数基本上呈现出稳定上升的态势。2003～2017年，香港服务功能专业化指数从2.222上升为5.018，澳门从0.431上升为4.013，广州从0.305上升为0.713。与香港、澳门、广州三市不同，深圳近年来新兴高技术制造业快速发展，导致深圳的服务功能专业化特征相对不明显，但自2013年以来，深圳服务功能专业化指数总体上呈现出小幅波动上升的态势。在7个外围城市中，除了珠海以外，其余6个城市的制造功能专业化特征逐步加强，它们的服务功能专业化指数均呈现出下降态势。可见，随着《粤港澳大湾区发展规划纲要》的深入实施，未来"中心城市趋向于服务功能专业化，而中小城市趋向于制造功能专业化"的产业功能升级将会进一步得到强化。

第三节　广东省产业效率的变化

一、广东省工业部门全要素生产率的变化

产业结构优化升级是推动地区经济长期持续增长的重要力量，其关键在于产业结构优化升级改进了产业体系的效率。为了反映近年来广东省产业发展效率的变化，我们首先测算了2001～2018年广东省工业部门的全要素生产率，具体测算方法如下。

假设广东省工业行业的生产函数为如下形式的柯布—道格拉斯生产函数：

$$Y_t = A_T K_t^{\alpha} L_t^{\beta} \tag{1}$$

其中，Y_t代表t年的实际产出量，A_t代表t年除资本、劳动之外的要素投入量，K_t代表t年的资本投入量，L_t代表t年的劳动投入量，α代表资本产出弹性系数，β代表劳动产出弹性系数。假定技术进步是指数性的，对于t是连续的情况，则有：

$$A_t = e^{rt} \qquad (2)$$

将式（2）代入式（1），则有：

$$Y_t = e^{rt} K_t^{\alpha} L_t^{\beta} \qquad (3)$$

对式（3）全微分并得到：

$$\frac{\mathrm{d}Y}{Y} = r + \alpha \frac{\mathrm{d}K}{K} + \beta \frac{\mathrm{d}L}{L} \qquad (4)$$

$$r = \frac{\mathrm{d}Y}{Y} - \alpha \frac{\mathrm{d}K}{K} - \beta \frac{\mathrm{d}L}{L} \qquad (5)$$

式（5）中的 r 就是索洛余值，即我们所要测算的工业部门全要素生产率。由于我们使用的是广东省工业发展的时序，数据量相对偏少，因此，在这里使用贝叶斯 $MCMC$ 进行测算。

根据公式（5），我们还可以得到全要素生产率以及资本、劳动要素对工业经济增长的贡献率，即：$rY/\mathrm{d}Y$ 代表了全要素生产率对总产出增加所贡献的比重，$\alpha \frac{\mathrm{d}K}{K} \Big/ \frac{\mathrm{d}Y}{Y}$ 为资本投入对总产出的增加所贡献的比重，$\beta \frac{\mathrm{d}L}{L} \Big/ \frac{\mathrm{d}Y}{Y}$ 衡量了劳动投入对总产出的增加所贡献的比重。

在数据选择上，经济产出值为广东省历年工业增加值；资本投入量为广东省工业部门固定资产合计，由于 2004～2006 年无固定资产合计数据项目，我们用相应的固定资产净值平均余额来代替；劳动投入量为广东省工业部门全部就业人员年平均人数。所有数据均取自历年《广东省工业统计年鉴》，表 5–17 列举了广东省工业部门全要素生产率的计算结果。

表 5 –17　　　　　　2000～2018 年广东省工业全要素生产率

年份	工业增加值（亿元）	固定资产（亿元）	从业人数（万人）	全要素生产率（%）
2000	3 422. 60	8 005. 77	572. 79	
2001	3 688. 93	8 655. 82	578. 94	1. 87
2002	4 153. 81	9 550. 47	644. 39	0. 53
2003	5 408. 17	10 768. 77	741. 17	9. 96

年份	工业增加值 （亿元）	固定资产 （亿元）	从业人数 （万人）	全要素生产率 （%）
2004	7 155.87	12 713.34	996.44	2.95
2005	9 193.21	14 453.16	1 085.65	10.64
2006	11 662.69	17 824.33	1 203.58	4.47
2007	14 144.22	19 763.42	1 307.40	7.59
2008	18 210.45	24 529.17	1 493.38	4.10
2009	18 061.97	26 293.23	1 436.02	−3.39
2010	20 781.70	33 489.49	1 568.00	−4.67
2011	22 135.55	33 244.26	1 463.86	9.80
2012	23 100.03	35 983.70	1 452.16	−0.41
2013	26 654.37	39 339.68	1 455.81	7.68
2014	28 011.85	43 635.95	1 455.78	−1.55
2015	28 324.09	48 104.10	1 439.33	−0.65
2016	29 957.26	52 729.34	1 417.84	0.99
2017	31 349.47	52 619.74	1 403.19	0.67
2018	32 305.16	52 510.14	1 282.58	7.33

注：表中的工业增加值、固定资产为用 2000 年价格进行定基平减之后的数据。

由表 5 - 17 可知，2001～2018 年广东省工业全要素生产率的均值是 3.22%。这一计算结果与现有文献较为相近（鲁晓东、连玉君，2012；樊兰，2011）。总体上讲，2001～2018 年，广东省工业全要素生产率水平还不高，工业发展过程中的效率改进仍然有待提高。从具体年份的指标值来看，2001～2018 年各年份广东省工业全要素生产率的差异比较明显。2005 年，广东省工业全要素生产率最高，达到 10.64%，2003 年和 2011 年则分列第二、三位，工业全要素生产率分别为 9.96% 和 9.80%，表明这几个年份广东省工业发展的效率提升明显。另外有 6 个年份的工业全要素生产率为负数，其中 2009 和 2010 年为 − 3.39 和 − 4.67。广东省 2009～2010 年工业全要素生产率的低值与 2009～2010 年的产出值、

资本投入、劳动投入的大幅度变化有关。受国际金融危机的影响，2009
年是广东省工业产出值唯一出现负增长的年份。虽然 2010 年工业产出值
恢复了正增长，但是 2010 年广东省工业产出的正增长是建立在资本和劳
动投入大幅度增加的基础上的。比如 2010 年广东省工业资本投入的环比
增长幅度是 26.83%，为 2001~2018 年间的最高值，劳动投入的环比增
长幅度也达到了 8.42%。可见，2010 年广东省工业产出值恢复正增长主
要是靠资本投入、劳动投入的大幅度增加来实现的，所以该年度企业对
科技创新的投入相对较低，技术进步不明显，全要素生产率为负值。此
外，值得注意的是，自 2016 年以来，广东省工业部门全要素生产率开始
稳定地增长，特别是 2018 年上升为 7.33%，表明广东省工业部门的效
率改进正在加速。

表 5 - 18　　　2001~2018 年全要素生产率对广东省工业增长的贡献　　单位：%

年份	年均产出值增长率	全要素生产率的贡献率	资本投入的贡献率	劳动投入的贡献率
2001	7.22	25.87	67.61	6.51
2002	11.19	4.75	54.41	40.84
2003	23.19	42.96	31.71	25.33
2004	24.42	12.09	40.71	47.20
2005	22.16	48.01	35.31	16.69
2006	21.17	21.12	58.06	20.82
2007	17.54	43.28	36.35	20.37
2008	22.33	18.34	56.56	25.10
2009	-0.82	67.96	54.51	-22.47
2010	13.09	-35.67	106.73	28.94
2011	6.12	160.18	-7.84	-52.34
2012	4.18	-9.84	118.52	-8.68
2013	13.33	57.57	41.58	0.85
2014	4.85	-32.04	132.06	-0.02
2015	4.87	-13.39	123.95	-10.56

年份	年均产出值增长率	全要素生产率的贡献率	资本投入的贡献率	劳动投入的贡献率
2016	6.01	16.53	94.81	-11.34
2017	0.06	110.09	-2.26	-7.83
2018	2.96	172.79	-2.26	-70.53
平均	11.33	39.48	57.81	2.72

表 5-18 显示了各要素对广东省工业增长的贡献率。从中可以看出，2001~2018 年资本投入仍是广东省工业发展的最主要的动力，其贡献率平均高达 57.81%，而劳动投入对广东省工业增长的贡献率仅为 2.72%，全要素生产率的贡献率为 39.48%。全要素生产率的高贡献率主要是由于 2017~2018 年的贡献率较高，将平均值拉高。从总体上讲，全要素生产率对工业产出增长的推动作用还相对较小，特别是世界金融危机暴发后的 2009 年与 2011 年，全要素生产率对广东省工业产出增长的贡献为负，表明广东省工业发展的动力切换还处在起步阶段。

二、广东省工业分行业全要素生产率分析

2008 年以来，为了应对世界金融危机的不利影响，广东省出台了一系列政策措施加强自主创新能力建设，促进产业转型升级发展。为了对近年来广东省产业转型升级的效果进行实证分析，我们计算了 2000~2018 年广东省工业分部门的全要素生产率，并以 2008 年为划分节点来分析 2000~2008 年以及 2009~2018 年两个时间段广东省工业分部门全要素生产率的差异，以揭示近年来广东省工业各部门全要素生产率真实的变化趋势（见表 5-19）。从中可以看出，广东省绝大多数工业部门在 2009~2018 年间的全要素生产率明显高于 2000~2008 年间的指标值。方差检验结果显示，有 25 个行业的 P 值小于 0.1，表明这些行业 2009~2018 年的全要素生产率在统计上均显著高于 2000~2008 年指标值；有 3

个行业的 P 值处于 0.1 ~ 0.2 之间，表明这些行业 2009 ~ 2018 年全要素生产率的平均值高于 2000 ~ 2008 年度指标值的可能性在 80% 以上；这两项相加的行业总数达到了 28 个。此外，黑色金属矿采选业，烟草制品业，黑色金属冶炼及压延加工业，有色金属冶炼及压延加工业，电力蒸汽热水生产供应业 4 个行业的 P 值虽然未通过显著性水平检验，但只有石油和天然气开采业 2009 ~ 2018 年全要素生产率均值小于 2000 ~ 2008 年。因此，总体上讲，近年来广东省工业部门的全要素生产率有所上升，已初步呈现出发展动力加速转换的态势，技术创新正逐步成为工业发展的新驱动力。

表 5 – 19　　　　2008 年前后广东省工业部门全要素生产率的差异

行业名称	全要素生产率		方差检验（P 值）
	2000 ~ 2008 年均值	2009 ~ 2018 年均值	
石油和天然气开采业	0.760	− 0.072	0.003
黑色金属矿采选业	0.165	0.183	0.945
有色金属矿采选业	− 0.090	0.264	0.031
非金属矿采选业	− 0.173	0.388	0.001
农副食品加工业	0.263	0.022	0.102
食品制造业	− 0.083	0.501	0.001
酒、饮料和精制茶制造业	0.105	0.240	0.176
烟草制品业	− 0.155	0.067	0.290
纺织业	− 0.125	0.485	0.000
纺织服装、服饰业	− 0.137	0.428	0.001
皮革、毛皮、羽毛及其制品和制鞋业	− 0.183	0.599	0.000
木材加工和木、竹、藤、棕、草制品业	− 0.126	0.395	0.000
家具制造业	− 0.069	0.325	0.000
造纸和纸制品业	0.039	0.290	0.004
印刷和记录媒介复制业	− 0.151	0.450	0.000
文教、工美、体育和娱乐用品制造业	− 0.292	0.454	0.000

行业名称	全要素生产率		
	2000～2008 年	2009～2018 年	方差检验
	均值	均值	（P 值）
化学原料及化学制品制造业	－ 0.102	0.072	0.000
医药制造业	－ 0.012	0.202	0.000
化学纤维制造业	－ 0.133	0.364	0.001
非金属矿物制品业	－ 0.153	0.393	0.001
黑色金属冶炼及压延加工业	－ 0.037	0.094	0.280
有色金属冶炼及压延加工业	0.137	0.139	0.795
金属制品业	－ 0.026	0.292	0.005
通用设备制造业	－ 0.065	0.280	0.002
专用设备制造业	－ 0.013	0.238	0.017
交通运输设备制造业	－ 0.073	0.256	0.025
电气机械及器材制造业	0.024	0.314	0.006
电子及通信设备制造业	0.151	0.320	0.111
仪器仪表及文化、办公用机械制造业	0.057	0.382	0.010
其他制造业	－ 0.035	0.548	0.001
电力蒸汽热水生产供应业	0.030	0.036	0.947
煤气的生产和供应业	－ 0.259	0.178	0.056
自来水的生产和供应业	－ 0.009	0.324	0.011

注：方差检验（P 值）小于 0.1，表示 2000～2008 年，2009～2018 年这两组数据之间有显著差异的可能性大于 90%。

　　为了更深入地阐明广东省工业部门结构调整的效率含义，我们采用"规模—效率"分析框架来对广东省工业部门的结构进行实证分析。这一方法将广东省工业每个分行业所占的产出比重与全要素生产率结合起来进行分析。根据这两个指标高低不同的组合，我们可以将全部工业部门分为以下四类（见图 5 - 1）：第 I 类是比重和效率双高型产业，这类产业不仅在广东省工业部门中所占比重较大，而且生产效率较高，是典型的优势主导产业。这类产业同时具有规模优势与技术优势，对广东省产业竞争优势的形成具有十分重要的作用。未来这类产业升级的重点任务在于不断地推进自主创新，在新产品研发和生产工艺上持续保持领先地位，形成较强的国际竞争力。第Ⅱ类是比重较大、效率不高的产业，这类产业在广东省工业产出总量中所占比重较大，但全要素生产率较低，是典型的"大而不强"的产业。这些产业充分利用了我国市场规模较大和低要素成本的优势获得了快速发展，在国际市场上占有较大的份额，但产业的技术水平和资本装备水平不高，生产效率偏低。这类产业调整升级的重点任务在于提升产业功能，加强研发、品牌等高附加值生产环节的发展，提升产业发展的技术与知识密集度。第Ⅲ类是比重较小、效率较高的产业，这类产业在广东省工业产出总量中所占比重虽然较小，但生产效率较高，具有较大的发展潜力。其调整升级的重点在于促进产业链延伸，构建完善的本地化产业网络，提高产业集聚发展水平和区域规模经济效应。第Ⅳ类是比重和效率双低型产业，这类产业不仅在广东省工业产出总量中所占比重较小，生产效率也较低，通常是市场较为饱和的传统成熟型制造业。今后，一方面要运用新技术和"互联网＋"等手段改造提升这些传统产业，从管理信息化、产品复合化、生产过程自动化等层面提升企业的经营管理水平；另一方面，适当淘汰和转移部分低端产能，为新产业的发展腾出空间。我们将利用上述分析框架对广东省

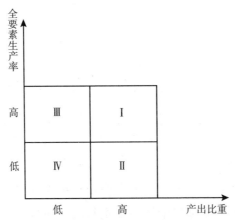

图 5－1　广东省工业结构的"规模—效率"分析框架

工业部门结构调整的效率含义进行实证分析，这样的分析将更有助于我们全面而深入地把握广东省工业发展的结构现状，并为未来广东省工业发展的结构调整提供方向。

表 5 - 20 显示了广东省工业分行业"比重—效率"分析情况，根据表中的数据，我们可以清楚地看出当前广东省工业结构的实际状况。具体来说，可以将广东省工业部门从结构分析的角度分为以下四种类型：Ⅰ. 规模与效率双高型，这类行业的产出比重与全要素生产率均高于全部行业平均值；Ⅱ. 规模高、效率低型，这类行业的产出比重高于全部行业平均值，而全要素生产率低于全部行业平均值；Ⅲ. 规模低、效率高型，这类行业产出比重小于全部行业平均值，而全要素生产率高于全部行业平均值；Ⅳ. 规模效率双低型，这类行业产出比重与全要素生产率均低于全部行业平均值。以上四类行业的具体情况如下。

表 5 - 20　　　　2000 ~ 2018 年广东省工业部门的"规模—效率"分析

行业名称	全要素生产率均值	产出比重（%）	行业分类
石油和天然气开采业	0.322	3.12	Ⅰ
黑色金属矿采选业	0.175	0.17	Ⅲ
有色金属矿采选业	0.096	0.17	Ⅳ
非金属矿采选业	0.122	0.32	Ⅳ
农副食品加工业	0.149	1.87	Ⅲ
食品制造业	0.224	1.90	Ⅲ
酒、饮料和精制茶制造业	0.176	1.24	Ⅲ
烟草制品业	- 0.038	1.33	Ⅳ
纺织业	0.196	2.89	Ⅲ
纺织服装、服饰业	0.161	3.60	Ⅰ
皮革、毛皮、羽毛及其制品和制鞋业	0.229	2.35	Ⅲ
木材加工和木、竹、藤、棕、草制品业	0.148	0.65	Ⅲ
家具制造业	0.138	1.33	Ⅳ
造纸和纸制品业	0.171	1.81	Ⅲ
印刷和记录媒介复制业	0.165	1.22	Ⅲ
文教、工美、体育和娱乐用品制造业	0.100	2.09	Ⅳ

行业名称	全要素生产率均值	产出比重（%）	行业分类
化学原料及化学制品制造业	−0.010	5.72	II
医药制造业	0.101	1.56	IV
化学纤维制造业	0.129	0.23	IV
非金属矿物制品业	0.135	4.08	II
黑色金属冶炼及压延加工业	0.032	1.57	IV
有色金属冶炼及压延加工业	0.138	1.80	IV
金属制品业	0.141	4.70	I
通用设备制造业	0.117	2.37	IV
专用设备制造业	0.119	1.94	IV
交通运输设备制造业	0.100	5.35	II
电气机械及器材制造业	0.151	10.41	I
电子及通信设备制造业	0.240	22.69	I
仪器仪表及文化、办公用机械制造业	0.228	1.58	III
其他制造业	0.272	0.97	III
电力蒸汽热水生产供应业	0.033	7.83	II
煤气的生产和供应业	−0.029	0.46	IV
自来水的生产和供应业	0.166	0.67	III
均值	0.139	3.03	

注：表中全要素生产率和产出比重均为 2000~2018 年的平均值。

第 I 类产业。这类产业在广东省工业总产出中所占份额在 3.03% 以上，生产效率较高，全要素生产率在 0.139 以上[①]，是广东省典型的主导优势产业。在我们所分析的 33 个工业部门中，目前只有 5 个行业属于这类产业，具体包括石油和天然气开采业、纺织服装服饰业、金属制品业、电器机械及器材业和电子及通信设备制造业。石油和天然气开采业是广东省近年来发展的重点行业，2018 年增加值为 581 亿元，全要素生产率均值达到了 0.322。这与近年来我国在石油天然气开采领域不断取

---

① 这里的全要素生产率和产出比重均为 2000~2018 年的平均值，下同。

得的技术进步密不可分。目前，我国年产千万吨级的大型炼油厂设备、30 万吨合成氨和 52 万吨尿素成套装置等关键设备已实现自主化，石油和天然气开采领域的新技术也不断涌现，技术进步成为行业增长的主要驱动力。根据广东省石油和化学工业协会数据，2017 年广东省乙烯、涂料产量居国内省际排名第一位，产量分别占全国 13.6% 和 20.1%。茂名石化、中科炼化、金发科技、万力轮胎、中海壳牌等一批行业龙头企业迅速发展，引领行业升级发展。纺织服装服饰业是广东省的传统优势产业，占工业总产出的比重为 3.6%，2018 年增加值达到 672 亿元。近年来，该行业生产装备水平不断提高，新型面料研发、服装设计和品牌营销功能不断增强，全要素生产率达到 0.161。金属制品业也是广东省优势传统产业之一，占工业总产出的比重为 4.70%，具体包括结构性金属制品、金属工具、集装箱及金属包装容器、建筑用金属制品以及金属制日用品等制造活动。2018 年，广东省金属制品增加值高达 1 363 亿元，产业加速向研发、设计、品牌等价值链高端环节攀升，形成了一批诸如中山小榄五金制品、江门水口卫浴制品、云浮新兴餐厨具以及阳江刀具等著名的产业集聚区。电气机械和器材制造业包括：电机，输配电及控制设备，电线、电缆和光缆，电池以及家用电器等的生产，是广东省第二大工业部门，占广东省工业总产出的比重高达 10.41%。但相对于规模来说，该行业的效率提升不甚明显，2000 ~ 2018 年全要素生产率为 0.151，仅略高于全部工业平均水平，未来仍有很大的技术提升空间。计算机、通信和其他电子设备制造业包括计算机、通信设备、广播电视设备、电子器件、智能消费设备以及电子元件制造等，是广东省第一大工业部门，占广东省工业总产出的比重高达 22.69%。该行业不仅产出规模较大，效率优势也很明显，是广东省最具竞争优势的主导产业。2000 ~ 2018 年，全要素生产率为 0.240，在所有工业行业中位列第二。在该行业中，近年来广东省的企业开发拥有多项专利，包括 5G、TD – SCDMA、WAPI、闪联等一批拥有自主知识产权的技术和标准，基于 IPV6 的下一代互联网试验也取得了重大突破，以华为和中兴为代表的电子通信企业已经成长为世界级行业领军企业。

第Ⅱ类产业。这类产业在广东省工业产出中所占份额较大，但生产效率较低，具有明显的"大而不强"的特征。在33个工业部门中，共有4个行业属于第Ⅱ类产业，具体包括化学原料及化学制品，非金属矿物制品业，铁路、船舶、航空航天和汽车等交通运输设备制造业以及电力蒸汽热水生产供应业。电力蒸汽热水生产供应业属于基础设施行业，其余3个行业基本上是广东省传统的优势行业，行业的发展充分利用了我国国内市场的规模经济优势，产出规模较大，占工业总产出的比重较高，但是技术和品牌优势尚未形成，行业的生产效率不高。首先，这些产业在价值链高端环节发育上有所滞后或欠缺。例如从全球价值链（GVC）的视角来看，虽然广东省非金属矿物制品业中的建筑陶瓷、生活陶瓷以及玻璃生产等行业规模扩张与技术进步较快，但大多数企业集中在价值链中低端的加工制造环节，研发设计、品牌营销和供应链管理等高附加值环节发展相对滞后，有不少企业仍然采取贴牌生产模式，生产的附加值较低，企业"大而不强"的现象普遍存在。非金属矿物制品业占广东省工业总产出的比重为4.08%，但全要素生产率则略低于全部工业部门的平均水平。其次，这类行业虽然产出规模较大，但核心技术和核心设备缺失，行业的自主创新能力不足。例如，汽车制造业是广州最大的支柱产业，2018年总产值为5 490亿元，占广州市工业总产值的比重超过了30%，占全国汽车制造业的产值接近7%，整车产销规模达到297万辆，位列全国第二，仅排在上海后面。但是，汽车制造所涉及的发动机、电喷系统和变速器等关键部件基本上均由日资企业进行封闭式配套，核心生产技术均掌握在日资企业手中，内资企业缺乏相应的生产和技术能力。

第Ⅲ类产业。这类产业虽然在广东省工业总产出中所占的比重相对较小，但生产效率较高，行业的技术进步和效率提升明显。在33个工业部门中，共有12个行业属于这类产业，比重接近40%，具体包括黑色金属矿采选业，农副食品加工业，食品制造业，酒、饮料和精制茶制造业，纺织业，皮革、毛皮、羽毛及其制品和制鞋业，木材加工和木、竹、藤、棕、草制品业，造纸和纸制品业，印刷和记录媒介复制业，仪器仪表及文化、办公用机械制造业，其他制造业和自来水的生产和供应业。这些产业的发展既涉及较为成熟的开采、生产与加工技术，也广泛运用了各种新的生产技术，全要素生产率处于较高水平。例如，广东省在纺织业，皮革、毛皮、羽毛及其制品和制鞋业，印刷和记录媒介复制业，农副食品加工业，食品制造业等是一系列轻工业发展上历来就具有良好的市场与技术优势。近年来，这些行业的产品和工艺革新速度较快，生产的自动化水平提高，技术进步明显，优质"广货"的品牌效应逐步增强。此外，仪器仪表及文化、办公用机械制造业本身属于技术与资本密集型产业，其中导航、测绘、气象及海洋专用仪器，电子测量仪器以及光学测量仪器等不少子行业属于较为典型的新兴产业，行业技术前沿变化很快，技术进步较为明显，以广州、深圳、佛山和东莞为代表的数量众多的企业已处于同行业全国领先水平，形成了较强的综合竞争力。

第IV类产业。这类产业在广东省工业总产出中所占的份额较小，生产效率较低，面临着较大的转型升级压力。在33个工业部门中，共有12个行业属于这类产业，具体包括：有色金属矿采选业，非金属矿采选业，烟草制品业，家具制造业，文教、工美、体育和娱乐用品制造业，医药制造业，化学纤维制造业，黑色金属冶炼及压延加工业，有色金属冶炼及压延加工业，通用设备制造业，专用设备制造业以及煤气的生产和供应业。首先，家具制造业，文教、工美、体育和娱乐用品制造业是劳动密集型消费品制造业，企业规模较小，技术装备水平较低，不少企业成为跨国公司外包的生产加工方，从事OEM的生产加工制造活动，处于价值链的低端。其次，化学纤维制造业、黑色金属冶炼及压延加工业是典型的资本密集型重化工业，二者在广东省的发展很不充分。化学纤维制造业占广东省工业总产出的比重仅为0.23%，全要素生产率为0.129，也低于全部行业的平均值。黑色金属冶炼及压延加工业的产出比重相对较高，达到了1.57%，但全要素生产率只有0.032。相比之下，有色金属冶炼及压延加工业发展态势要好一些，其产出比重达到了1.8%，全要素生产率为0.138，与全部行业的平均值十分接近。此外，通用设备制造业和专用设备制造业这两个重要的装备制造行业在广东省的发展仍然有待加强，二者占广东省工业总产出的比重分别为 2.37% 和 1.94%，全要素生产率分别仅为 0.117 和 0.119。近年来，广东省采取了一系列政策措施促进装备制造业发展，但总体上看，广东省装备制造行业的产出规模扩张与技术进步仍有待加强。

第四节　广东省产业结构存在的问题

一、部门结构存在的问题

（一）过早出现去工业化趋势

在迈向现代化的过程中，伴随着收入水平的提高，后发经济体工业占 GDP 的比重往往会逐步下降，尤其是制造业占 GDP 的比重会呈现持续下降的态势，这是经济现代化进程中的一个普遍规律。但是，工业特别是制造业比重不能超越经济发展阶段而过早地出现下降。如果一个国家或地区在经济发展水平较低的阶段就开始出现制造业比重下降的现象，那么，这个国家或地区就可能面临经济增长难题，其后果就是经济增长放缓，坠入"中等收入陷阱"的可能性变大。一方面，制造业比重过快下降可能意味着经济发展的传统比较优势遭到削弱，而新的比较优势尚未形成。此时，一个国家或地区在传统制造业增长放缓的同时，难以实现向高端制造领域升级。另一方面，制造业比重过快下降会导致地区经济过早趋向于服务化，而除了少数高端服务业以外，绝大部分服务行业的可贸易性较低，增长的潜力在很大程度上会受到市场边界的限制。我国是一个发展中大国，工业是新发展阶段经济高质量发展的基础。党中央在"关于制定国民经济和社会发展第十四个五年规划和二〇三五年远景目标的建议"中提出,要保持制造业比重基本稳定,巩固壮大实体经济根基。但与这一要求相比,近年来广东省产业体系部门结构过早出现去工业化的苗头。图 5 - 2 显示了广东省珠三角地区工业部门增加值占 GDP 的比重以及工业部门就业人数占全部就业人数的比重。从中可以看出,自 1993 年以来,这两项比重均经历了一个明显的"先上升、后下降"的倒 U 型变化轨迹。工业增加值比重在 2006 年达到峰值 48.58%,之后便进入下降通道,到 2018 年下降为 38.51%;就业比重在 2010 年达到最大值 49.40%,自 2010 年以后这一比重持续下降,到 2018 年下降为 42.18%。

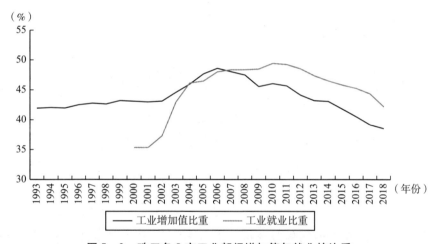

图 5 - 2 珠三角 9 市工业部门增加值与就业的比重

注:珠三角是广东省经济相对发达的地区,具体包括深圳、广州、佛山、东莞、惠州、珠海、中山、江门和肇庆 9 个市。

图 5 - 3 显示了粤东、粤西、粤北地区(以下简称粤东西北地区)工业部门增加值占 GDP 的比重以及工业部门就业人数占全部就业人数的比重。从中我们可以看出,作为经济相对欠发达地区,粤东西北地区这两项比重的变化趋势与珠三角地区存在差异,但总体上近年来也表现出一定程度的去工业化态势。粤东西北地区工业增加值比重在 2008 年达到峰值 43.25%,这一峰值水平比珠三角地区低了超过 5 个百分点。2008 ~

2014 年间，粤东西北地区工业增加值比重相对保持了稳定，2014 年之后进入持续下降通道，到 2018 年下降为 35.94%。粤东西北地区工业就业比重则明显偏低，在 2016 年达到最大值仅为 21.96%，之后这一比重在缓慢地下降。

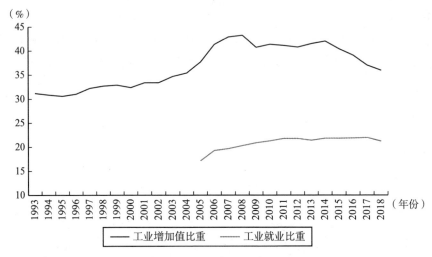

图 5 - 3　粤东西北 12 市工业部门增加值与就业的比重

注：粤东西北是广东省经济相对欠发达的地区，具体包括粤东汕头、揭阳、潮州、汕尾 4 市，粤西湛江、茂名、阳江 3 市，以及粤北韶关、清远、梅州、河源和云浮 5 市，共计 12 个市。

从发达国家产业结构变化的经验来看，广东省工业占 GDP 比重开始下降的时间更早，下降的速度也更快，呈现出过早去工业化的趋势，很值得我们警惕。从图 5 - 4 的数据可以看出，美国工业占 GDP 的比重大约自 1966 年开始出现明显的下降趋势，但在 20 世纪 70 年代保持在一个相对稳定的水平上。到了 80 年代，美国开始经历明显的去工业化过程，自 1981 年开始，美国工业占 GDP 的比重持续显著地下降。1981 年，美国工业占 GDP 的比重为 26.3%，1993 年下降到 20% 以下，2015 年下降到 15% 以下，2020 年下降到 13.4%。如果我们把1966 年作为美国去工业化的起点，则当年美国的人均 GDP 为 23 894美元，而 2006 年珠三角人均 GDP 按当年汇率计约为 7 000 美元，仅相当于美国的 30% 左右；2008 年，粤东西北人均 GDP 按当年汇率计约为 2 500 美元，仅相当于美国的 11% 左右。此外，如果我们把 1981 年作为美国去工业化的起点，则当年美国的人均 GDP 为 31 621 美元，而 2006 年珠三角人均 GDP 按当年汇率计仅相当于美国的 22% 左右；2008 年，粤东西北地区人均 GDP 按当年汇率计仅相当于美国的 8% 左右。如果以美国为参照，图 5 – 2 和图 5 – 3 的数据表明，广东省在较低收入水平阶段就出现了去工业化的趋势，这显然不利于未来广东省经济的高质量发展。

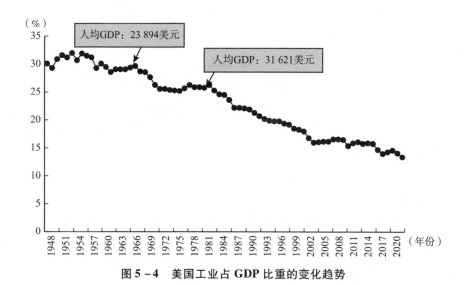

图 5 – 4　美国工业占 GDP 比重的变化趋势

资料来源：美国经济分析局，世界银行。

从图 5 – 5 的数据可以看出，作为当今世界工业强国的代表，德国、日本和韩国虽然都经历过短暂的工业比重下降的过程，但近年来工业部门均呈现出稳定发展的态势，并不像美国一样存在明显的去工业化现象。韩国在 1992 年结束了工业比重持续上升的过程，当年韩国的人均 GDP 为 10 797 美元，大概相当于我国 2020 年人均 GDP 水平。但自 1992 年以来，韩国工业占 GDP 的比重并未明显下降，而基本保持在 32% ~ 35% 之间。日本工业比重大约在 2002 年下降到 30% 以下，当年日本的人均 GDP 为 31 416 美元。但自 2002 年以来，日本工业占 GDP 的比重呈现出先下降、后上升的 U 型变化趋势，特别是自 2010 年以来，日本工业占 GDP 的比重持续上升，2020 年为 28.75%。德国工业比重大约在 2002 年下降到 26%，当年德国的人均 GDP 为 34 869 美元，但此后则总体上保持小幅度波动上升的趋势，自 2003 年以来，德国工业占 GDP 的比重一直保持在 26% 以上（2009 年除外①）。可见，如果以德国、日本和韩国为参照，广东省同样也表现出过早去工业化的发展态势。

图 5-5　德国、日本与韩国工业占 GDP 比重的变化趋势

资料来源：世界银行。

制造业是工业的主体，习近平总书记在不同的场合反复强调，制造业高质量发展是我国经济高质量发展的重中之重。国家"'十四五'规划和二〇三五远景目标纲要"提出，要保持制造业比重基本稳定，增强制造业竞争优势，推动制造业高质量发展。作为我国第一经济大省，广

① 2008 年国际金融危机暴发，对全球主要经济体产业发展造成了巨大冲击，导致 2009 年包括我国在内的世界主要工业国工业发展均有所下降。

东省制造业发展不仅对自身经济可持续发展具有决定性的影响，也对全国经济高质量发展具有至关重要的影响。但是，近年来随着国内外市场环境的变化，广东省制造业增速开始放慢，省内各地区制造业发展分化态势较为严重，部分城市的制造业甚至出现负增长，这进一步加剧了广东省过早去工业化的问题。图 5－6 显示了 2017～2020 年广东省各市工业增加值的年均复合增长率。从中可以看出，2017～2020年广东省工业增加值总体年均增长率为 1.21%，明显低于同期经济增长率。与此同时，工业占 GDP 的比重从 2017 年的 38.6% 下降到 2020年的 35.1%，平均每年下降约 1 个百分点。工业比重下降过快，导致经济发展呈现出过早服务化倾向。

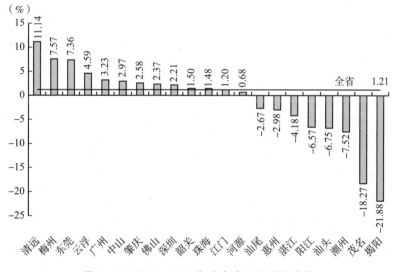

图 5－6　2017～2020 年广东省工业增长态势

具体到各个市来看，除了清远、梅州和东莞 3 市以外，广东省各市工业增长速度近年来均明显放缓，尤其是处于粤东的汕尾、汕头、潮州和揭阳以及粤西的湛江、阳江和茂名 7 市的工业产出均处于负增长状态，对广东省全省工业发展产生了较大的不利影响。2017～2020 年，按当年价格计算，上述 7 市工业增加值显著萎缩，尤其是揭阳和茂名 2 市工业萎缩幅度较大：2017 年，揭阳工业增加值为 969.08 亿元，到 2020 年下降为 466.53 亿元，年均负增长 21.88%；2017 年，茂名工业增加值为 848.49 亿元，到 2020 年下降为 463.25 亿元，年均负增长 18.27%①。导致出现上述情况的原因有二：第一，以上 7 市传统支柱产业发展减速，旧发展动能明显减弱。各市传统支柱产业基本上均为传统消费品和重化产品制造业，这些产业总体上属于联合国工业与发展组织（UNIDO）所划分的中低技术产业类别，均处于生命周期的成熟阶段，主要使用成熟技术进行生产。由于这些行业的技术变革不明显，市场需求趋于饱和，导致行业的成长性较差，产业发展面临着明显的技术与市场"天花板"。从表 5 - 21 可以看出，在粤西地区，除了湛江的黑色金属冶炼和压延加工业，石油加工、炼焦和核燃料加工业，以及阳江的电力、热力生产和供应业实现了较快增长外，3 市其他传统支柱产业均为负增长，茂名的石油加工、炼焦和核燃料加工业，农副食品加工业和非金属矿物制品业，以及阳江的有色金属冶炼和压延加工业、金属制品业的下降幅度较大。类似地，在粤东地区，除了汕尾的电力、热力生产和供应业，计算机、通信和其他电子设备制造业，以及汕头的纺织服装、服饰业以外，各市其他传统支柱产业均为负增长，其中尤以揭阳的主导产业下滑最为严重。第二，各市新兴高技术产业发展严重不足，新发展动能尚未形成。粤东与粤西各市新兴高技术产业规模偏小，难以有效发挥对经济发展的支撑作用。2022 年，粤西湛江、茂名和阳江 3 市高技术制造业增加值分别为 10.66 亿元、7.19 亿元和 0.60 亿元，占规模以上工业增加值比重分别仅为 1.2%、1.3% 和 0.1%；粤东地区的汕头、汕尾、揭阳和潮州 4 市高技术制造业增加值分别为 54.30 亿元、55.63 亿元、33.55 亿元和 23.74 亿元，占规模以上工业增加值比重分别仅为 7.3%、23.0%、6.6% 和 8.1%。

---

① 即使考虑到 2017 年、2018 年各市在数据统计上可能出现数据调整的情况，近年来沿海经济带各市工业发展仍为负增长状态；这种工业增长失速现象存在长期化趋势，虽然短期内受新冠肺炎疫情影响，但疫情的影响不是决定性因素。

表5-21　粤东与粤西各市传统支柱产业2017～2020年累计增长率　单位：%

湛江（21.08）		阳江（21.99）	
黑色金属冶炼和压延加工业	13.75	电力、热力生产和供应业	17.25
石油加工、炼焦和核燃料加工业	29.51	有色金属冶炼和压延加工业	-24.87
农副食品加工业	-9.39	金属制品业	-72.51
汕头（24.77）		茂名	
纺织业	-23.01	石油加工、炼焦和核燃料加工业	-22.95
橡胶和塑料制品业	-22.83	农副食品加工业	-67.74
文教、工美、体育和娱乐用品制造业	-54.69	非金属矿物制品业	-57.11
纺织服装、服饰业	4.16		
汕尾（15.86）		潮州	
电力、热力生产和供应业	64.92	非金属矿物制品业	-19.09
文教、工美、体育和娱乐用品制造业	-40.97	有色金属冶炼和压延加工业	-19.57
计算机、通信和其他电子设备制造业	5.44	金属制品业	-15.73
揭阳			
纺织业		-72.76	
纺织服装、服饰业		-75.55	
金属制品业		-39.58	
皮革、毛皮、羽毛及其制品和制鞋业		-49.74	

资料来源：历年《广东省统计年鉴》以及有关各市统计年鉴。

（二）工业部门集中度偏高

作为工业大省，广东省工业发展的一个显著特点是行业专业化程度较高，这既说明广东省在少数行业发展上具有明显的专业化优势，同时也表明广东省工业体系存在部门集中度过高的问题。表5-22列举了2019年粤苏浙三省前十大工业部门占规模以上工业增加值的比重，从中可以看出，与江苏、浙江相比，广东省工业的部门集中度明显偏高。计算机、通信和电子设备制造业，电器机械和器材制造业同属广东省、江苏和浙江3省规模最大的两个工业部门，二者占广东省规模以上工业增加值的比重分别为31.3%和11.7%，合计所占比重为43%；而占苏浙2

省规模以上工业增加值的比重分别为 11% 和 10.3%，合计所占比重仅为 21.3%。如果再加上汽车制造业，则规模最大的 3 个工业部门占广东省规模以上工业增加值的比重则达到了 49.5%。而相比之下，则规模最大的 3 个工业部门占苏浙二省规模以上工业增加值的比重则为 29.2%。

表 5 - 22　　　　　2019 年粤苏浙三省前十大工业部门增加值比重　　　　单位：%

广东省		江苏浙江合计	
行业	比重	行业	比重
计算机、通信和电子设备制造业	31.3	计算机、通信和电子设备制造业	11.0
电器机械和器材制造业	11.7	电器机械和器材制造业	10.3
汽车制造业	6.5	化学原料和化学制品制造业	7.9
金属制品业	4.5	通用设备制造业	6.4
电力、热力生产和供应业	4.3	汽车制造业	6.2
化学原料和化学制品	4.0	黑色金属冶炼和压延加工业	5.8
橡胶和塑料制品业	3.8	电力、热力生产和供应业	5.6
通用设备制造业	3.5	纺织业	4.6
非金属矿物制品业	3.2	金属制品业	4.4
专用设备制造业	2.8	非金属矿物制品业	3.8
合计	79.9	合计	66.0

资料来源：《2020 广东省统计年鉴》《2020 江苏统计年鉴》和《2020 浙江统计年鉴》。

广东省工业部门集中度偏高的问题在高技术领域表现得更为明显。从表 5 - 23 的数据可以看出，电子及通信设备制造业是我国规模最大的高技术部门，2019 年该行业营业收入占整个高技术产业的 63.05%。但该行业在不同省份的相对规模存在较大差异，2019 年，广东省电子及通信设备制造业营业收入占高技术产业的比重为 83.84%，而浙江和江苏二省则分别为 61.65% 和 60.03%，明显低于广东省。在电子及通信设备制造业"一业独大"的情况下，广东省其他几类高技术产业的相对规模则偏小，尤其是航空航天器及设备制造业和信息化学品制造业的相对规模明显偏小，二者占广东省高技术产业营业收入的比重分别仅为0.51%和0.29%。工业部门集中度偏高导致广东省工业发展的多样化程度不足，经济增长在较大程度上容易受到少数行业的潜在风险影响。

表5-23　　　　　　2019年粤苏浙细分高技术产业营业收入占比　　　　　单位：%

地区	医药制造业	电子及通信设备制造业	计算机及办公设备制造业	医疗仪器设备及仪器仪表制造业	信息化学品制造业	航空航天器及设备制造业
广东省	3.39	83.84	9.07	3.70	0.29	0.51
浙江	18.54	61.65	5.03	14.78	2.72	0.10
江苏	13.65	60.03	17.28	9.04	4.13	1.09
全国	14.35	63.05	13.21	6.76	0.35	2.29

资料来源：2020年《中国高技术产业统计年鉴》。

（三）现代生产性服务业发展不足

广东省服务业发展势头较好，产出规模不断扩大，在产业体系中的地位不断上升。2021年，服务业增加值69 146.82亿元，占GDP的比重为55.6%，但广东省服务业内部结构仍不合理，批发零售、金融、房地产等传统服务业比重偏高，而与制造业紧密相关的现代生产性服务业发展不足。图5-7显示了2018年、2019年广东省主要生产性服务业增加值占全部服务业的比重。从中可以看出，批发经纪代理服务、金融服务和信息服务，为广东省规模最大的生产性服务业。2019年，批发经纪代理服务业增加值为6 682.84亿元，占全部服务业的比重最高为11.2%；金融服务业增加值为5 945.03亿元，占全部服务业的比重为9.9%；信息服务业增加值为5 310.15亿元，占全部服务业的比重为8.9%。相比之下，对工业生产效率影响更为显著的研发设计与其他技术服务业的规模则明显偏小，2018年增加值为2 164.62亿元，占全部服务业的比重仅为4.0%。

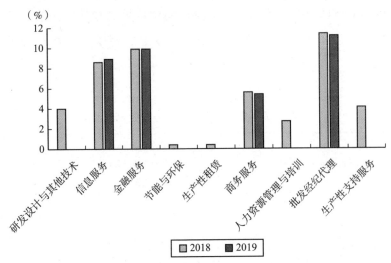

图 5-7 广东省生产性服务业增加值占全部服务业的比重

注：①2018 年数据根据全国第四次经济普查数据作了调整，并采用生产性服务业额统计分类（2019）；②研发设计与其他技术服务、节能与环保服务、生产性租赁、人力资源管理与培训服务和生产性支持服务 2019 年数据缺失。

资料来源：2020 年《广东省统计概要》。

表 5-24 的数据显示，2020 年珠三角各市产出规模处于前 3 名的细分服务业分别是批发零售业、金融业和房地产业。例如，广州市服务业占 GDP 的比重为 71.62%，批发零售业、房地产业和金融业合计占服务业增加值的 33.55%；深圳市服务业占 GDP 的比重为 60.93%，批发零售业、房地产业和金融业合计占服务业增加值的 31.52%；珠海市服务业占 GDP 的比重为 53.84%，批发零售业、房地产业和金融业合计占服务业增加值的 27.02%；而对现代工业发展影响巨大的科学研究与技术服务业占 3 市服务业的比重则明显较低，分别仅为 1.51%、1.38% 和 1.13%。金融和房地产业具有较强的虚拟经济属性，近年来大量金融资源流向房地产业，推动了我国城镇房地产价格轮番上涨，加剧了制造业用地、用房等成本上升，在一定程度上对以制造业为主的实体经济部门产生了不利影响。

表 5 – 24   2020 年珠三角各市细分行业增加值占服务业的比重   单位：%

地区	批发零售	交通运输仓储邮政	金融	房地产	科学研究与技术服务	服务业占GDP 的比重
广州	13.70	5.81	8.64	11.21	1.51	71.62
深圳	9.42	2.84	13.62	8.48	1.38	60.93
珠海	8.78	1.55	10.74	7.50	1.13	53.84
佛山	7.08	1.51	4.64	7.14	1.45	42.32
惠州	7.61	1.98	5.72	10.34	1.48	43.16
东莞	8.70	2.20	5.82	7.60	1.14	43.16
中山	4.76	2.03	4.62	9.52	1.40	48.91
江门	6.02	2.93	6.80	6.81	0.74	48.94
肇庆	9.98	2.98	4.00	5.61	1.10	41.68

资料来源：2021 年《广东省统计年鉴》以及有关各市统计年鉴。

二、功能结构存在的问题

(一) 部分传统优势消费品制造业品牌营销功能较弱

广东省轻工消费品制造业发达，是纺织服装、鞋帽、金属制品、塑料制品、体育文教用品等一系列轻工消费品的生产制造中心。但长期以来，广东省企业主要从事产业链低端环节活动，为国际知名品牌从事代工生产，而在产品设计与品牌营销等高附加值功能环节上发育不足，导致部分传统优势消费品制造业品牌效应不强。在此，我们以纺织服装产业为例来分析广东省传统优势消费品制造业的品牌效应。广东省在纺织服装产业领域具有深厚的发展基础，产品涵盖纺织面料、辅料、印染、服装服饰等诸多细分领域，在东莞、中山、佛山等地形成了一批特色产业集群。但广东省绝大多数纺织服装企业没有自己的品牌，以贴牌生产出口产品为主，产品出厂价格较低，所分享的附加值水平也较低。特别是当出口市场波动，国外订单减少时，产业发展面临着较大的不确定性，

抗风险能力较差。2020 年，广东省规模以上纺织服装、服饰业总产值达
2 633.34 亿元，但增加值只有 643.03 亿元，增加值率仅为 24.42%，而
美国、法国、意大利等国家的服装行业附加值水平普遍保持在 40% 左
右。表 5 - 25 显示了 2022 年全球服装服饰鞋类等个人消费品价值前 50
名品牌所属国家，我国上榜品牌中，只有李宁体育用品可以算得上是发
源于广东省的著名品牌①。

表 5 - 25　　　　2022 年全球服装服饰鞋类等品牌价值前 50 名

排名	品牌	国家
1	Nike	美国
2	Louis Vuitton	法国
3	GUCCI	意大利
4	Chanel	法国
5	Adidas	德国
15	周大福	中国
17	安踏	中国
40	老凤祥	中国
44	李宁	中国
48	波司登	中国

资料来源：Apparel 50 2022｜Brand Value Ranking League Table｜Brandirectory，https：//brandi-rectory.com/rankings/apparel/table.

　　当前，我国国内服装品牌正在快速崛起，不少企业的产品质量、设
计水平迅速提高。如波司登、歌力思、安踏、地素、太平鸟等国内品牌
纷纷聘请国外设计顾问，或与国际优秀设计师合作，努力打造国际化、
时尚化和个性化的产品品牌形象，在内销市场上形成了较强的品牌影响

① 1990 年 5 月，李宁公司在广东省三水起步，从事"李宁牌"运动服装的生产经营；
1990 年 8 月，"李宁牌"运动服被选为第十一届亚运会圣火传递指定服装、中国国家代表队参
加亚运会领奖服及中外记者的指定服装，"李宁牌"伴随亚运圣火传遍全国；1991 年，李宁公
司开始全面经营李宁牌运动服装、运动鞋；1993 年，李宁公司迁址北京。

力。与这些品牌企业相比，广东省服装企业在内销市场上的品牌营销功能也相对较弱。2020 年"双十一"销售排行显示，国内品牌在内销市场上已具备较强竞争力，除体育用品和母婴用品之外，男装、女装、家纺行业排名前十的国内品牌数量均超过国外品牌。但目前我国消费品品牌影响力与品牌价值与国际品牌还有一定差距。表 5 – 26 为 2020 年"双十一"销售额排在前 10 名的纺织服装品牌。从中可以看出，在女装类、男装类和家纺类销售额排在前 10 名的品牌中，来自广东省的品牌数量偏少。

表 5 – 26　　　　2020 年"双十一"销售额前 10 名纺织服装品牌

排名	女装类	男装类	家纺类
1	优衣库	优衣库	水星家纺
2	波司登	GXG	康巴赫
3	伊芙丽	马克华菲	罗莱
4	太平鸟	太平鸟	博洋
5	Vero Moda	波司登	富安娜
6	ONLY	海澜之家	好太太
7	MO&CO	杰克琼斯	梦洁
8	乐町	森马	双立人
9	ZARA	Beasrer	膳魔师
10	Tennie Weenie	斯莱德	珍视明
国内品牌数量	6	7	7
广东省品牌数量	0	0	1

资料来源：根据亿邦动力网、中银证券的数据整理而得。

（二）部分装备制造业关键零部件对外依赖严重

广东省装备制造业基础雄厚，产出规模大，本地中间产品种类较为丰富，产业配套体系较为完整，在家用电器、机械装备、建筑材料、机器人等领域已经崛起了一批实力较强的关键供应商，在全国乃至全球占有重要的地位。但是，与国内外其他先进地区相比，广东省本地高附加值中间产品配套水平仍然偏低，产业基础高级化程度有待提高，仍有部分装备制造业关键零部件长期依赖进口。下面以智能机器人、新能源汽车、机械装备和家用电器3个代表性行业为例，分析广东省部分装备制造业中间产品配套方面存在的问题。

近年来，智能机器人产业在珠江三角洲地区快速集聚，产业规模快速壮大，以深圳、广州、佛山、东莞为代表的机器人产业集群在产品制造和技术创新方面均处于全国领先水平。目前，广东省已经成为我国最大的工业机器人生产基地，2018年，广东省工业机器人产量达3.21万台（套），同比增长28.3%，涌现出美的库卡①、博智林、嘉腾、利迅达等一批有较强实力的机器人本体及系统集成企业。机器人产业的快速发展，吸引了库卡、发那科、ABB、安川、川崎等世界机器人行业巨头进驻，一个世界级智能机器人产业基地在珠江三角洲地区初步形成。但从机器人产业链来看，广东省机器人企业利用本地强大的制造业基础，在机器人本体制造和系统集成环节做得较好，但在上游芯片、伺服系统、精密减速器和控制系统方面则处于较为弱势的状态，以松下、三菱为代表的日本企业和以西门子、库卡为代表的欧美企业，仍然控制了产业链的上游关键环节，导致广东省智能机器人产业发展在很大程度上受制于人（见表5-27）。

表5-27   珠江三角洲机器人产业链分析

产业链	主要产业环节	产业链实力	代表企业
上游	伺服系统（伺服驱动器、伺服电机、指令机构），精密减速器，控制系统（关节控制器、处理器）	○	松下、三菱、西门子、库卡、发那科、安川、博纳、住友等

① 德国库卡（KUKA）机器人有限公司于1898年成立，是世界领先的工业机器人制造商之一。广东省家电企业美的集团在2017年1月顺利收购该公司94.55%的股权，随着这一收购成功，美的库卡已成为广东省智能机器人产业的龙头企业。

续表

产业链	主要产业环节	产业链实力	代表企业
中游	机器人本体（关节型机器人、SCARA机器人、并联机器人、直角坐标机器人、柔性机器人），智能化系统集成（焊接、喷涂、搬运、装配、切割、打磨）	◔	库卡、发那科、ABB、安川、杜尔、柯马 嘉腾、利迅达（机器人本体），博智林（建筑机器人），美的库卡、隆深（工业机器人）
下游	终端用户（汽车、电子、金属、塑料、食品饮料、石化、建筑）	◔	下游行业，范围较广，目前主要集中在制造业、建筑类，并逐步向服务行业延伸

注：○ ◔ ◑ ◕ ● 表示程度从弱到强，表中资料由笔者进行实地调研和文献分析而得。

我国新能源汽车近年来发展迅速，自2015年起，我国新能源汽车销量连续6年蝉联世界第一，广东省新能源汽车产业也呈现出加速扩张的态势。但在规模快速扩张的同时，广东省新能源汽车关键零部件对外依赖严重的问题也日益显现。首先，汽车锂离子电池生产过程中所需的高端材料和高精度自动化装备需大量进口。锂离子电池作为新能源汽车最广泛使用的核心部件，其关键技术被欧盟、美国、日本、韩国等国家垄断。美国、日本、韩国在锂离子电池领域的专利方面实现了全面覆盖，难以突破这些国家的专利封锁，成为我国锂离子技术发展的瓶颈。同时，我国钴、镍矿资源严重匮乏，电池生产所需的原材料也大量依赖进口。其次，汽车动力总成集成化程度低、核心部件依赖进口。目前，我国在高集成机电耦合装置的核心零部件的可靠性方面与国外仍有一定差距。我国动力总成仍存在体积大、重量大、最高转速低、集成化程度低的问题。动力总成相关零部件技术也较为落后，尤其是IGBT作为电控的核心关键零部件，起着功率转换的作用，可以看作汽车动力系统的"CPU"，其成本占比达到45%，而我国IGBT高度依赖进口，进口占比超过80%。最后，新能源汽车制造所涉及的电子电气架构与软件算法、中央计算芯片与功率半导体等仍为当前容易被"卡脖子"的核心环节。广东省新能源汽车产业链上下游企业多聚焦于机械、玻璃、轮胎、内外饰等细分领域，在电气架构、算法技术等技术密集度高的环节与国外企业有较大差距①（见表5–28）。

表5–28　　　　　　　　　　我国新能源汽车产业链分析

产业链	主要产业环节	我国产业链实力	代表性企业
原材料	锂矿	◔	FMC、Rockwood、SQM、赣锋锂业、天齐锂业、西部矿业、西藏城投、西藏矿业、雅化集团、盐湖股份、中信国安
	其他金属	◑	寒锐钴业、洛阳钼业、华友钴业
	电解液	◑	宇部兴产、日本三菱、LG CHEM、旭成化学、关东化学、森田化学、韩国厚成、新宙邦、天赐材料、多氟多、石大胜华、必康股份、天津金生、赛纬电子
	正极材料	◔	L&F、Nichia、Umicore、日亚化学、三井金属、三星SDI、当升科技、厦门钨业、深圳贝特瑞、金瑞科技、湘潭电化、湖南瑞祥、杉杉股份
	负极材料	◑	三菱化学、日本化成、日本碳素、日本日立化学、美国Cabot、深圳贝瑞特、杉杉股份、正拓能源
	隔膜	◔	旭化成、Celgard、东燃、SK、宇部兴产、韩国Wscope、住友化学、沧州明珠、创新股份、航天彩虹、胜利精密、星源材质、中科科技
主要零部件	电池	◑	博世、欣旺达、均胜电子、曙光股份、比亚迪、赫美集团、成飞集成、ATL、LG CHEM、索尼、三星SDI、江森自控、东芝、中航锂电、宁德时代、广州国光、国轩高科
	电控	◔	西门子、日立、大陆基团、博世、万向钱潮、蓝海华腾、汇川技术

---

① 例如，智能网联汽车领域的感知传感器、决策控制芯片、线控底盘技术、软件和算法等一些关键环节被国外跨国公司垄断。Mobileye等公司在L1–L3智能驾驶领域具有绝对优势，其对算法和芯片实施绑定策略，不允许更改，导致我国尚没有自主高算力平台搭载的量产车型，严重制约了自主品牌产品研发。

续表

产业链	主要产业环节	我国产业链实力	代表性企业
主要零部件	电机	◑	电装、曼格纳国际、LG ELECTIRONIC、博格华纳、采埃孚、博世、上海电驱动、方正电机、大洋电机、精进电动
	热管理	◔	电装、法雷奥、汉拿、马勒贝洱、康奈可、摩丁、皮尔博格、银轮股份、三花智控、松芝股份、奥特佳
	电路系统	◑	博世、电装、西门子、住友、中航光电、巴斯巴、比亚迪、松下电器、宏发股份、英飞凌、恩智浦（NXP）、意法半导体、德州仪器、仙童、爱信、曼格纳国际、万里扬、舍弗勒、吉凯恩、盛瑞传动
	充电桩	◔	上海普天、和顺电气、特锐德、奥特迅、易惠特

注：○ ◔ ◑ ◕ ● 表示程度从弱到强，表中资料由笔者进行实地调研和文献分析而得。

在木工机械、家用电器等传统优势行业的供应链中，广东省本地配套企业所提供的中间产品绝大部分为钣金五金、一般性零部件与原材料、普通机械以及包装印刷材料等附加值不高的中间投入品，而在高附加值的核心零部件生产供给上仍然存在较大的不足。例如，成立于 1999 年的广东省先达数控机械有限公司主要生产经营板式家具生产加工机械，先后荣获佛山市"专精特新"企业、佛山市细分行业龙头企业和中国木工机械优质品牌企业等系类荣誉称号，是维意、欧派等国内主要板式家具核心生产商的重要设备供应商。先达数控机械主要产品包括 SKD 系列智能木工钻铣加工设备、数控钻无人生产线设备、SDE 系列全自动高速封边机及生产线、SK 系列数控裁板锯、SW-400 系列推台锯和 DW 系列排钻机等，在国内同行业中定位较为高端，也深受下游板式家具成品制造企业的欢迎。但是该公司并不能独立自主生产其机械设备中所使用的电机、伺服器以及控制系统等核心部件，需要从德国、美国、中国台湾等其他地区采购，而公司主要对这些外购产品进行集成设计、组合安装以及后续软件开发等。

　　家用电器行业中间产品配套情况也较为相似。例如，主营智能家电控制器的广东省瑞德智能科技股份有限公司成立于1997年，长期从事家用电器智能控制器的研发、生产与销售，是国内较早从事家电智能控制器研发、生产和销售的国家高新技术企业，主要产品涵盖生活电器、环境电器等各类小家电智能控制器。该公司以研发设计起家，历经二十多年发展，拥有一支由200多名经验丰富的工程师组成的研发团队以及"广东省家电智能控制器工程技术研究开发中心"和"广东省省级企业技术中心"两大核心研发平台，具备较强的智能控制器产品及系统的创新研发能力，为苏泊尔、美的、小米、奔腾、艾美特、新宝等150多家国内外知名家用电器品牌客户提供智能控制产品与系统。但是，该公司在生产过程中所需要的半导体、继电器、三极管等核心电子元器件中有很大比例要向日本、我国台湾地区的企业采购，而本地供应商所提供的部分零部件在质量与稳定性上均与境外同类产品存在不小的差距。

（三）部分产业核心技术研发功能不强

　　在新兴高技术领域，虽然近年来广东省高技术行业发展迅猛，但产业发展水平与先进国家（地区）相比依然存在较大差距，特别是产业链核心技术研发功能相对较弱。在高技术产业领域，半导体已经成为影响众多行业发展的战略物资，欧美发达国家对半导体产业链控制力的争夺几乎到了白热化的程度，美国对我国半导体供给"卡脖子"更是新发展阶段我国必须优先加以应对的问题。广东省是我国电子信息产业集聚发展程度最高的地区，其每年进口金额排在前三位的商品依次为集成电路及电子元件、数据处理设备、半导体器件，这些产品均为电子信息产业所需的关键零配件，其中，集成电路及电子元件更是广东省单一最大宗进口商品，进口额约占全省电子信息产业产值的25%，占全球集成电路销售额的比重超过30%。从表5-29可以看出，除了华为海思以外，广东省企业在EDA、IP核、芯片设计、硅片、光刻机等多个领域均与全球领先企业均有较大差距，甚至存在空白。

表 5 – 29　　　　　　　我国半导体产业链主要功能环节发展情况

环节	EDA	IP 核	设计	硅片	光刻机
境外企业	Synopsys、Cadence、Mentor	Synopsys Cadence Imagination Tech Lattice Semiconductor CEVA Rambus Mentor Graphics ememory（中国台湾）	高通、博通、英伟达、AMD、赛灵思	信越半导体、胜高科技、环球晶圆、Silitronic、LG	荷 ASML、尼康、佳能
境内企业	华大九天、中芯愿景、芯禾科技、广立微电子等	2019 年我国芯原微电子全球市场份额的约为 2% 全球排名第七	华为海思率先突破，技术水平比肩国际巨头	12 英寸国产硅片实现了初步突破，8 英寸国产硅片供给规模持续扩大	上海微电子、华卓精科、芯原微电子屹唐半导体等

资料来源：笔者进行文献分析而得。

　　新兴高技术产业核心技术研发功能不强，与长期以来广东省部分企业所采取的技术策略高度相关。原始技术创新不仅需要大量的资源投入，还会面临着很高的确定性，因此，为了降低成本并实现快速进入的目标，有的企业沿袭以往模仿创新的思路，企图通过"借用"领先企业的技术来满足自身发展的技术需求。这种技术思路本身就不利于企业对核心技术的掌控，尤其是在当前逆全球化态势日渐明显的情况下更难以奏效，严重的甚至会威胁到公司的生存。例如，镁科众思无人机公司是专业从事无人机、机器人、自动化设备开发制造的企业，该公司原为成立于2006 年的佛山市安尔康姆航空科技有限公司，是国内最早进入工业无人机行业的企业。为了达到快速发展的目标，安尔康姆公司成立后，在技术上一直采取国际化借用的路线，与德国 Microdrones 合作进行技术开发，但是该公司长期忽视自主研发能力建设，而将大量资源集中用于产品营销上，因此并未在这种合作过程中积累起自己的研发力量，导致核心技术始终掌握在德国合作方手上。出于垄断核心技术的目的，德国合作方不愿将无人机产品的高附加值环节布局在顺德本地，导致安尔康姆公司的业务发展严重受限，并最终在 2019 年被对方全资收购，原安尔康姆公司也就变成了今天外商独资的镁科众思无人机公司。受同样的动机驱使，另外一些企业企图采用技术跟随的策略来解决自身的技术问题，但长期的技术跟随导致企业技术落后于竞争者，在激烈的市场竞争中逐渐走向被动。例如，1992 年成立的广东省百威电子是国家级高新技术企业，专业从事家用电器、商用及工业用智能电子控制系统的研发生产，公司产品涵盖了各类燃气热水器脉冲点火控制器、智能灶具控制系统、炉具脉冲点火控制器、电热水器控制系统等多种类型的电子控制系统。该公司是我国燃气具行业电子控制系统标杆企业，但与国际技术创新前沿企业相比，该公司的自主研发能力相对较弱。导致这一问题的原因就在于其一贯采用的技术跟随策略，即公司习惯于以国外技术为基础进行模仿创新和本土化改进，而不愿意投入力量进行尖端技术研发，使得真正属于自己的原创性技术缺失。一方面导致该公司的生产技术始终落后于国际竞争者，产品的市场占有率难以有实质性的提高；另一方面，随着产品的更新换代与技术复杂度的提高，技术引进、消化与改进的不确定性也随之增加，使得以往行之有效的技术跟随策略的成本大大增加。

此外，广东省部分传统优势产业的技术更新迭代速度慢，技术进步不明显。经过多年的发展，虽然广东省在家用电器、家具、建材和机械制造等传统行业上形成了明显的先发优势。但是，这种先发优势主要源自产业集聚所带来的规模经济效应和产业链上下游产品的垂直关联效应，而这些行业本身的核心技术进步并不明显，行业进入的技术门槛不高，导致广东省本地企业面临着越来越多来自其他地区企业的激烈竞争。例如，广东省顺德欧宁科技电器有限公司是一家集研发、制造、销售电压力锅、电火锅及电蒸锅系列产品的专业制造企业，近年来以生产电压力锅、空气炸锅，以及压力锅和空气炸锅二合一产品等为主，年产能力已经超过 500 万台，是"电压力锅专利联盟"和"标准联盟"成员单位，曾参与了"电压力锅安全及使用性能标准""电压力锅能效标准"的起草以及国际电工委员会（IEC）标准的修订工作。虽然该公司在电压力锅、空气炸锅等产品市场上占有较大份额，但是该公司在生产电压力锅、空气炸锅的过程中仍然使用多年前的成熟技术，并没有形成难以复制的独特的核心技术，其他竞争者进入这一细分领域几乎不存在技术门槛。与欧宁电器公司类似，冠宇达电源是一家创立于 1999 年的国家高新技术企业，主要生产中大功率电源适配器，产品广泛应用于居家用电、商业用电、工业用电、安防用电、医疗用电等领域，业务遍及 22 个国家，为美的、步步高、海尔、海信，韩国三星，英国 Elmdene，印度 Perto，美国 Cmglo 等全球知名品牌企业提供电源适配器产品，并在全球注册了 GVE 商标。但该公司主要在硬件领域对国际来料进行创新性应用，在体积小而功率大的高密度电源等先进产品上的研发力量不足。该公司虽然有数十项专利，但是仅有 1 项发明专利，其他均为技术含量相对较低的实用新型和外观设计专利。

改革开放以来，广东省充分发挥地理区位和要素成本等优势，从低端环节嵌入全球产业链，大量企业充当跨国公司的一般分包商，引进外部的成熟技术和生产设备从事贴牌生产，生产加工功能较强，而技术研发、关键零部件生产和品牌营销等高附加值功能相对较弱，这一方面导致广东省相当比重的产业链核心技术与关键零部件等对外依赖严重，另一方面也使得产业的附加值水平普遍较低。从图 5 - 8 可以看出，当前我国工业附加值水平为 23.7%，大约与越南、南非和马来西亚等国相当，明显低于世界主要发达国家。广东省工业附加值水平为 25.4%，略高于全国总体水平，但仍明显低于美国、日本、韩国、德国等发达国家。

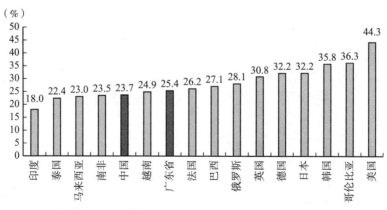

图 5 - 8　全国主要国家或地区工业增加值率

注：中国、泰国、日本为 2018 年数据，其余国家为 2019 年数据，广东省为 2020 年数据。
资料来源：联合国工业发展组织。

第六章

产业体系部门结构优化的实践路径
——以广东省佛山市顺德区新兴产业发展为例

广东省佛山市顺德区是珠江三角洲地区传统的制造业重镇，是全国乃至全球重要的家用电器、家具、纺织服装、包装印刷和机械装备等传统制造业集聚中心。进入新常态以来，伴随着国内外市场环境的变化，顺德大力发展新兴高技术密集度产业，在推进产业体系部门结构优化方面进行了有益的探索。为了更清晰地揭示广东省产业体系部门结构优化的实践路径，本章选取顺德区为案例，分析其近年来新兴产业发展的经验，阐明顺德如何从一个传统制造业基地逐渐转变为传统与新兴制造业并重的新型工业中心的，从而为全国其他地区的部门结构优化提供有价值的参考。

第一节　顺德区产业体系发展概况

一、顺德区经济发展概况

顺德位于我国东南沿海珠江三角洲核心地带，北接广州，南近港澳，面积806平方公里，毗邻广州、中山、江门三市，下辖4个街道、6个镇，205 个村（社区），常住人口 278.32 万人，其中户籍人口 151.65 万人。改革开放 40 多年来，顺德始终坚持工业立区，大力发展以制造业为主体的实体经济，拥有家用电器、机械装备两大千亿级产业集群，涌现出一批具有全球影响力的行业龙头企业和"隐形冠军"企业。目前，顺德是全国最大的空调器、电冰箱、热水器、消毒碗柜生产基地之一，是全球最大的电饭煲、微波炉供应基地，拥有"中国家电之都""中国燃气具之都""中国涂料之乡"等 28 个国家级地区品牌。2020 年，顺德经济总量为 3 593.62 亿元，人均 GDP 约 13 万元，主要经济指标位居全国县级行政区前列。

作为改革开放的前沿地区，顺德经济发展一个重要特点是民营经济发达，民营企业在国民经济中占有举足轻重的地位。目前，顺德区拥有内资企业 114 944 家，外资企业 1 995 家，其中，民营工业企业达 32 041 家，民营工业总产值占全区的比重达到 90% 以上，一大批民营企业已经成长为广东省乃至全国的行业龙头企业。2019 年，顺德拥有营业收入超 2 000 亿元的企业 2 家，百亿元企业 9 家，世界 500 强企业 2 家，中国 500 强企业 5 家，中国民营企业 500 强 5 家，中国民营企业制造业 500 强 4 家，广东省民营企业 100 强 11 家，广东省企业 500 强 18 家，佛山市标杆高新技术企业 50 强 18 家，省市"专精特新"企业 216 家（如表 6－1 所示）。2020 年，佛山市 100 强企业的总营业收入为 15 711.52 亿元，在百强企业榜单中，营业收入达千亿元级的有 2 家，百亿元级的有 20 家，50 亿元级的有 30 家，其中 2 家千亿级企业（碧桂园和美的）均来自顺德区；顺德区上榜的 33 家企业总营业收入达到 10 698.7 亿元，占佛山市百强企业总营业收入的比重高达 68.09%。此外，顺德共有 199 家企业获得佛山市"细分行业龙头企业"称号，占全市细分行业龙头企业总数的 33%，获得细分行业龙头称号的企业涵盖家用电器、机械装备、纺织服装、工业机器人、合成材料、家具、食品、新型涂料、医药制造、照明器具和专用化学用品制造等十多个细分行业。

表 6 - 1　　　　　　　　各类榜单中顺德区企业情况　　　　　　单位：个，%

类型	顺德区	佛山市	占比	备注
2019 世界 500 强/超千亿元企业	2	2	100	碧桂园、美的，广东省共 13 家
2019 超百亿元企业	9	20	45	碧桂园、美的、海信家电、美的置业、联塑、格兰仕、盈峰、腾越、农商行
2019 中国企业 500 强	5	6	83.33	碧桂园、美的、海信家电、美的置业、联塑
2019 中国民营企业 500 强	5	7	71.14	碧桂园、美的、美的置业、联塑、格兰仕
2019 中国民营企业制造业 500 强	4	5	80	美的、联塑、格兰仕、万和
2019 广东省民营企业 100 强	11	17	64.7	/
2019 广东省企业 500 强	18	40	45	/
2019 年佛山市标杆高新技术企业 50 强	18	50	36	/
2020 佛山企业 100 强	33	100	33	/
佛山市细分行业龙头企业	199	603	33	/

注：①占比为顺德区企业数占佛山市的比重；②本表数据系笔者根据顺德区经促局资料及相关公开资料整理而得。

二、顺德产业体系的部门结构

从表 6 - 2 可以看出，工业在顺德产业体系中占有绝对的主导地位。2012 年以前，工业增加值占顺德 GDP 的比重超过了 60%，进入新常态以后，这一比重虽然有所下降，但基本上保持在 58% 左右。根据《2020年佛山市顺德区国民经济和社会发展统计公报》的数据，顺德区经济总量为 3 593.62 亿元，其中，第一产业增加值为 51.16 亿元，占 GDP 的比重为 1.4%；第二产业增加值为 2 116.58 亿元，占 GDP 的比重为 58.9%；第三产业增加值为 1 425.88 亿元，占 GDP 的比重为 39.7%。2020 年，工业增加值比上年增长 5.3%，规模以上工业增加值增长 8.1%。在规模以上工业增加值中，高技术制造业所占比重为 4.3%；先进制造业所占比重为 69.2%；装备制造业所占比重为 36.6%；优势传统工业所占比重为 50.6%。

表 6 – 2　　　　　　　　2008～2019 年顺德区三次产业发展概况

年份	第一产业		第二产业		第三产业		GDP（亿元）
	增加值（亿元）	占比（%）	增加值（亿元）	占比（%）	增加值（亿元）	占比（%）	
2008	33.8	2.3	945.4	63.0	522.0	34.8	1 501.3
2009	34.1	2.1	1 019.9	61.9	592.5	36.0	1 646.5
2010	32.9	1.8	1 114.4	62.3	641.8	35.9	1 789.2
2011	34.8	1.8	1 176.9	60.6	730.3	37.6	1 941.9
2012	34.8	1.6	1 238.2	58.6	839.3	39.7	2 112.4
2013	40.5	1.7	1 368.3	58.8	917.9	39.5	2 326.6
2014	40.6	1.7	1 442.5	59.6	936.6	38.7	2 419.7
2015	41.5	1.6	1 510.1	58.4	1 035.1	40.0	2 586.7
2016	45.1	1.6	1 654.0	58.2	1 144.1	40.2	2 843.2
2017	44.0	1.5	1 696.9	56.3	1 274.9	42.3	3 015.9
2018	46.5	1.5	1 774.4	56.1	1 343.0	42.4	3 163.9
2019	50.7	1.4	2 048.7	58.1	1 423.8	40.4	3 523.2
2020	51.16	1.4	2 116.58	58.9	1 425.88	39.7	3 593.62

　　顺德于 2002 年首次确定了八大支柱产业分类，具体包括家用电器、机械装备、电子信息、家具制造、生物医药、精细化工、包装印刷、纺织服装，一直沿用至 2019 年。经过多年的发展，在经济快速增长的同时，顺德区工业体系的内部结构也发生了巨大的变化。2019 年，顺德区经济促进局向顺德区委区政府提交了《佛山市顺德区经济促进局关于重新定位工业产业结构的建议报告》，按照"主导产业 + 新兴产业 + 特色产业"3 个类别和"2 + 4 + 4"行业布局对工业体系的部门结构进行了重

新划分。其中，主导产业是指产业集聚程度高、对经济总量影响大的两个超千亿元产业，即家用电器和机械装备制造业；新兴产业是指符合新常态下国家鼓励发展方向的新兴高技术密集度产业，具有一定集聚规模、技术水平领先且成长性好的产业，具体包括电子信息、机器人、新材料和生物医药四个行业；特色产业是指具有较强的地方特色及历史传承性，未来有望实现持续性发展的产业，具体包括珠宝、家具、五金和纺织服装四个行业。以上三个类别和十个行业构成了顺德完整的工业体系（如表6-3所示）。

表6-3　　　　　　　　　　顺德区工业体系的部门构成

类别	产业名称	细分部门	产业主要分布区域
主导产业	家用电器	家用电器及配件	北滘、容桂、勒流
		照明电工、灯饰	
		其他	
	机械装备	机械装备及配件	大良、伦教、陈村
		汽车制造、汽车零部件及配件制造	
		其他	
新兴产业	电子信息	通信设备、计算机及其他电子设备制造	大良、伦教、陈村、均安
		电子元件、器件	
		5G产业及技术服务	
	机器人	机器人及配件	北滘、大良、陈村
		其他	
	新材料	精细化工	大良、杏坛、陈村
		包装印刷材料	
		建筑材料	
		高性能复合材料及特种功能材料	
	生物医药	医药制造	大良、乐从
		医疗器械	
		生物技术	

类别	产业名称	细分部门	产业主要分布区域
特色产业	珠宝	珠宝首饰及相关	伦教
	家具	家具制造	龙江、乐从
	五金	五金制品及相关	勒流
	纺织服装	纺织服装、鞋、帽制造业	容桂、杏坛、伦教、勒流、均安
		皮革、毛皮、羽毛（绒）及其制品业	

注：①产业分布区域为顺德区下辖街道及乡镇；②资料来源于顺德区经济促进局与统计局。

2019 年，顺德区规模以上工业企业总产值 7 639.77 亿元，其中八大支柱产业总产值 6 980.43 亿元，占比 91.37%。在八大支柱产业中，机械装备、家用电器两大千亿元级产业规模最大，产值分别为 2 649.65 亿元和 2 462.68 亿元，产值合计为 5 112.33 亿元，占八大支柱产业产值的比重高达 73.50%。作为近年来新发展起来的产业，电子信息、机器人、新材料和生物医药四个新兴产业的规模明显较小，2019 年产值分别为 312.74 亿元、24.88 亿元、676.35 亿元和 49.12 亿元，四者产值合计为 1 063.09 亿元，占八大支柱产业产值的比重为 15.23%；珠宝、家具、五金和纺织服装四个特色产业的产值分别为 336.78 亿元、142.01 亿元、106.2 亿元和 220.02 亿元，四者产值合计为 805.01 亿元，所占比重为 11.53%。从市场主体数量来看，机械装备、家用电器两大千亿元级产业的企业数量明显高于其他行业，这两个行业内企业总数均超过了 3 000 家，其中规模以上企业数量分别为 297 家和 610 家。四个特色产业领域的企业数量众多，但普遍规模较小，例如，家具企业总数超过了 5 000 家，但规模以上企业数量仅为 162 家；纺织服装企业总数超过了 3 000 家，但规模以上企业数量仅为 174 家（如表 6-4 所示）。在新兴产业领域，电子信息和新材料行业发展迅猛，企业数量增加很快，特别是新材料行业内规模以上企业数量仅次于家用电器行业，达到了 249 家。

表 6 – 4   顺德十大支柱产业发展概况

序号	所属产业	生产企业数（个）	规上企业数（个）	总产值（亿元）	总产值占比（%）
1	家用电器	3 000 多	297	2 462.68	35.28
2	机械装备	3 000 多	610	2 649.65	37.96
3	电子信息	800 多	83	312.74	4.48
4	机器人	80 多	/	24.88	0.36
5	新材料	/	249	676.35	9.69
6	生物医药	/	10	49.12	0.70
7	珠宝	120 多	12	336.78	4.82
8	家具	5 000 多	162	142.01	2.03
9	五金	/	/	106.2	1.52
10	纺织	3 000 多	174	220.02	3.15
	合计	/	2 285	6 980.43	100

注：企业数为 2018 年数据，产值为 2019 年数据。

资料来源：顺德区统计局。

第二节 顺德区新兴产业发展的现状分析

一、产业规模逐步扩大

新兴产业是各地区培育发展新动能，推动经济转型升级，实现高质量发展的重要物质与技术支撑。近年来，顺德紧紧围绕新兴产业培育推进产业体系部门结构优化，新兴产业虽然还处于发展的初级阶段，但产业规模不断扩大，市场主体数量急剧增长。进入新常态以来，顺德新兴产业增加值已达到百亿元以上，占八大支柱产业的比重保持在 12% ~ 15%，对国民经济发展的支撑作用正在显现。根据顺德统计局的数据

（如图 6－1 所示），2013 年，顺德新兴产业增加值为 144 亿元，占十大支柱产业的比重为 15.15%；2019 年，顺德新兴产业增加值增加为 180 亿元，占十大支柱产业的比重为 12.08%。

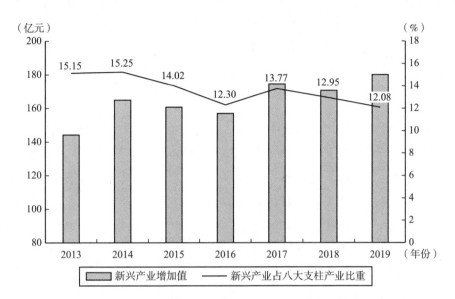

图 6－1　2013～2019 年顺德区新兴产业增加值及占八大支柱产业比重情况

注：本图所指新兴产业，主要包括新一代电子信息、新材料、生物医药产业，而没有机器人产业数据。

二、产业集群化发展趋势明显

顺德新兴产业发展的集群化趋势明显，本地产业网络加速形成。

首先，智能机器人行业全产业生态链加速形成。智能机器人是一种能够半自主或全自主工作的机器装置，具有感知、决策、执行等基本特征，既是先进制造业的关键支撑装备，也是改善人类生活方式的重要切入点。顺德是首个国家级装备工业两化深度融合暨智能制造试点和首个广东省机器人产业发展示范区。目前，智能机器人产业在顺德快速集聚，区内初步形成了北滘、大良、陈村等机器人产业集聚区，库卡、发那科、ABB、安川、川崎等 5 个全球工业机器人巨头纷纷以落户和合作形式进驻。顺德全区已有 180 多家规模以上企业应用机器人，机器人产销量超过 5 000 台，2019 年，新增机器人应用数超过 1 100 台。在美的库卡和博智林两大龙头项目的带动效应下，一批龙头企业确立了自己在细分行业中的龙头地位，数量众多的"隐形冠军"不断涌现。依托顺德机器人谷、美的库卡（顺德）基地等龙头项目和佛山机器人学院等平台，顺德正在构建"工业机器人 + 建筑机器人"双核带动，特种机器人、服务机器人快速发展的产业格局，智能机器人全产业生态链正在加速形成。

其次，以芯片产业为核心的新一代电子信息产业也加速实现集聚发展。顺德新一代电子信息产业链涵盖了制造端的电子元器件、电路板、电子产品，电容器，液晶显示器等产业，以及开发端的软件服务、物联网、工业互联网、大数据等信息服务领域。顺德电子信息产业主要包括以顺达电脑为核心的计算机设备制造业，以及主要为智能家电产业配套、以瑞德智能、美的电子、昇辉电子等为骨干企业的电子信息元器件产业。受传统家电产业带动，顺德规模以上电子信息企业多以配套服务家电为主，为稳定家电供应链产业链提供了坚实的产业支撑，家电产品所需的元器件 90% 以上均可在本区内配套。目前，顺德世界级芯片产业生态链建设进入实质性阶段。跃昉科技成立、赛昉科技将总部迁到顺德，开源芯片研究院建设加快布局，助力顺德形成百亿级芯片研发、设计、应用等领域的高新技术产业集群。"BF - 细滘"等一批"顺德芯"已经进入批量生产，"天枢"系列处理器性能步入全球前列，国家电网等企业已启动"顺德芯"内测工作。

再次，一批新材料产业领军企业和"隐形冠军"开始崭露头角。顺德新材料产业覆盖精细化工、涂料、包装印刷、建材等领域，用途广泛，发展空间广阔。顺德已经聚集了一批基础好、产业关联度高、市场前景广的新材料先导行业，拥有德美化工、华润涂料、美涂士、科顺、绿之彩等一批知名企业，以及一批"隐形冠军"企业。2019 年，新材料行业产值达到 676 亿元，是顺德目前产值最大的新兴产业。

最后，生物医药产业集群也初具雏形。顺德发展医药产业的基础较好，有顺峰、华天宝、大冢等知名品牌企业，医疗器械领域有键合电子、依士文电子仪器等企业。近年来，顺德聚焦生物技术、医疗器械、医疗保健、大健康、诊断试剂、远程诊疗等重点领域，大力引进生物医药产业与创新资源。广东省云天生物创新产业中心、科荟生命科技产业中心、联东 U 谷·顺德生态科技创新园以及暨南大学生物医药产业园等项目均顺利落地建设，一批新的生物医药企业也开始崭露头角，生物医药产业链条逐步完善。如长兴超声设备的胎心监测仪、键合电子的医用制氧机，在国内的市场占有率均位居前三。美的、东菱等本地龙头企业也在积极布局生物医药产业。

三、新兴产业发展平台建设成效明显

在推动产业体系部门结构优化的过程中，顺德注重技术创新平台和产业载体建设，构建了较为有效的科技创新公共服务平台与主题产业园联动机制，为新兴产业发展提供了较为完备的平台支撑体系：（1）在芯片领域，顺德成立了开源芯片研究院和佛山市顺德区中山大学研究院两个重要的技术创新公共平台，这两家技术平台一方面与美的、格兰仕、万和、云米等一批芯片应用企业合作，另一方面也与赛昉科技、跃昉科技等芯片设计企业结成技术创新联盟，聚焦行业核心共性技术、基础研究、行业人才培育等问题进行联合攻关。此外，顺德还在容桂大岗山片区建设开源芯片产研城，布局芯片研发和智能制造产业网络，打造集产、居、学、研、教等多种功能为一体的芯片主题产业园。（2）在机器人领域，顺德设立了华南智能机器人创新研究院，主要聚焦智能机器人、智能制造装备与数字化应用等领域的技术开发，与顺德机器人协会、工业互联网协会等行业组织以及北滘集成科创园等产业园区合作，在为机器人产业发展提供技术支撑的同时，积极推动家用电器、家具等本地传统优势产业实现数字化转型升级。（3）在智能制造业领域，北京科技大学顺德研究生院与广东省瑞德智能科技股份有限公司共同筹建科技创新平台，围绕机器视觉、物联网（家电智控）、IC 设计（控制器）等领域，开展人才引育、技术攻关、实验室共建、孵化创新等相关活动，依托北京科技大学智力资源和学科优势，有效提升顺德本地企业的智能研发水平，强化市场竞争力。（4）在生物医药领域，佛山病原微生物研究院结对乐从生物医药产业园、广东省龙帆生物科技有限公司、暨南大学生物医药产业园，以研究院为依托，推动佛山高等级生物安全实验室的建设和运营，主攻解决前沿生物医学科学、传染病检测监测、传染病防治技术与产品以及生物安全防护等技术开发与产业化应用等问题。

第三节　顺德区工业体系部门结构优化的路径分析

一、新兴产业的类型划分

顺德推进部门结构优化的关键是要在现有产业体系的基础上，确定新产业发展方向，科学地进行新兴产业发展定位。一个国家或地区发展新兴产业不可能全面推进、均衡用力，要根据不同类型的新兴产业，有重点、有层次、有步骤地推进部门结构优化。因此，有必要根据第三章所提出的理论框架对顺德推进新兴产业发展路径进行深入的分析，具体步骤如下。

第一，在理论与经验分析的基础上，列出顺德可能发展的新兴产业目录，以确定可供顺德选择的新兴产业门类范围。为此，我们综合考虑了国家战略性新兴产业发展规划、广东省战略性新兴产业培育计划、深圳等发达地区战略性新兴产业发展规划、MIT 历年十大技术突破列表、维基百科新兴技术列表，再结合顺德区产业发展现状，确定了未来可供顺德选择的新兴产业的具体目录，共列出 500 多个细分新兴产业（见本章附录），这500多个细分行业构成了顺德区推进部门结构优化的可能路径范围。

第二，对各新兴产业进行生命周期划分。我们根据相关资料对上述500多个细分新兴产业的生命周期进行了阶段划分，将所有目录中行业发展阶段划分为商业化阶段和研发阶段。对于新兴产业来说，商业化阶段实际上是初步或早期商业化阶段，这里为表述简化起见，统一称为商业化阶段。研发阶段是指早期商业化之前的阶段，涵盖了概念验证、实验室开发和中试等多个技术研发环节。

第三，确定各新兴产业与顺德现有产业之间的距离。产业之间的距离主要是指产业之间综合的相似程度或产业关联程度，包括产业能力要求、产业之间技术关联和配套关系、产业所使用的要素以及产品销售的市场等方面的相似度或关联度。我们主要根据哈佛大学国际发展研究中心的里卡多·豪斯曼教授（Ricardo Hausmann）等学者给出的产业邻近度指数①来计算顺德现有产业与各类新兴产业的距离。豪斯曼教授计算了所有细分行业相互之间的邻近度指数，行业分类采用海关合作理事会（现为世界海关组织）在1992年确定的国际贸易商品分类方法，即HS92代码，共1 240个4位码的行业。我们利用豪斯曼产业邻近度指数数据库，通过计算平均数的方法得到顺德电气机械和器材制造业、通用和专用设备制造业、金属制品业、精细化工、医药制造业等11个主要工业行业（见表6 - 5）与这1 240个行业的邻近度指数，再以2019年各行业生产总值份额为基础加权平均得到顺德主要工业行业总体上与这1 240个行业的产业邻近度指数。然后，在1 240个行业中去除与新兴产业关系不大的农业类行业后，剩下989个4位码的行业，接下来用同样的方法计算989个行业与顺德现有主要工业行业之间总的平均邻近度指数，其

---

① 豪斯曼教授及其他几位学者根据世界各国贸易数据计算了产业之间的邻近度。其基本计算逻辑是，如果两类产品在一国内相对出口比重都比较高的概率较大，就说明这两种产品的邻近度较高，也可以说是产品的相似度较高或产品的距离较小。这种方法不是从技术角度来考察产业或产品之间的邻近度，而是从表示市场竞争力的出口表现来考察产业之间的邻近度。这一指标间接地反映了产业之间综合的关联或相似关系。

数值为 0.2321。我们将这一数值作为划分产业距离的基准，高于此平均值的为距离较近的行业，低于此平均值的为距离较远行业。最后，我们把附录中所有列出的新兴产业逐个归类于 HS92 行业列表的 4 位码行业中，由此将所有新兴产业划分为与顺德现有产业距离近的和距离远的两大类产业。

表 6-5 　　　　2019 年顺德主要制造业行业的生产总值及份额

行业名称	生产总值（万元）	生产总值份额（%）
电气机械和器材制造业	35 284 112	57.29
通用和专用设备制造业	9 995 784	16.23
金属制品业	3 610 714	5.86
精细化工	2 721 740	4.42
通信设备、计算机及其他电子设备制造业	2 301 287	3.74
塑料制品业	2 032 819	3.30
汽车制造业	1 641 773	2.67
家具制造业	1 397 546	2.27
纺织业	1 149 618	1.87
纺织服装、鞋、帽制造业及皮革等	1 029 018	1.67
医药制造业	428 117	0.70
合计	61 592 528	100

资料来源：顺德统计局。

第四，从生命周期阶段和产业距离两个维度，将附录中全部 500 多个新兴产业划分为以下四类产业（如表 6-6 所示）：（1）优势延伸型产业。这类行业在顺德有较好的发展基础，与顺德本地主导产业距离较近，并且处于商业化或商业化初期，未来市场前景相对明朗，应当作为顺德重点发展的新兴产业。（2）战略跳跃型产业。这类行业与顺德现有主导产业距离较远，但已处于商业化或商业化初期阶段，未来市场前景较为明朗，也是顺德可以考虑重点发展的产业。（3）优势前沿型产业。这类产业还处于生命周期的早期阶段，未来市场前景不明朗，但该产业与顺德的本地产业有较强的关联性，因此要积极地加以关注并进行适当布局。（4）未来前沿型性产业。这类行业具有很大不确定性，本地基础也较弱，顺德可以适当进行前瞻性布局，密切跟踪技术发展动态，为未来长远发展进行产业储备。

表6-6　　　　　　　　　　　顺德四类新兴产业及其特点

新兴产业类型	产业特点
优势延伸型产业	与本地主导产业距离较近，处于商业化或商业化初期。这类产业未来市场前景相对明朗，顺德有一定的基础，是顺德重点发展的新兴产业
战略跳跃型产业	与本地主导距离较远，处于商业化或商业化初期的新兴产业。这类行业与顺德产业距离较远，但已经进入商业化阶段，未来市场前景明朗，也是顺德需要重点发展的产业，为本地区创造新的产业空间
优势前沿型产业	与本地主导产业距离较近，处于研发阶段的新兴产业。这类产业还处于生命周期的早期阶段，未来市场前景不明朗，但该技术或产业与顺德的本地产业有较强的关联性，因此要积极关注和适当布局
未来前沿型产业	与本地主导距离较远，处于研发阶段的新兴产业。这类行业具有很大的不确定性，本地基础也较弱，顺德可以适当进行前瞻性布局，密切跟踪技术发展动态，为未来储备产业

二、顺德新兴产业发展的路径选择

在以上类型分析的基础上，我们结合各新兴产业的规模经济性、市场结构、国内产业链完善程度以及周边地区产业发展情况等多方面因素，深入分析了顺德推进部门结构优化的路径（见表6-7）。下面根据表6-7对顺德可以选择的细分新兴产业进行具体分析。

表 6 - 7　　　　　　　　　　顺德可供选择的四类新兴产业

阶段	距离近	距离远
商业化阶段	优势延伸型产业 1. 新一代电子信息 新型电子元器件制造 电子专用设备仪器 智能传感器 智能网联车雷达及控制执行技术 2. 高端装备制造 航空发动机开发制造 海洋风电机组等海洋装备 高端数控机床 智能机器人本体及关键部件 智能测控装备 激光 增材制造 3. 生物医药 智能医疗器械设备 植介入生物医用产品及电子治疗装置 4. 新材料 先进化工材料,特种玻璃、特种陶瓷 高性能纤维、石墨烯等先进材料 半透明混凝土 5. 新能源 光伏设备等太阳能装备 储能 智能电网 高储能和关键电子材料 新能源汽车整车、零部件及各类系统 6. 节能环保产业	战略跳跃型产业 1. 新一代电子信息 高端网络设备,包括5G相关设备 天地一体信息网络 新型计算机及信息终端设备 半导体和集成电路制造及相关设备制造 人工智能、计算机软件技术 工业互联网及支持服务 区块链 低温多晶硅显示面板等新型显示 物联网 智能网联汽车环境感知、智能决策等技术 数字创意 智能家居 可穿戴设备 2. 高端装备制造 飞行器制造、卫星及应用工程 海洋探测、观测装备 磁悬浮列车 大规模场光纤、激光芯片 3. 生物医药 药品、数字化医学影像设备、高端放射治疗设备 4. 新材料 先进金属和无机非金属材料、前沿新材料、石墨烯应用、光电子材料等 5. 新能源 氢燃料电池、太阳能电池,氢能制、储、运 电力专用芯片等智能电网设备 新能源汽车电池组等

阶段	距离近	距离远
研发阶段	优势前沿型产业 1. 新一代电子信息 柔性电子 2. 高端装备制造 柔性机翼 前沿机器人，包括群组机器人、纳米机器人、微机电系统等 3. 生物医药 人体增强外骨骼等人体增强技术 前沿植介入生物医用产品及治疗装置 4. 新材料 医用高分子材料 5. 新能源 超高效太阳能 机载风力发电机 集中式太阳能 超级电容器	未来前沿型产业 1. 新一代电子信息 化合物半导体、碳基芯片技术 前沿人工智能，包括深度学习、神经形态芯片等 量子信息技术 新型显示，包括三维显示、全息摄影、激光显示等 新型内存及存储技术，包括忆阻器、自旋电子学等 2. 高端装备制造 新型交通运输设备，包括真空管道交通等 新型个人飞行设备，包括喷气背包、背包直升机等 3. 生物医药 脑科学和神经科学 基因编辑技术、精准医疗及相关技术 意念控制等前沿人类增强技术 冬眠及人体冷冻技术 3D 生物打印、培养肉、合成生物等前沿生物技术 超动力的光合作用 4. 新材料 智能、仿生与超材料、新型二维材料、可编程物质、金属泡沫、时间晶体、气凝胶等未来材料 5. 新能源 纳米充电太阳能、纳米线电池、无线能量传输、人工光合作用等

（一）优势延伸型产业

（1）新一代电子信息产业。顺德主导产业与电子信息产业总体的距离相对较远，但也有部分距离较近，且已经进入商业化阶段的产业，主要涉及新型电子元器件制造、电子专用设备仪器、智能传感器、智能网联车的部分设备和系统等细分行业。由于顺德在电气机械行业具有深厚的发展基础，尤其是家电产业与新型电子元器件的关联性较强，特别是智能传感器是物联网、智能机器人、未来数字社会的基础设备，产业发展具有较高的技术门槛。目前，该领域技术创新非常活跃，市场前景广阔，因此，顺德应将智能传感器作为推进部门结构优化的重要领域。

（2）高端数控机床。高端数控机床产业与顺德的机械装备制造和家电制造直接相关。目前，我国高档数控机床仍与国际先进水平有 15 年的差距，国产高档数控机床所需的主要功能单元和关键零部件 90% 以上仍然依赖进口，顺德高档数控机床基础还比较薄弱，未来顺德应顺势而为向高档数控机床整机、关键零部件以及基础技术和智能配套技术领域延伸。

（3）智能机器人产业。智能机器人产业具有较好的市场前景，生产技术不断成熟。但我国在高端机器人本体和关键部件领域仍与发达国家存在较大差距，顺德可以在较强的机器人系统集成基础上，进一步加快发展机器人本体及关键零部件制造产业，具体包括精密减速机、伺服电机和驱动系统、机器人传感系统、机器人控制器、关节控制器等细分领域，以工业机器人产业为主，逐步向服务机器人领域拓展。

（4）激光与增材制造产业。激光在工业制造领域具有广泛的应用价值，"光加工"革命正在引领全球制造业工艺革新的新趋势。目前，顺德已经有宏石激光等激光加工装备制造企业，未来，一方面可进一步培育引进激光整机装备企业，另一方面可以向产业链上游延伸，发展超短脉冲\超大功率\超大能量激光器、高功率合束器、光纤光栅、激光加工头等核心部件制造。增材制造技术在航空航天、汽车、航海、核工业以及医疗器械等领域的需求日益旺盛。根据国际著名资讯公司麦肯锡预测，到 2025 年，全球增材制造产业可能会产生 2 000 亿~2 500 亿美元的经济效益，未来，增材制造可能会取代相当一部分机械加工制造行业。我国目前增材制造在原始创新和重大技术创新方面还比较欠缺，迫切需要进行突破，顺德应抓住这一新制造技术的发展机遇。

（5）生物医药产业。根据产品空间的分析结果，顺德产业基础与生物医药行业距离较近，尤其是与智能医疗器械以及植介入生物医用产品及电子治疗装置两个领域的产业距离比较小。这两个领域技术水平较高，技术仍在不断发展中，未来市场空间很大，而且高端医疗设备是我国医药领域的发展短板，我国也是全球高端医疗设备的进口大国，在国家层面补强这个短板的需求非常迫切。顺德目前已经引入了一些体外诊断等领域的医疗器械企业，打下了初步的发展基础，未来可以进一步在此领域实现突破性发展。

（6）新材料、新能源产业。虽然新材料和新能源领域内很多细分行业与顺德现有主导产业的距离较远，但仍存一些距离相对较近的细分领域。例如，在新材料方面，先进化工材料、特种陶瓷、特种玻璃、高性能纤维、石墨烯制备、半透明混凝土等产业与顺德现有主导产业的距离较近；在新能源领域，有储能、智能电网、新能源车等产业与顺德现有主导产业的距离较近。高性能纤维包括碳纤维、石墨纤维、有机纤维等，在军工、航空航天以及高科技领域具有非常广泛的用途，未来市场空间很大。石墨烯是重要的革命性材料，同样具有非常广泛的用途，是新材料发展的重点方向，全球在此领域的科技研发十分活跃，目前商业化进程也在加快。顺德应抓住石墨烯发展的重要机遇，成为未来我国石墨烯生产的重要基地。现阶段，顺德可以率先在石墨烯材料低成本、绿色制备和提纯技术上发力。目前，新能源汽车商业化速度加快，市场竞争非常激烈，但市场空间仍然很大，顺德也应有所突破。节能环保产业与顺德现有主导产业的距离也较近，顺德已经拥有盈丰环境等一批节能环保企业，下一步，节能环保产业的发展空间仍然很大。

（二）战略跳跃型产业

（1）新一代电子信息产业。电子信息产业与顺德的制造业基础距离相对较远，本地产业规模也比较小，2019 年的工业总产值为 230 亿元，在顺德支柱行业中的占比为 3%～4%。电子信息产业网络化集聚的特征非常明显，一旦某一地区形成了产业集聚中心，构建了成熟的产业配套网络，则其他地区要在短时间形成大规模的产业集群就比较难，但顺德仍然需要把新一代电子信息产业作为一个重点发展领域。首先，电子信息产业市场前景非常广阔，未来仍然是我国产业创新与经济增长的重点领域。随着 5G 时代的到来，很多领域的新兴产业都与电子信息产业紧密相连，如智能汽车、机器人、高端数控机床、可穿戴设备、智能医疗等。未来，电子信息技术中的人工智能、区块链等通用性技术也会向其他行业渗透，顺德如果不能抓住新一代电子信息行业的发展机遇，则有可能会在长期产业竞争中处于不利地位。其次，目前电子信息产业领域内的技术变革非常快，全球产业发展格局可能会发生很大变化。第三代芯片技术、人工智能、新型显示和存储技术、区块链、物联网等新技术发展非常活跃，为电子信息产业后发地区提供了弯道超车的机会。在具体的产业领域，顺德可集中于新一代移动通信（5G）相关设备（基站、天线、核心网交换机等）、新型计算机及信息终端设备、半导体和集成电路产业链、人工智能的成熟领域、工业互联网及支持服务、区块链与物联网相关设备、智能网联车智能操作系统和通信、数字创意产业等领域。再次，顺德可以利用在家电制造方面的优势，融合物联网等信息技术发展智能家居产业。目前，顺德已经涌现出瑞德智能科技等一批智能家居相关企业，未来可在此领域进一步突破。最后，可穿戴设备应用广泛，市场空间大，随着 5G、云计算、物联网等技术的发展，可穿戴设备将呈现暴发式增长，顺德也可积极培育相关产业。

（2）新能源。与电池相关的新能源领域与顺德的产业距离较远，但具有很大的发展前景，如太阳能电池、氢燃料电池、高温燃料电池、新能源汽车的电池组、电池正极材料，以及动力电池回收再制造等都是技术与产业发展的热点领域，未来能带来相关产业的革命性变化，顺德很有必要跟进。此外，对于氢能产业尤其要给予足够的关注，替代石油等传统能源的未来能源要符合可靠、可再生、环保、低价、来源稳定等特点，氢能是符合这些条件的比较有前途的能源。在佛山市，包括顺德在内的多个区已经开始使用氢能源公交车，建设了一系列的加氢站，在氢能应用市场的构建上已经有了很好的开端，初步形成了包括制氢、制氢加氢设备研制、氢燃料电池及核心部件、整车研发制造、氢能产业检测及设备研制、加氢站设计与建设、氢能标准制定多个环节的氢能产业链。下一步，顺德可借助佛山的氢能产业基础，向氢燃料电池、氢能制、储、运等核心技术领域拓展。

（3）新材料。新材料技术的突破是各类技术创新的基础，影响广泛，但新材料行业普遍存在基础科学研究水平要求高、研发周期长、研发投入大以及商业化过程存在很大不确定性等问题。顺德可以在高温合金、高性能合金等相对成熟的先进金属材料方面进行突破，也可以在已经逐步商业化的碳纳米管、石墨烯改性电池材料等前沿材料和光预制棒等光电子材料上有所布局。

（4）高端装备制造。在与顺德主导产业距离较远的高端装备制造领域，顺德可以关注激光领域的大规模场光纤和激光芯片，高端数控机床数控系统，同时视机会发展飞行器、卫星应用系统、海洋探测、观测装备和高技术船舶装备等产业。

（5）生物医药。与顺德距离较远的生物医药领域主要是制药产业、数字化医学影像设备、高端放射治疗设备等。顺德可以在优势延伸型产业中，在智能器械设备发展基础上择机向这些领域拓展。

（三）优势前沿型产业

（1）新一代电子信息。在这一类行业中，顺德可以重点关注柔性电子技术发展。柔性电子技术可推进电子相关产品的柔性化应用，具有广阔的市场前景。柔性电子技术会带来广泛的技术革命，它整合了电子电路、电子组件、材料、平面显示、纳米技术等领域技术，同时横跨半导体、封测、材料、化工、印刷电路板、显示面板等产业，可助推顺德传统产业，如塑料、印刷、化工、金属材料等产业的转型。

（2）高端装备制造。智能机器人是一个重要的战略前沿行业，如群组机器人、纳米机器人、微机电系统、自重构模块化机器人、仿生机器人，都是机器人产业的前沿领域。顺德在发展一般性工业机器人的同时，也可关注智能机器人领域，提前进行技术储备。

（3）生物医药。顺德可以适当引入人工耳蜗、视网膜芯片、人工增强外骨骼等人体增强技术。在植介入生物医用产品及电子治疗装置领域，顺德可以关注和储备大脑植入物、胰岛素泵、心律调节器等产业。

（4）新能源。顺德可以关注超高效太阳能、集中式太阳能、机载风力发电机等前沿技术。

（四）未来前沿型产业

（1）新一代电子信息。顺德应考虑储备以下几类未来前沿型产业。在半导体和集成电路制造方面，以氮化镓和碳化硅、氧化锌、氧化铝、金刚石等宽禁带化合物半导体为代表的第三代半导体材料正在引领集成电路发展的新浪潮。由于第三代半导体具有耐高压、耐高温、大功率、抗辐射、导电性能更强、工作速度更快、工作损耗更低的优势，在新能源车、5G通信以及光伏逆变器等诸多领域拥有广阔应用前景。另外，碳基半导体材料的技术突破也为碳基芯片的制造开辟了道路，我国在此领域也有一定的技术优势，成为芯片制造上"换道超车"重要领域，顺德应提早对该领域给予关注。以深度学习为代表的人工智能前沿技术属于通用型技术，在自动驾驶、智慧医疗、智慧教育、智慧金融、智能机器人、智能无人机等领域应用广泛，顺德应努力将人工智能技术与本地制造产业紧密结合，抢占人工智能产业的先机。以三维显示、激光显示、全息摄影等为代表的新型显示技术引领着显示器产业的革命，此领域与消费终端结合比较紧密，可以与顺德家电产业联合发展。目前，新型信息存储技术也在快速兴起，忆阻器、相变存储器以及新兴的磁数据存储技术将带来存储技术的革命，成为5G时代的重要基石。在量子信息技术领域，我国居于世界前列，广东省也将量子信息产业作为重要战略性新兴产业，将打造广东省"量子谷"。虽然该领域技术要求高，目前仍存在诸多技术难题，但该产业具有很强的革命性，顺德应积极布局跟进。

（2）高端装备制造。顺德可以关注目前最前沿的新型交通运输设备，如飞行汽车、真空管道高速交通、气垫火车以及地面效应火车、喷气背包和背包直升机等。

（3）生物医药。顺德可关注的生物医药领域的前沿技术包括：脑科学和神经科学，基因测序、基因编辑以及精准医疗技术，人机智能融合芯片、意念控制等脑力增强技术。合成生物学在疫苗生产、以生物学为基础的制造、利用可再生能源生产可持续能源、环境污染的生物治理、生物传感器制造等领域有广泛的应用前景，深圳等地已经建立了合成生物研究重大科技基础设施，珠三角地区将在这一领域发挥引领作用，顺德可以跟进。此外，培养肉可通过干细胞及营养液生产肉品，是一种新的动物蛋白生产技术，目前仍在实验室阶段，生产成本高昂，将来随着技术进步和成本降低后，对于部分畜牧养殖业有一定的替代作用，顺德也可给予一定的关注。

（4）新材料。顺德可以关注的前沿领域包括除石墨烯之外的新型二维材料，包括二硫化钼、二硒化钨、黑磷、黑砷等，具有隐身功能的超材料，航空航天领域应用前景广阔的金属泡沫，以及时间金属、气凝胶、非晶态金属、可编程物质等产业与技术。

（5）新能源。主要关注纳米线电池、能量收集、飞轮储能、家用燃料电池以及人工光合作用等领域。

本 章 附 表

附表 6－1　　　　　　　　　优势延伸型产业

产业领域	大类	小类
新一代信息技术	新型计算机及信息终端设备	雷达设备
	新型电子元器件制造	功率晶体管
		新型晶体器件
		滤波器
		晶体振荡器
		高性能永磁元器件

续表

产业领域	大类	小类
新一代信息技术	新型电子元器件制造	高速 A/D 和 D/A 器件等
		片式元器件
		频率元器件
		电力电子器件
		光电子器件
		敏感元器件
		新型机电元件
		高密度印刷电路板
		新型电子元器件生产设备
	电子专用设备仪器	通信与网络测试仪器
		其他高性能测试仪器
	智能传感器	智能传感器设计集成
		生物传感器
		医用智能传感器
		消费电子智能传感器一体化
		新型高端汽车智能传感器
		多功能传感器
		化学及生物量传感器
	智能网联车	毫米波雷达
		激光雷达
		线控制动
		线控转向
高端装备制造	航空航天	航空发动机开发制造
		航空航天机载产品及航电、燃油、液压、娱乐等各类系统研发制造
		航空器专用应急救援装备开发
		机载模组
		航空电子元器件

续表

产业领域	大类	小类
高端装备制造	海洋装备	海洋矿产探测技术和装备
		海底作业机器人
		船舶低、中速柴油机及其零部件设计制作
		海上浮式风电
		海洋可燃冰开采
		海上风电机组
		海水淡化装备
	高端数控机床	激光制造设备
		精密数控磨床
		超精密数控金属切割机床
		数控光整加工机床
		直线电机数控加工机床
		激光旋切头
		三维五轴激光无限旋转头
		高速高精度电主轴
		丝杆
		直线导轨
		刀具
		密封
		超精密加工
		复合加工
		绿色润滑
	先进成型装备	
	智能机器人	高性能工业机器人
		服务消费型机器人
		高精度高效率减速器
		高性能低成本控制器
		全数字开放式数控系统
		高分辨率绝对式光栅尺

产业领域	大类	小类
高端装备制造	智能机器人	编码器
		伺服电机和系统
		机器人集成应用
	智能汽车相关装备	汽车智能仪表
		自动驾驶系统
		智能交通工具
	智能测控装备	高性能切削机床
		高性能切割及焊接设备（激光、等离子、超声波、电子束焊接设备等）
		工业自动控制系统（高性能数控系统）
	激光	扫描振镜
		超短脉冲\超大功率\超大能量激光器
		激光整机装备
		高功率合束器
		光纤光栅
		光隔离器
		高亮度芯片
		激光加工头
		关键器件
		半导体激光器
		万亿级工业用光纤激光器
		高亮度泵浦源
		大功率电子枪
		精密激光智能装备
	增材制造	3D打印头
		增材制造高端装备
		高端增材制造材料
		大幅面增材制造
		复合材料增材制造

续表

产业领域	大类	小类
生物医药	智能医疗器械设备	新型医用诊断设备和试剂
		危重病用生命支持设备
		新型支架、假体等高端植入介入设备与材料及增材制造技术开发与应用
		电子内窥镜、手术机器人等高端外科设备
		移动与远程诊疗设备
		新型基因、蛋白和细胞诊断设备
		人工智能辅助医疗设备
		持续血液净化系统
		血液透析机
		腹膜透析机
		人工肝治疗仪
		血液灌流、血浆吸附及血浆置换设备和耗材
		人工心肺机
		左心辅助装置
		自动除颤仪
		数字化探测器
		超导磁体
		质子/重离子重量质量设备
	植介入生物医用产品及电子治疗装置	用改性的新型材料编织的人工血管
		生物复合型人工血管
		新型覆膜血管制备技术
		新型人工心脏瓣膜制备技术
		颅骨修复材料和神经修复材料制备技术
		眼科植入物
		人工韧带
		中枢神经修复材料
		人工关节
		心脏起搏器
	新一代具有组织诱导性的骨、软骨、皮肤、肾、肝、消化道、角膜等组织工程产品研发制造	

续表

产业领域	大类	小类
新材料	先进化工材料	高性能塑料及树脂
		高性能橡胶及弹性体
		高性能膜材料
	先进无机非金属材料	特种玻璃
		特种陶瓷
		特种耐腐蚀材料
	高性能纤维和复合材料	高性能纤维
		高性能复合材料
		其他结构复合材料
	前沿新材料与材料基因工程	3D 打印用材料
		超导材料
		石墨烯
		高速材料
	节能环保材料	保温隔热材料
		废弃物回收再利用建材
		水基环保涂料
		涂膜玻璃
	半透明混凝土	
新能源和新能源汽车	太阳能	光伏设备
		太阳能相关辅料
		逆变器
		太阳能微型电网
		太阳能建筑—体化组件设计与制造
	储能	先进储能材料
		先进储能装备
		先进储能电站
	智能电网	智能传感
		智能输变配工程集成
		智能配用电及控制技术

续表

产业领域	大类	小类
新能源和 新能源汽车	智能电网	智能变压器、整流器和电感器制造
		新能源并网技术相关控制类设备制造
	高储能和关键电子材料	锂离子单体、模块及系统
		混合储能电源模块及系统
		燃料电池相关材料
		电池管理系统
	新能源汽车	纯电动汽车
		插电式混合动力汽车
		燃料电池汽车
		电机管理系统
		电动汽车电控集成
		电动汽车驱动电机
		插电式混合动力机电耦合驱动系统
	双电层电容器	
节能环保	高效节能电机	
	节能建筑门窗、隔热和安全性能高的节能膜生产	
	集防火、保温、降噪等多功能于一体的新型建筑墙体和屋面系统等绿色建材生产	
	天然气分布式能源技术	
	分布式供电及技术	
	分布式能源生产	
	垃圾焚烧发电技术	
	填埋场气体发电技术	
	城镇污水处理与回用技术及装备	
	工业废水回用技术及装备	
	燃煤烟气脱硫脱硝	
	机动车尾气净化技术	
	PM2.5 治理	
	船舶污染控制	
	港口岸电设施建设	
	固体废物处理处置技术和设备	
	合同能源管理服务	

附表 6 - 2 **战略跳跃型产业**

产业领域	大类	小类
新一代电子信息	高端网络设备	高端路由等数据通信设备
		新一代移动通信（5G）相关设备（基站、天线、核心网交换机等）
		光纤通信相关设备
	新型计算机及信息终端设备	安全可靠高端服务器
		大容量融合存储器
		大数据一体机
		高可靠性工业控制计算机
		窄带物联网（NB - IoT）基站及终端设备
	天地一体信息网络	
	集成电路设计	芯片设计
		集成电路底层工具软件
	半导体和集成电路关键原材料和元器件制造	硅材料（硅单晶、抛光片、外延片、绝缘硅、锗硅）
		电子级多晶硅
		高端专用磁性、陶瓷、压电晶体材料
		晶圆制造
		高端光刻胶
		氟聚酰亚胺
		电子气体
		高密度封装基板
		元器件关键材料和功能性基质材料
		数模混合芯片
		模拟信号链芯片
		混合集成电路
	集成电路制造	高端通用芯片
		高端专用芯片
	集成电路封装测试	芯片级封装
		系统级封装

续表

产业领域	大类	小类
新一代电子信息	集成电路封装测试	多芯片封装
		堆叠封装
		硅通孔
		球栅阵列封装
		插针网格阵列封装
	半导体和集成电路制造设备	单晶及薄膜生长设备
		光刻设备
		刻蚀机
		离子注入机
		电子显微镜
		化学机械抛光设备
		集成电路生产线设备
		封装测试设备
		特种装备及零部件制造
		半导体与集成电路测试仪器
	人工智能软件开发	计算机视听觉软件
		复杂环境识别软件
		自然语言理解软件
		智能决策控制软件
	智能消费相关设备	智能控制设备
		智能家居设备
		智能信息服务
	人工智能系统服务	生产领域人工智能系统
		智能汽车系统
		智能无人系统
		智能健康系统
	计算机软件技术	智能终端操作系统
		中间件软件开发
		关键信息基础设施配套基础软件开发

续表

产业领域	大类	小类
新一代电子信息	计算机软件技术	工业互联网软件
		嵌入式软件开发
		生产控制类软件
		网络与信息安全软件开发
		云编程
	工业互联网及支持服务	工业区块链技术相关产品和服务
		SaaS\PaaS\IaaS
		工业云平台系统
		工业信息与数据处理技术
	区块链	区块链硬件基础设施
		区块链底层技术平台
		区块链通用应用
		区块链技术扩展平台
		区块链终端用户服务
	智能传感器与 NB – IoT、LTE CAT1、5G 等无线终端模组深度融合的新型电子产品	
	新型显示	低温多晶硅显示面板
		氧化物液晶显示面板
		主动矩阵有机发光二级体
		柔性显示
		LTPS
	物联网	物联网终端设备
		近距离无线通信节点设备
	智能网联汽车	机器视觉
		智能操作系统
		驾驶脑
		V2X 通信
		高精度定位
		人机交互技术
		人机共驾技术

续表

产业领域	大类	小类
新一代电子信息	智能家居	智能家居相关的无线通信
		智能路由
		智能安全监控
		人机交互技术
		具有自学习功能的智能家居产品体系
	可穿戴设备	
数字创意	数字创意技术装备	VR/AR
		游戏、动漫、设计服务
		电竞、直播、短视频
		高清产业
		数字内容生产和创新设计软件
	数字内容创新	数字文化内容创新
		智能内容生产平台
		文化资源转换
	数字创新设计	制造业创新设计
		服务业创新设计
		人居环境创新设计
	数字融合服务	
高端装备制造	航空装备	干线、支线、通用飞机及零部件开发制造
		无人旋翼、固定翼飞行器研发制造
		航空器地面模拟训练系统开发制造
	卫星及应用工程	卫星终端射频与基带芯片
		相控阵天线
		卫星通信应用系统
		卫星导航应用系统
		卫星遥感应用系统
		微小卫星
		通信卫星

续表

产业领域	大类	小类
高端装备制造	海洋装备	海底地形探测系统
		深潜器关键技术和装备
		海洋油气开发装备
		高技术船舶装备
		海洋环境立体观测装备
		深海渔业装备
		LNG装备
		海洋科考船
	高端数控机床	高端数控系统
	激光	大规模场光纤
		激光芯片
	新型交通工具	磁悬浮列车
生物医药	制药	现代中药
		新型化合药物或活性成分药物的生产
		基于新化学实体、新晶型、新机制、新靶点和新适应症的靶向化学药物及高端制剂创新技术
		提高药物安全性、有效性与药品质量的新技术
		已有药品新适应症开发技术
	医疗设备	数字化医学影像设备
		高端放射治疗设备
		高热容量X射线管
新材料	先进金属材料	高温合金
		高性能铝合金、铜合金、镁合金、钛合金
		高性能非晶合金（液体金属）
		稀有金属材料
		高性能稀土新材料
	先进无机非金属材料	高性能人造金刚石/硬质合金/立方氮化硼等超硬材料
		人工晶体材料

续表

产业领域	大类	小类
新材料	高性能复合材料	金属基复合材料
	前沿新材料	碳纳米管
	石墨烯应用	石墨烯改性电池材料
		石墨烯基功能材料
		石墨烯复合结构材料
		微纳米材料
	新能源与节能环保材料	液态电池
		固态电池
	光电子材料	光纤预制棒
		通信级塑料光纤
		高稳定性及高功率激光材料
		高性能红外/紫外光学透波材料
	高温超流	
新能源	太阳能电池	高效 PERC 电池
		硅基薄膜电池
		晶硅电池
		有机太阳能电池
	氢能	氢燃料电池
		高温燃料电池
		氢能高端装备
		氢能制储运
	生物质能	生物质液体燃料
	智能电网	电力专用芯片
		智能终端
		电力大数据
	新能源汽车	能量型动力电池组
		电池正极材料
		电池隔膜
		电池管理系统
		新能源汽车动力电池回收及再制造技术研发及装备制造

附表6-3　　　　　　　　　　　　优势前沿型产业

产业领域	大类	小类
新一代电子信息	柔性电子	柔性传感器
		电子皮肤
		柔性电池
		柔性连接器
		柔性印刷显示
		柔性基板材料
		柔性电路板
高端装备制造	航空航天装备	柔性机翼
	智能机器人	群组机器人
		纳米机器人
		动力服
		微机电系统（MEMS）
		混合昆虫微机电系统
		自重构模块化机器人
	无气轮胎	
生物医药	人体增强	视网膜芯片植入
		人工耳蜗等视听增强技术
		人体增强外骨骼、柔性可穿戴设备等体力增强技术
		人体机能增强技术和装备
	植介入生物医用产品及电子治疗装置	大脑植入物
		胰岛素泵
		心律及调节器
		人工子宫
		植入式脑起搏器
		迷走神经刺激器
新材料	医用高分子材料	
新能源	超高效太阳能	
	机载风力发电机	
	集中式太阳能	
	超级电容器	

附表 6 – 4　　　　　　　　　　　未来前沿型产业

产业领域	大类	小类
新一代电子信息	半导体和集成电路制造	化合物半导体材料
		碳基芯片技术
	人工智能	深度学习
		神经形态芯片
		知识分享型机器人
	量子信息技术	未来信息材料与器件
		量子模拟与计算
		量子通信与网络
		量子精密测量与计量
		量子信息技术关键核心工程装备
		量子密码
		量子雷达
	新型显示	曲面显示
		透明显示
		三维显示
		无荧屏显示
		有机发光半导体
		激光显示
		全息摄影
		相控阵光学
	新型存储技术	忆阻器
		赛道存储器
		相变存储器
		新兴的磁数据存储技术
		DNA 数字数据存储技术
		自旋电子学
	空中取电	

续表

产业领域	大类	小类
高端装备制造	新型交通运输设备	飞行汽车
		真空管道高速交通
		气垫火车
		地面效应火车
	喷气背包或背包直升机	
	电液动力推进	
生物医药	脑科学和神经科学	神经元控制
		神经连接组学
		脑图谱
		脑细胞团培育
		脑解析和脑模拟
		类脑研究
		脑机接口
	基因编辑技术、精准医疗及相关技术	高通量基因测序技术
		基因组 DNA 序列分析技术
		下一代基因测序仪和试剂
		新型细胞治疗技术
		高质量的细胞保存和治疗技术
		干细胞、免疫细胞治疗技术
		分子靶向诊断
		靶向药物
		重组蛋白
		人源化及人源性抗体药物制剂
		单体克隆抗体规模化制备和集成
		新型免疫治疗技术
		小 RNA 药物开发技术
		降低免疫原性的多肽新修饰技术
		单细胞分析
		双效抗体

续表

产业领域	大类	小类
生物医药	基因编辑技术、精准医疗及相关技术	癌症基因组学
		纳米孔测序
		基因组编辑
		分离染色体
		合成细胞
		卵子干细胞
		免疫工程
	人类增强	人机智能融合芯片
		意念控制等脑力增强技术
	3D生物打印	
	培养肉	
	人体冷冻技术	
	去灭绝	
	冬眠	
	合成生物研究	
	超动力的光合作用	
新材料	智能、仿生与超材料	
	新型二维材料	二硫化钼
		二硒化钨
		黑磷
		黑砷
	超材料	
	自我修复材料	
	可编程物质	
	量子点	
	生物材料	
	金属泡沫	
	时间晶体	
	硅烯	

续表

产业领域	大类	小类
新材料	富勒烯	
	磁流变液	
	导电聚合物	
	气凝胶	
	非晶态金属	
	生物塑料	
	生物陶瓷	
新能源	光陷阱太阳能光伏电池	
	纳米充电太阳能	
	纳米线电池	
	无线能量传输	
	人工光合作用	
	能量收集	
	飞轮储能	
	家用燃料电池	

第七章

产业体系功能结构
升级的路径分析
——基于顺德制造业产业链
发展的经验研究

进入新常态以来，国际金融危机的冲击持续发酵，发达国家逆全球化政策导向日益凸显，再叠加新冠肺炎疫情全球大流行，导致世界经济深度衰退，推动了百年未有之大变局加速演进，国际经济循环动能明显减弱，我国经济发展面临的外部不确定性和不稳定性显著增加，中国经济增长的动力更多地转向科技自主创新、国内消费需求升级以及供应链的本地化与高度化水平的提升。基于我国发展环境与现实条件的变化，2020 年以来，习近平总书记提出并反复强调，要推动形成以国内大循环为主体、国内国际双循环相互促进的新发展格局，而加快提升产业链现代化水平，推动产业体系功能结构升级是构建双循环新发展格局的重要任务。作为改革开放的排头兵，珠江三角洲是国内产业与市场循环的重要枢纽，也是融入国际产业循环的核心节点。而作为珠江三角洲核心区传统的制造业重镇，顺德更是肩负着推进制造业基础再造，率先攀登全球产业价值链高端环节的重任。鉴于此，本章以顺德家用电器、家具和机器人产业链发展为例，对区域产业体系功能结构升级的路径进行实证分析。

第一节　家用电器制造业产业链功能升级

家用电器制造业是顺德传统的优势行业。近年来，顺德充分利用"中国家电之都"①的区域品牌，不断推动家电产业快速发展，在产业规模、创新能力、产业链配套、品牌知名度和行业竞争能力等方面在全国乃至全球保持领先地位，成为引领和带动全国家电产业发展的增长极，美的、格兰仕、万和、万家乐等一批本土企业快速崛起，成为行业龙头企业。家电产业是顺德区两大千亿级产业之一，是支撑顺德地区经济快速增长的重要支柱产业。自2014年以来，顺德家电制造业产值年均增长率为8.9%，资产总额年均增长率为27.5%，利润总额年均增长率达到35.5%。2019年，顺德家电制造业增加值达到780亿元，占广东省家电制造业增加值的比重约为30%；家电出口额约占全国家电出口总额的20%，是全球最大的电饭煲微波炉和空调压缩机生产基地，也是全国最大的空调、电冰箱、热水器、消毒碗柜等家用电器生产基地。2019年，顺德微波炉、电热水器、吸排油烟机产量占全国产量的比重超过了30%，空调、冰箱、电热烘烤器具、吸尘器和冰柜等家电产品的产量全国占比超过了10%。顺德生产的空调、冰箱、微波炉、烤箱、热水器等家电产品大量销往国际市场，是广东省出口的拳头产品，具有强大的国际竞争力。

顺德家用电器产业以白色家电和小家电产品的生产与销售为主，经过多年的发展，顺德家电产业从以整机生产为主逐渐向产业链两端延伸，形成了较为完整的家电产业链。顺德家电产业链条规模庞大，品类配套齐全，涉及本地整机与零部件配套生产企业3 000多家，产业链涵盖了电控元件、压缩机、磁控管、电机与模具等核心部件生产，也包括数量

---

① 2006年顺德被授予"中国家电之都"称号，此后于2011年、2014年、2018年先后多次复评成功。

更为庞大的五金件、塑料件、包装材料、印刷件与橡胶件等一般性零部件的生产加工。整个顺德就犹如家电零部件的大型超市，家电企业绝大部分零配件的采购半径都不超过 50 公里范围，可在数小时内完成零部件补货供给。除了小部分智能家电生产所需的高端芯片外，顺德家电企业的本地配套比率达到 80% 以上。完善的产业链配套极大地提高了顺德家电企业的生产效率，为顺德家电产业发展提供了坚实的基础。

顺德家电产业发展是从低端加工制造起步的，绝大多数家电企业长期处于全球价值链中低附加值环节，主要靠引进国外的成熟技术和设备进行生产。但经过多年的发展，不少企业通过投资并购、干中学、技术合作以及加强研发投入等途径，逐步积累起较强的技术与市场实力，向研发设计、核心零部件生产和品牌销售等产业链高附加值环节攀升，越来越多的企业实现了从一般分包商向核心生产商、核心供应商和终端销售商的角色转变。从表 7-1 可以看出，顺德家电产业链呈现出全方位功能升级的态势，产业链整体实力取得了较大的提升。

表 7-1　　　　　　　　　　顺德区家电产业链分析

功能环节	主要产业环节	产业链实力	代表性企业
研发设计	产品、工艺与应用场景研发设计	◕	美的、科龙、格兰仕、小熊等
中间产品生产	模具、压缩机、电机、塑料件、五金件、包装、印刷件、橡胶件和电控元件等	◕	美芝、顺威、华声、精艺等
最终产品生产	白电（空调、冰箱、洗衣机）、厨卫电（微波炉、燃气灶、消毒柜、热水器等）、小家电等	●	美的、科龙、格兰仕、万和、新宝、小熊、云米、德尔玛等
生产性服务	工业设计、仓储物流、会展营销、品牌管理、电子商务等	◔	广东省工业设计城、中国家电国际采购中心、中国家电电子商务中心、中国家电 SOHO 公馆、慧聪家电城博物馆和中国现代家电博物馆等

注：表中图标 ○ ◔ ◑ ◕ ● 表示程度从弱到强。

一、核心生产商加速突破研发设计环节

目前，顺德家电核心生产商队伍不断扩大，既有美的、科龙、格兰仕、万和等传统骨干企业，也有小熊、云米、德尔玛等成立不久的新锐企业。近年来，在政策引导和市场驱动下，这些家电领域的核心生产商日益重视自主创新，纷纷加大研发投入力度，加速突破产业链上游的研发设计环节，积极开展家电产品、生产工艺与应用场景等方面的技术创新，本地产业网络的整体技术实力明显增强。截至 2019 年，顺德家电产业领域拥有国家级高新技术企业接近 250 家，以这些高新技术企业为主体的本地化家电技术创新系统正在加速形成。例如，美的集团建立了可容纳万人、具有世界级水平的全球创新中心，加强对人工智能、智慧家居等领域前沿技术与产品的研发。2018 年以来，每年投资 2 亿元专门培养研发人员，布局长远战略性技术研发；投入 11 亿元设立创投创业基金，吸引了全球 200 多家优质技术合作伙伴、84 家顶级科研机构和 22 家孵化器，构建家电产业技术创新联盟。目前，美的集团技术创新能力显著增强，在直流变频技术、超高温制冷技术和全降膜蒸发技术等多项领域达到国际领先水平，进一步巩固了全球家电行业引领者的地位。特别值得注意的是，在新技术革命大背景下，基于数字化的智能制造是顺德家电企业进行技术创新的另一个重要领域，格兰仕牵头建设开源芯片基地，联合一批家电产业核心生产商向上游芯片研发环节延伸，推进家电生产工艺的数字化革新。最后，顺德家电产业核心生产商还联合照明、灯饰、家具、电工和建材等关联企业进行基于泛家居应用场景的联合技术创新，在消费端实现跨行业的技术整合，提升家电产品的消费者体验。

多年来，核心生产商加速向研发设计环节迈进，使得顺德成为全国家电行业的创新集聚中心。目前，顺德家电产业拥有 5 个国家级企业技术中心，21 个省级企业技术中心，是全国拥有国家级技术中心最多的家电产业基地，也是全国家电行业发明专利授权量最多的地区。根据科睿唯安（Clarivate Analytics，原汤森路透知识产权与科技事业部）发布的

《2017 年全球创新报告》，2016 年，美的发明专利数量连续 3 年稳居全球家电领域第一位，同时在家用电器和厨房电器两项专利数量上均名列榜首。

二、一批关键供应商加速崛起

家用电器制造业生产的迂回程度较高，产业链环节众多，需要大量的中间投入品，如模具、压缩机、电机、塑料件、五金件、包装材料、印刷件、橡胶件和电控元件等，大量的中间投入品需要数量众多的配套企业来生产。因此，顺德家电产业除了拥有综合实力较强的核心生产商之外，还拥有数量庞大的中间产品生产加工企业。据不完全统计，仅美的集团的产品生产需要的螺丝品种就达到 16 000 多种，涉及的上游供应商有 10 000 多家。在这些中间产品中，有不少产品是家电产品的关键零部件，如空调中的压缩机、微波炉中的磁控、冰箱的磁性封条等，对最终产品的性能与质量具有决定性的影响。这些关键零部件曾经依靠从其他地区采购，本地企业要么生产不了，要么产品的质量不高。近年来，在美的等核心生产商的推动下，顺德家电产业链上下游企业共同参与的本地技术创新链快速形成，家电产业链供应链本地化水平显著提高，顺德已经成为具有世界先进水平的家电零部件生产供应中心。

随着技术实力的持续提升，顺德不少家电中间产品企业在为本地核心生产商提供零部件配套的同时，也加速向关键供应商转变，涌现出了一批家电行业的隐形冠军，为全球家电企业提供难以替代的核心零部件。例如，顺威精密是全球最大的空调风扇叶制造商，是佛山市级认定的空调风叶"细分行业龙头企业"，其下游客户不仅包括本地美的集团等企业，还包括格力、奥克斯、TCL、大金、松下、三星、LG、麦克维尔、欧威尔、法雷奥、弗吉亚等全球知名企业。华声电器是全国最大的空调连接线组件生产商，专业生产橡胶连接线、塑料连接线、电源线、电子线与连接器等产品，技术水平在同行业中处于领先地位，是格力、美的、海尔、奥克斯、海信、TCL、华凌、松下、三星、惠而浦等品牌企业的重要供应商。美芝（GMCC）是由美的控股与日本东芝开利株式会社合资成立的专业研发、生产、销售空调用旋转式压缩机、往复球承式冰箱压缩机的企业，美芝压缩机在行业内的产销规模一直稳居全球第一位，GMCC空调用旋转式压缩机的全球市场占有率已超过30%。精艺股份是"中国铜管材十强企业"，拥有五条自主研发、具有核心知识产权的先进连铸连轧精密铜管生产线，专业从事精密铜管制造和铜管深加工业务，技术水平达到国际先进水平，年产铜管产能约7万吨，是众多空调制冷、通信等行业内品牌企业的核心供应商。

三、高端服务功能显著增强

在不断完善全国最完整的家电整机和零部件生产供应基地的基础上，顺德家电产业的生产性服务功能也不断增强，在工业设计、品牌管理、会展商贸、电子商务等高端服务环节上持续发力。（1）工业设计功能显著增强。早在2008年，广东省就在顺德区北滘镇启动了广东省和顺德区共建的广东省工业设计城项目，总规划总面积为2.8平方公里。作为广东省工业设计城的核心项目，顺德工业设计园于2009年1月正式运作，截至目前，已有国内外总共近200家工业设计公司进驻，入园设计师超2 500人，成交工业设计成果近万例，极大地提高了顺德家电产业从产品、生产线到市场形象的全链条设计水平。（2）品牌管理水平显著提高。在生产规模持续扩张和技术实力不断增强的同时，顺德家电企业纷纷致力于品牌建设，强化品牌管理，形成了一大批具有较强市场影响力的知名品牌。截至2017年，顺德拥有"美的""海信科龙""万家乐""格兰仕""容声""万和""康宝""DonLim"和"小熊电器"9个家电驰名商标，占同期全国家电行业驰名商标总数的近1/3；拥有"万家乐""格兰仕""容声"等31个广东省著名商标；拥有"美的"电冰箱、"亿龙"电热水壶燃气具灶、"格兰仕"微波炉等57个广东省名牌产品。（3）加强家电会展商贸文创功能建设。近年来，顺德努力打造集产品展示、家电文化博览、工业设计、电子商务和技术服务等于一体的家电行业品牌文化聚集区，逐步构建家电"产、学、研、商"产业生态文化展示平台。中国家电国际采购中心、中国家电全产业链大厦、中国家电总部大厦、中国家电电子商务中心、中国家电 SOHO 公馆、慧聪家电城博物馆和中国现代家电博物馆等全部投入使用，成功吸引美的、海信、康佳、长虹和格兰仕等数十家知名家电企业正式签约入驻，成为广东省乃至全国家电产业的展示窗口和国际采购中心。（4）电子商务快速发展，大大提高了家电市场销售绩效。早在 2006 年，顺德诞生了以"小冰火人"为代表的第一批电子商务企业，众多传统品牌家电企业进军电子商务领域，拓展线上销售市场。美的、小熊、长帝、东菱、万家乐、格兰仕等纷纷"触网"，历经 10 余年的发展，这里同时涌现了小冰火人、飞鱼、SKG、智酷、九鼎、哥登、德施普照、盈丰行等一批实力雄厚的电子商务企业。据不完全统计，顺德全区从事 B2C、B2B 交易的电子商务企业超过 6 000 家，电商从业人员近 30 万人，电子商务平台超过 15 个。随着电子商务的日益普及，专业电商在物流、配送、安装、售后等环节的服务水平得到了进一步提升，线上线下营销加速融合，顺德家电销售渠道格局发生了巨大的变化。

四、数字化驱动生产工艺革新

随着新一代信息技术的蓬勃发展，制造业从研发设计、原料采购、生产线运作到商贸流通等各个环节的信息化程度越来越高，驱使着顺德家电企业向数字化转型。作为国家级装备制造业两化深度融合暨智能制造试点地区，顺德不断推进互联网、大数据、人工智能和制造业深度融合，利用现代数字化技术推动传统制造业工艺革新。在数字化浪潮下，顺德不少家电品牌企业在完成家电多品类产品线规模化扩张之后，积极向数字科技企业转型，已成长为引领全球家电产业制造工艺革新的智能制造科技集团。例如，在国家工业互联网政策以及《佛山市深化"互联网＋先进制造"发展工业互联网实施方案（2018—2020 年）》的指引下，2018 年，美的启动了工业互联网试点项目，美的空调广州南沙智慧工厂是美的数字化转型的一个成功示范，该厂率先导入美的工业互联网，进行智能化运作。厂区内广泛使用库卡机器人，精准"掌控"生产流程，而基于5G的MES（生产过程管理系统）生产看板则实时记录、检测每一个生产环节，依托5G的"机器视觉AI"，能够替代传统工人完成产品质检，保障产品安全性。厂区外依托网络化的"智能寻源"系统，可精准匹配、挑选供应商，并打通代理商、分销商等数据，实现统销统配、库存透明化。2020年，南沙智慧工厂入选世界经济论坛的"灯塔工厂"①名单，成为"佛山制造"的一个重要里程碑。在美的等龙头企业的带动下，顺德家电产业链上下游各类配套企业也纷纷利用数字化技术，探索加入本地工业互联网应用场景，共同打造智能供应链，实现家电产业链供应链智能化协同。

第二节　家具制造业产业链功能升级

佛山是中国家具行业重要的生产与销售基地，产业集聚度较高，经过多年的发展形成了相对完整的本地化产业链条，具有集产品设计、原材料供应、木工机械、仓储物流与商贸会展等专业化分工协作的生产和服务体系。区内的龙江镇是首个中国家具制造重镇，拥有亚洲乃至全球最大的家具材料市场，乐从镇是中国家具商贸之都，伦教镇拥有全球最为齐全的木工机械产业体系，以家具涂料为主的顺德涂料产业也享誉全国。完善的本地产业网络使得以顺德乐从、龙江为中心辐射周边江门、中山和阳江等地150公里范围内的区域成为广东省家具产业的核心区，是广东省参与全球家具产业竞争的重要空间载体。

从产品构成来看，顺德家具制造业产品种类齐全，几乎涵盖了所有家具产品门类，近年来更加速向泛家居产品延伸。2019年，顺德规模以

---

① "灯塔工厂"网络是全球先进制造领域最具影响力的评选之一，旨在遴选出全球制造业范围内应用第四次工业革命尖端技术的先进制造基地，并让这些领先者的经验成为其他企业的指路明灯，从而促进全球制造行业生产系统的优化。

上工业企业家具类产品产量为 1 760.82 万件，其中，金属家具 1 058.43 万件，占比为 60.11%；软体家具 356.21 万件，占比为 20.23%；木质家具 325.05 万件，占比为 18.46%。表 7－2 显示了佛山市各区家具产业发展的基本情况。从中可以看出，2019 年佛山家具产业生产总值为 670.45 亿元，拥有规模以上工业企业 473 家，主要集中分布在南海和顺德两个区。顺德区拥有规模以上家具企业 216 家，占佛山市家具行业规模以上企业总数的 45.67%，在佛山市各区中位列首位，但是其家具产业产值规模却只有 140 多亿元，与只拥有 38 家规模以上企业的高明区大体相当。可见，顺德区家具行业的企业规模普遍较小，规模以上企业的平均产值仅 0.66 亿元，远低于佛山市家具规模以上企业的平均产值 1.42 亿元，排在佛山市内各区的最末位。因此，顺德家具行业发展的一个重要特点是企业发展小而散的现象比较严重，缺乏大型的家具龙头企业，呈现出中小企业扎堆群聚的产业生态。2019 年，顺德区内与家具相关产业的企业约 17 000 家，其中家具制造企业约 5 000 多家，家具原辅材料制造及商贸企业约 7 000 多家，其他相关企业近 5 000 家，绝大部分为中小企业。

表 7－2　　　　　　　　2019 年佛山市各区家具产业发展概况

指标	佛山市	禅城区	南海区	顺德区	高明区	三水区
工业生产总值（亿元）	670.45	5.27	336.64	142.01	139.27	47.26
规模以上企业数（个）	473	7	183	216	38	29
单位企业产值（亿元）	1.42	0.75	1.84	0.66	3.67	1.63
产值占比（%）	100	0.79	50.21	21.18	20.77	7.05
企业数量占比（%）	100	1.48	38.69	45.67	8.03	6.13

注：表中数据为根据《2020 佛山统计年鉴》数据测算而得。

顺德家具行业企业规模普遍较小，绝大多数家具企业处于产业链低附加值环节，产品技术含量低，缺少原创性设计，产品同质化程度高，产品附加值低，尤其缺乏知名品牌企业。这种中小企业群聚的产业生态，使得顺德家具产业链功能结构升级主要沿着以下几条路径进行。

一、核心生产商日益重视家具产品与应用场景研发设计

顺德家具行业核心生产商数量较少，综合实力相对不高，导致行业整体的技术升级不明显。同时，家具行业的技术门槛相对较低，产品的技术复杂度相对不高，行业的技术升级主要集中在产品及应用场景设计上。从需求的角度来看，随着我国经济的快速发展，我国城乡居民收入水平明显提高，消费需求加速升级，对包括家具在内的耐用消费品需求变得日益挑剔，为了应对市场需求升级所带来的变化，顺德家具行业核心生产商日益重视家具产品与家居应用场景的研发设计，企图通过原创性的研发设计，塑造自身产品和整体家居方案的独特性，以满足消费者对产品质量、美感以及消费体验的独特需求。例如，佛山市顺德区卡琳家具有限公司是集研发设计、产品制造、国内销售、国际贸易为一体的综合性企业，主要生产欧美时尚的实木家具。近年来，卡琳家具以"80后""90后"为目标消费群体，针对城市年轻消费群体，加强开发融合东西方文化元素的时尚潮流家具产品系列。卡琳家具产品注重线条的流畅性并融合欧美与中国元素，通过皮布多元素软装搭配和丰富的色彩设计，形成个性化的家居氛围，创造出所谓欧式轻奢系列的高品位家具产品。广东省志达家居最先在国内倡导家居整体软装配套概念，拥有简约复古家具品牌"罗兰德"、高端现代软体家具品牌"玛奇朵"、现代时尚出口家具品牌"ECO"以及倡导深度睡眠文化品牌"22℃"四大品牌系列产品。多年来，志达家居十分重视家居设计，专门成立了设计师工作室，紧跟国际家居流行趋势，设计出很多受到市场追捧的产品。该公司整体家居软装配套方案设计涵盖窗帘、布艺沙发、实木家具、墙纸、地毯、床品与家居装饰工艺品，可以按照客户个性化的需求，设计现代、新中式、美式、地中海式、欧式、新古典风格等多种风格的整体软装配套方案（见表7-3）。

表 7-3   顺德区家具产业链分析

功能环节	主要产业环节	产业链实力	代表性企业
研发设计	家具产品与应用场景研发设计	◔	卡琳、志达、精一等
中间产品	机械装备、家具零部件、家具涂料、原辅材料等	⬤	伊之密、奔朗、鸿金源、东泰、悍高、天斯、格蓝特、东原、华润涂料、美涂士、科顺、绿之彩等
最终产品	家用、办公家具制造	◑	虹桥、联胜、鸿基等
生产性服务	家具仓储物流、家具商贸	⬤	超 10 万平方米物流园区、中国家具商贸之都、11 个原辅材料交易市场、中国家具材料之都、广东省家居设计谷等

注：表中的图标 ◯ ◔ ◑ ◕ ⬤ 表示程度从弱到强。

二、中间产品企业中关键供应商快速成长

顺德家具产业与本地区多个细分产业均有紧密的经济技术关联，中间产品企业主要包括木工机械、家具涂料、家具皮料以及五金产业等，这些细分产业的发展在为顺德家具产业提供了完整产业链配套支撑的同时，涌现出一批家具行业的核心供应商。它们不仅为本地家具成品企业提供必要的中间产品，也为顺德以外的全国其他地区提供不可或缺的中间产品，具体情况如下。

（1）家具生产加工机械产业。顺德家具产业的发展直接带动了上游制造机械的发展，而上游加工机械产业发展水平持续提升，进一步推动了家具产业链的功能升级。机械装备是顺德区两大千亿级产业之一，2019 年产值超过 2 880 亿元。顺德装备制造业细分行业种类较多，在塑料机械、木工机械、玻璃机械、电气机械、锻压机械等专用机械装备制造上处于国内领先地位。区内伦教镇是全球最大的木工机械、玻璃机械生产与销售基地，拥有国内最为齐全的木工机械产业链，从细小的螺丝等基础零件，到主轴、床身、变频器、数控系统等大型零部件，伦教镇

木工机械企业都可以就地取材，组织生产，整装配套。陈村镇是我国重要的锻压机械生产和销售基地，有铸造锻打、金属处理企业约 120 家，可为家具及其他产业提供高效的金属配套加工服务。大良镇继 2005 年被广东省科技厅认定为"机械及电气装备技术创新专业镇"之后，2012 年又被认定为"广东省数控一代机械产品创新应用示范专业镇"。目前，顺德全区共拥有机械装备制造企业 3 000 多家，产品包括塑料机械、锻压机械、陶瓷机械、激光机械、玻璃机械、木工机械、包装机械等十余类机械装备。其中，木工机械、锻压机械、塑料机械、玻璃机械和金属加工机械，与家具产业关联度较高，并且拥有一些全国性的行业龙头企业。例如，伊之密被评为"2018 中国塑机制造业综合实力 30 强企业""中国塑料注射成型机行业 15 强企业"，拥有多个技术服务中心和 40 多个海外经销商，业务覆盖 70 多个国家和地区。世创金属是一家主要从事金属热处理及表面工程技术装备的研发、生产、销售的高新技术企业；奔朗新材料主要研发和生产各类金属结合、高分子材料结合和陶瓷结合的金刚石工具以及立方氮化硼精细磨削工具，不仅广泛应用于陶瓷、石材、建筑工程、耐火材料、玻璃等领域的切钻、磨削、抛光等加工过程，而且不断向机械零部件、汽车配件、电子陶瓷、光学玻璃等精密加工领域扩展。鸿金源精密制造是一家专业研发、生产高强度、高精度工业铝型材及铝材机加工、铝制品的生产企业，在高性能特种铝合金的材料研发方面成绩显著，多项技术填补了国内空白。

（2）家具五金配件产业。顺德家具五金配件产业发达，2019 年产值达 106.2 亿元。顺德家具配件行业产品种类齐全，包括门窗、卫浴、收纳和功能五大产品类别，主要产品有滑轨、铰链、连接件、拉篮、移门系统、脚轮与窗轮等，其中尤以铰链、滑轨、铰链、窗轮等产品最为著名。这些五金产品构成了顺德区泛家居产业的绝大部分中间投入品。顺德五金行业已经发展成为国内规模最大的中高端家居五金产业集群，占有国内中高端家居五金配件产品市场 60% 的份额，占全球中高端家居五金配件产品市场 15% 的市场份额。区内的勒流镇是家具五金配件产业集聚区，不仅拥有"中国家居五金之都""中国滑轨产业基地""中国铰链产业基地"等称号,而且是全国家居五金企业分布最为集中的镇级区域,拥有"广东省小五金专业镇""广东省外贸转型升级专业型示范基地"和"广东省产业集群升级示范区"等荣誉。在30多年的发展历史中,顺德五金制造领域内有一批企业已经成长为全球泛家居行业的核心供应商,拥有东泰、泰明、悍高、天斯、格蓝特、东原以及东荣等一批产业链隐形冠军企业。它们专注于本领域产品与工艺革新,联合制定行业技术标准,产品通常以自主品牌出口到欧美等国家,是欧美品牌家具企业不可或缺的零部件供应商。例如,东泰是亚洲最大的家居五金生产商之一,"DTC"被评为中国驰名商标;泰明是亚洲最大的金属滑轨出口企业;东荣是国内最大的金属货架、电视架生产企业之一;东泰、东荣、泰明、亚当斯等8家企业牵头,制订了顺德《杯状暗铰链》及《抽屉导轨》两项联盟标准。

(3)家具涂料产业。新型涂料是家具生产过程中所使用的一种重要的中间投入品,包括家具涂料在内的新材料产业是顺德近年来快速发展的新兴产业,2019年产值达到676亿元。顺德新材料产业覆盖精细化工、涂料、包装印刷、建材等领域,共有涂料企业约150家,主要生产家具涂料与建筑涂料,家具涂料占比超过50%。经过多年的发展,顺德涂料领域涌现出德美化工、华润涂料、美涂士、科顺、绿之彩等一批知名企业,它们所生产的新型涂料成为家具行业不可替代的中间产品。例如,始建于1991年的广东省华润涂料有限公司是中国领先的专业生产建筑装饰装修涂料、高档木器涂料、水性涂料及高科技工业涂料系列产品的企业。作为国家重点高新技术企业,该公司拥有一批由国内外知名化工专家组成的高层次专业技术人才,专业从事环保型水性漆、内外墙乳胶漆、聚酯装修漆、家具漆、UV漆、质感涂料、大理石涂料、防水涂料、氟碳涂料、保温建材、胶黏剂、硅酮、墙纸、窗帘、家居饰品等产品的研发、生产和销售,与国内外著名的化工原材料供应商保持着密切的联系和合作关系,是拜耳、BYK、巴斯夫、汉高,德固赛等公司在我国的重要战略合作伙伴。近年来,该企业坚持高起点、高标准的技术发展战略,积极进行新型绿色环保涂料的技术开发,与国内众多知名高校和化工研究院所开展技术合作，新型涂料开发取得了显著的进步，制订了多项国家涂料行业产品标准。公司的研发中心通过了"国家实验室"的认定，还被评定为广东省（省级）企业技术中心，公司开发的新型水性涂料等系列产品成为绿色家居产业发展的重要一环。

三、家具生产性服务功能持续增强

发展高端生产性服务是顺德家具产业链功能升级的重要方向，经过多年的发展，顺德家具产业生产性服务网络发达，同时拥有"中国家具制造重镇""中国家具材料之都""中国家具电子商务之都""中国家具商贸之都"等称号，可以为本地区家具企业提供全方位、专业化的生产性服务。在商贸流通方面，顺德拥有 11 个家具原辅材料交易市场，超 10 万平方米物流园区。乐从家具市场拥有数十座现代化家具商城，可经营商铺面积达 350 多万平方米，汇聚国内外高、中档的家具品种 5 万多个，有家具销售、安装、运输等从业人员 5 万多人，每天前来参观购物的顾客达 3 万人次以上。龙江镇整合 3 000 多家家具制造企业、1 000 多家家具服务企业、500 多家电商企业，共同参与打造"龙家展"、亚洲国际家具材料博览会等会展品牌，以 300 万平方米专业展厅和 200 万平方米专业材料辅料市场为依托，为区内外家具企业提供一体化的商贸流通服务。在技术服务方面，2018 年，勒流五金创新小镇入选广东省级特色小镇创建对象入库名单，先后成立了顺德家居五金协会、勒流五金产业创新中心、勒流智能制造中心等公共服务平台，为中小五金配件企业提供技术服务。2018 年，广东省家居设计谷项目正式落户龙江亚洲国际家具材料交易中心，汇聚了来自全球的专业家居设计企业和人才，为顺德家具企业产品创新提供技术支撑。此外，顺德还积极引导企业加强技术改造，推动实力较强的家具企业设立省级工程技术研究中心。例如，广东省鸿基家具实业有限公司设立了佛山市智能环保公共座椅（鸿基）工程技术研究中心，佛山市科凡智造家居用品有限公司设立了佛山市全屋家具设计及规模化定制工程技术研发中心，佛山市顺德区富豪木工机械制造有限公司设立了佛山市基于可移动装置的组锯带锯机工程技术研究中心等，广东省先达数控机械有限公司设立了佛山市定制化智能家具装备（先达）工程技术研究中心等。

第三节　机器人制造业产业链功能升级

智能机器人产业集群是广东省确定发展的十大战略性新兴产业集群之一，根据《广东省人民政府关于培育发展战略性支柱产业集群和战略性新兴产业集群的意见》的总体部署，广州、深圳等中心城市主要进行机器人产品研发与技术创新，珠海、佛山、东莞、中山等地市建设机器人生产基地，广东省内其他各地市则主要布局相关产业。在广东省的统一部署下，近年来，佛山市把智能机器人产业确定为重点发展的新兴产业，大力推进产业集聚发展，库卡、发那科、ABB、安川、川崎等世界机器人行业巨头纷纷以设立独资企业或合作投资的方式进驻顺德。在这些全球行业龙头企业的带动下，顺德本地装备制造企业也积极布局机器人产业，推动形成了以北滘、大良、陈村三个镇为核心区的智能机器人产业集聚区，产业规模快速壮大，在短时间内机器人企业迅速增加到超过100家，涌现出嘉腾、华数、隆深、固高、迈雷特、中南机械、广东省埃华路等一批知名的机器人本体及机器人系统集成企业。目前，顺德已经成为首个国家级装备工业两化深度融合暨智能制造试点地区和首个广东省机器人产业发展示范区。在机器人制造业快速发展的同时，顺德本地企业也开始大量使用机器人进行生产，来自电子、金属、塑料、家电、家具、五金、建筑等行业超过500家规模以上工业企业开始了"机器换人"行动，机器人年产销量超过5 000台，年平均增速超过10%，2019年本地区新增机器人应用数超过1 100台。

与家用电器、家具等其他传统优势产业不同，顺德机器人产业发展的起点相对较高，这与顺德长期积累起来的制造业优势高度相关。顺德深厚的制造业基础为机器人产业发展提供了必要的制造技术支撑，同时也为智能机器人设备提供了广阔的应用市场。正是这样的发展优势使得顺德机器人产业一开始就站在了较高的发展起点上,在吸引国际机器人行业巨头进入的同时,本地机器人企业也快速崛起,一方面迅速占领机器人本体制造与智能化系统集成领域,另一方面稳步向核心技术研发与关键零部件生产等高端环节迈进(见表7-4)。

表7-4　　　　　　　　　顺德区机器人产业链分析

产业链	主要产业环节	产业链实力	代表企业
研发设计	机器人产品与生产工艺、半导体技术	◔	美的库卡、利迅达、隆深、博智林等
中间产品	伺服系统(伺服驱动器、伺服电机、指令机构),精密减速器,控制系统(关节控制器、处理器)	◔	松下、三菱、西门子、库卡、发那科、安川、博纳、住友等;华数、美世乐、泓诠盛、星光、佛山珠江、博智林等
最终产品	机器人本体(关节型机器人、SCARA机器人、并联机器人、直角坐标机器人、柔性机器人),智能化系统集成(焊接、喷涂、搬运、装配、切割、打磨)	◔	机器人本体:库卡、发那科、ABB、安川;系统集成:杜尔、柯马顺德:嘉腾、利迅达(机器人本体),博智林(建筑机器人),美的库卡、隆深(工业机器人)
生产服务	终端集成应用、公共服务平台	◔	利迅达、泰威格、固高、新鹏、顺德机器人谷等

注:表中图标 ○ ◔ ◑ ◕ ● 表示程度从弱到强。

一、核心生产商快速提升技术水平

2018年,佛山顺德区被广东省确定为第一个高质量发展体制机制改革创新实验区,而推进制造业转型升级是实现高质量发展的关键。为此,顺德高度重视工业企业"机器换人"和机器人产业的发展,采取多项政策举措对外吸引国际行业巨头入驻,对内扶持本地机器人企业发展。目前已有多家全球机器人行业核心生产商通过合资、合作等方式到顺德投资设厂,而顺德本地企业则通过国际并购与合作跨入机器人核心生产商行列，并迅速提升技术能力。例如，创立于 1898 年的德国库卡机器人公司是机器人行业的龙头企业，与日本发那科、瑞士 ABB 以及安川电机并称为全球四大工业机器人供应商。库卡主要从事工业机器人产品的研发设计、制造和销售，并向客户提供工厂自动化制造系统设计，市场半径辐射亚、欧、北美三大洲 30 多个国家。作为德国"工业 4.0"战略的主要引领者，库卡在智能设备制造业和企业智能制造系统集成方面拥有全球领先的技术，具有强大的市场影响力。库卡在机器人领域的上述优势被近年来大力推进"智慧家居 + 智能制造"的"双智战略"的美的集团所重视。为了快速推进"双智战略"，顺利布局智能机器人领域，美的集团充分利用自身在家电领域所积累的技术与市场优势，通过并购库卡进入自己先前并不熟悉的机器人制造领域。2016 年 5 月，美的发布公告通过现金要约收购方式并购库卡，历经约 9 个月的时间完成对库卡 94.55% 股份的收购。2018 年，在美的完成对库卡机器人的收购后，库卡也随即宣布启动在顺德设立的机器人生产基地的建设。按照计划，到 2024 年，该基地机器人年产能将达到 7.5 万台。美的并购库卡探索了一条从传统制造转向智能制造的产业升级新路径，直接推动了顺德机器人产业链的功能升级。虽然美的凭借自身的综合实力已经在全球家电市场占据较高的地位，但机器人产业对美的而言则是一个陌生领域。如果美的单纯依靠自身技术能力进行机器人研发制造，不仅耗费时间长、投入成本大，而且会面临着较大的技术与市场不确定性。而通过对德国库卡机器人的并购，则使美的迅速获得机器人生产制造所需要的技术能力与市场资源，从而更快地向机器人价值链高端环节攀升。与美的产业转型升级的路径相类似，不少本地企业也基于自身的制造技术基础与市场渠道资源与全球机器人领域的知名企业合作，快速向机器人产业链研发设计、系统集成等高端环节攀升。例如，利迅达机器人系统有限公司与德国 ABB 公司、意大利柯马（COMAU）公司分别开展了战略合作，公司的机器人系统集成和机器人关键软硬件开发制造技术迅速提升。目前，该公司已成功研发出 50 多个系列的工业机器人产品，涵盖厨卫、建材、家具、汽车、医疗、五金、航天、物流、新能源以及木制品等 18 大行业。成立于 2013 年的国家级高新技术企业隆深机器人公司，与日本川崎重工合作建设白色家电工业机器人应用工程中心和川崎机器人华南区培训中心，并于2021年合资成立隆崎机器人公司，引入川崎机器人产品线，大大推进了SCARA机器人、4轴冲压等机器人的研发。通过高效的国际合作，短短数年内，顺德已拥有一批具有较强综合实力的机器人产业核心生产商。在机器人本体制造与系统集成领域，既有库卡、发那科、ABB、安川、杜尔、柯马等国际知名企业，也有美的库卡、嘉腾、利迅达、博智林和隆深等本地民营企业。这些核心生产商在加快技术水平升级的同时，也带动了顺德本地以及周边地区相关机器人配套产业的发展。

二、关键供应商地位逐步巩固

与其他新兴高技术产业一样，我国智能机器人产业发展所遇到的最大瓶颈是核心技术和关键零部件不能自主，行业最尖端的技术与关键零部件仍然掌握在以日本的发那科、安川电机、瑞士的ABB和德国的库卡集团为代表的国际行业巨头手中，尤其是在伺服系统（伺服驱动器、伺服电机、指令机构）、精密减速器和控制系统（关节控制器、处理器）等关键设备供给上，我国机器人企业对外依赖严重。由图7-1可以看出，从行业总体发展水平来看，我国工业机器人企业擅长的领域为3C集成、汽车集成、长尾集成、直角坐标本体等机器人系统集成与本体制造领域，这些领域的国产化率较高。但是，在伺服系统、减速器、控制器、SCARA本体和多关节本体等领域的国产化率则处于较低水平，这些产品的国产化率大致处于10%～40%，仍需大量进口。因此，一方面使得我国机器人企业不得不以高于正常水平的价格进口所需的关键零部件，导致企业生产成本大幅度上升；另一方面，受制于国外企业的产能与供货限制，国内企业的产能扩张受到很大程度的制约。以减速器为例，国内企业的精密减速器产品研发还处于起步阶段，尽管有关企业的技术进步较快，但产品的精度还达不到国际先进水准。为了保证最终产品的质量，大量机器人本体生产企业不得不从国外进口，而进口成本通常大约相当于国外市场正常价格的 3 ~ 4 倍。

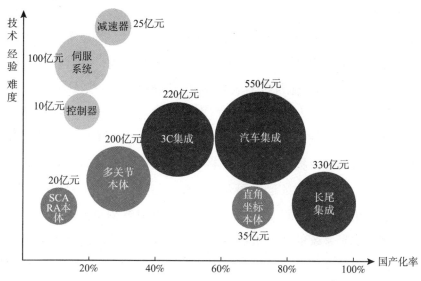

图 7 - 1　我国工业机器人产业链图谱

资料来源：WIND 数据库。

为打破关键零部件对外高度依赖的局面，在美的库卡等核心生产商的带动下，顺德本地一批实力企业加大力度进行机器人核心零部件技术研发，逐步确立了自己在机器人细分行业中的关键供应商地位，占据产业链关键位置的"隐形冠军"不断涌现。伺服系统、精密减速器和控制器是机器人的关键中间产品，三者直接影响着机器人的性能。长期以来，这些关键中间产品一直为松下、三菱、西门子、发那科等国际巨头所掌控，国内企业对这些中间产品的需求对外依赖严重。为了打破外国企业对关键中间产品的垄断，近年来，顺德本地企业积极投入资源进行伺服系统、精密减速器和控制器产品和工艺研发，取得了较大的进展。例如，在机器人伺服系统上，成立于 2018 年的美世乐（广东省）伺服技术公司主营驱动器、变频器、控制器、电机控制器、电梯驱动及控制产品、轨道交通及相关行业电气传动和电气化产品、光伏逆变器，光伏控制器、储能逆变器等产品，集中力量进行数控系统、变频器系统、自动化软件、自动化设备、机器人自动化控制产品的技术开发，目前在高性能伺服电机生产上已站稳脚跟。在机器人控制器上，博智林机器人公司自2018年7月设立以来，聚焦建筑机器人、医疗机器人研发、制造与应用，组建了5大研究院，集中开展重点产品和关键技术攻关，同步实施系统化产业布局，形成了建筑机器人、医疗机器人两大产品线，在研核心零部件及软件系统30多项，建筑机器人控制器、双轮差速轻载AGV系统等关键零部件逐步量产，人脸识别速通门等产品成功市场化。公司自成立以来，已递交专利有效申请2 200余项，已经获得授权419项，在机器人关键细分领域拥有一批自主核心技术。位于顺德大良镇的广东省嘉腾机器人公司是一家专业的搬运机器人制造商，与其他多数企业关注机械臂不同，嘉腾机器人公司则专注于"机器脚"的研发制造上，其研发成功的携带视觉识别系统的搬运机器人能够自动地看路找路，极大地提高了企业搬运工作效率，其产品深受奔驰、丰田、美的等全球大企业的欢迎。在精密减速器上，佛山泓诠盛机电设备公司专业从事高精密传动系统，专业化研发生产精密减速器，拥有行星减速器、谐波减速器和RV减速器三大产品系列，产品广泛应用于机器人、木工机械、玻璃机械、自动化机械、铝型材机械、数控机床、半导体制造设备等领域。广东省星光传动股份有限公司前身是一家创建于1965年的国有军工企业（国营星光工模具厂），公司依托省级工程技术研究中心、减速机产品试验室，集中进行高端减速器产品技术研发，所生产的JWB－X系列机械无级变速器、RV系列蜗杆减速器、B/JXJ系列摆线针轮减速机、NCJ系列齿轮减速机等产品广泛应用于陶瓷、玻璃、木工、包装印刷、仓储物流、起重运输等装备制造行业。

三、高端生产性服务体系加快形成

顺德工业体系完备、工业门类齐全，制造业规模较大，技术基础较好，特别是在家电、家具、陶瓷、机械装备、金属加工、服装等传统行业的专业化优势十分突出，与此同时，电子信息、新材料、生物制药、机器人和新能源汽车等新兴产业正加快布局。完备的工业体系和大量制造业企业的集聚发展，形成对智能生产设备的集中性需求，为智能机器人产业发展提供了极为丰富的应用场景。近年来，随着劳动力成本的快速上升，以美的、格兰仕、万和、万家乐等为代表的传统制造企业主动应用互联网、大数据、人工智能等新一代信息技术，推进以"机器换人"为基础的智能化转型升级。同时，为了更快地推进本地企业智能制造升级，顺德自2014年开始实施工业机器人应用示范工程，每年重点推进2~3种行业的工业机器人应用，在每个行业中选取不少于30家企业开展工业机器人应用示范，政府给予相应的政策支持。市场的变化和政府的支持为本地机器人的下游集成应用创造了大量的商业机会，一批本地机器人产业下游集成应用商崛起，为客户提供全套智能制造解决方案服务。例如，长期从事焊接机器人制造的泰格威公司，建设了用于铝材门窗生产的工业机器人数字化共享工厂。在共享工厂内，生产资料计划系统与制造执行系统无缝对接，可以精准地根据客户的要求定制各种类型的铝材门窗产品。工业机器人根据客户要求的门窗规格数据设置工艺参数，从原材料进入生产线，到门窗最终产品制造成功，实现了全过程自动化。铝合金门窗企业，从上游原材料供应商购买铝材后，不再自己组织生产，转而从共享工厂那里直接得到门窗成品。这种共享工厂系统集成服务，提高了铝门窗生产的自动化水平，减少了企业的用工和用地需求。同时，数字化生产提高了产品个性化定制的水平，大大缩短了对客户需求的响应时间，极大地提高了传统门窗制造企业的生产效率。这种数字化共享工厂服务正在引起顺德传统制造业生产经营模式的转变，大量中小铝合金门窗制造企业不再需要直接制造门窗，可以将更多的精力放在产品研发设计和营销服务上，从而提高产品的附加值水平。

为了进一步促进智能机器人产业发展，并强化其对本地区传统制造业转型升级的带动作用，顺德在2015年提出了打造"广东省机器人产业发展示范区"，通过示范区的打造，一方面促使顺德成为智能化系统解决方案提供商的集聚地以及机器人应用推广的重点区域，另一方面通过集中性大规模需求的形成，助推智能机器人产业发展。自打造示范区以来，顺德加大了机器人产业发展载体的建设力度，佛山顺德机器人谷一期工程已经建成，该工程占地 23.3 万平方米，总建筑面积超过 100 万平方米，分别设有实验中心、科研试制中心、总部办公等功能区域。机器人谷一期工程也是本地龙头企业博智林机器人公司的研发和产业化基地，除用于自身业务需求外，还将为入驻机器人谷的产业链上下游的企业、高校、科研院所、孵化器、加速器和创业团队等提供办公、研发、试制、检测、生产等全方位服务。以博智林机器人谷为核心，顺德正在加紧建设（北滘）机器人小镇，聚焦机器人产业关键领域，从研发、生产、销售、服务等环节全链条、全周期进行产业与技术布局，重点建设机器人伺服电机、减速器和控制器研发试产中心，着重解决顺德机器人产业发展面临的共性与前沿技术难题。此外，佛山市也着眼于本地智能装备产业长远发展的需要，积极引入外部技术资源，搭建本地机器人技术研究与教育平台。2020 年，博智林机器人公司与东北大学合作建设佛山机器人学院，共同打造研究生培养与产学研协同创新平台，充分利用东北大学的师资力量，开展机器人领域高水平科学研究，培养高素质创新与高技能人才，为本地区智能机器人产业发展提供必要的技术支撑。

第八章

新常态下推进产业结构
优化升级的对策分析

一个国家或地区产业结构优化升级是要素供给条件、市场需求潜力，制度环境三个方面因素共同作用的结果，这三种因素共振联动、相互协调，一同推动了地区产业结构变化。下面从这三个方面入手，提出新常态下推动我国产业结构优化升级的对策建议。

第一节 改善要素供给条件

一、优化土地要素配置

我国幅员辽阔，地大物博，但我国可耕地资源紧张，可供城镇建设及产业开发的建设用地资源更为稀缺，导致建设用地供给来源受限，地价上升较快，对产业结构优化升级形成了较大的制约。今后要在以下几方面推进综合配套改革，进一步优化土地要素配置，扩大建设用地供给来源，提高土地利用效率，降低产业用地成本。

第一，推进农村集体存量建设用地改革。党的十八届三中全会提出，建立城乡统一的建设用地市场，在符合规划和用途管制前提下，允许农村集体经营性建设用地出让、租赁、入股，实行与国有土地同等入市、同权同价。这对扩大城乡建设用地供给来源，盘活闲置土地资源，提高土地利用效率具有重大意义。根据党的十八届三中全会的部署，2015 年 1 月中共中央办公厅和国务院办公厅联合印发了《关于农村土地征收、集体经营性建设用地入市、宅基地制度改革试点工作的意见》，在全国选取 33 个县（市、区）行政区域进行改革试点。根据党中央要求，这次 33 个县（区）分别进行农村土地征收、集体经营性建设用地入市和宅基地制度三项改革的试点任务到 2017 年底完成。2017 年 9 月，党中央决定，把土地征收制度改革和农村集体经营性建设用地入市改革扩大到全部 33 个试点地区，宅基地制度改革仍维持在原 15 个试点地区。通过总结这 33 个试点地区的改革经验，我们认为在坚持"土地公有制性质不改变，耕地红线不突破，粮食生产能力不减弱，农民利益不受损"四条底线的前提下，应进一步加快推进集体存量建设用地改革，特别是在已经完全失去生产和生活功能的空心村地区，大力推进宅基地复垦、相关建设用地指标跨地区交易与户籍制度联动改革，拓展集体建设用地的权能，逐步消除集体建设用地和国有建设用地的权能差异，构建"同地同权同价同责"的城乡统一的建设用地市场，扩大建设用地供给来源，缓解企业用地成本上升太快的压力。

第二，盘活城镇存量工业用地资源，拓宽工业用地供给渠道。鼓励各地采取统一收储后出让、引导企业协议转让、"三旧"改造等多种方式整理工业用地，进行合理的土地利用规划调整，支持零散、小块土地空间整合置换，实现集中连片开发，支持建设一批承载能力强、产业链配套齐全的大型工业集聚区。鼓励对已有村、镇、县等老旧工业园区进行以工业用途为主的升级改造，对用地手续不全、违规用地等历史遗留问题进行包容性处理，按照"三旧"改造政策完善用地手续。鼓励社会资本参与现代产业园区建设，大力推动多层标准厂房建设，并可在标准厂房用地供应方案中明确主导产业方向，引导产业链上下游中小微企业集聚发展。

第三，实施重点产业土地倾斜政策，引导土地要素配置进一步向先进制造、新兴产业和产业链高附加值环节集中。国际上发达经济体以及广东省的发展经验表明，制造业发展是经济稳定快速增长和国民收入水平持续提高的基础，我国在现代化建设新征程中要确保制造业，特别是确保先进制造业在国民经济中的比重相对稳定，为此要以土地利用市场化改革为重点，进一步加强先进制造业发展的土地要素支撑。可考虑在全国推广复制广东省设立工业保护区的经验，各地区在编制国土空间规划时，要划定工业用地保护红线和产业保护区块，充分保障工业用地供给，解决带有普遍性的制造业"用地难、用地贵"的问题。改进土地指标管理机制，使各地区的土地要素指标配置与人口与经济集中度、产业发展的实际需求相匹配，实施向先进制造、新兴产业和产业链高附加值环节倾斜的土地指标配给政策。在保障重点产业项目供地的同时，可实行土地出让底价优惠政策，按所在地土地等级对应工业用地最低价标准的一定折扣计取地价。

第四，积极探索有助于产业结构优化升级的土地用途管理创新。土地用途管理是我国城乡建设用地管理的核心一环，在很大程度上决定了市场主体土地指标供给的可获得性与供地价格。因此，为了促进新常态下产业结构优化升级，有必要在以下几方面探索针对新兴产业和产业链关键环节发展的土地用途管理创新：对于研发设计、检验检测、技术服务和创新平台等项目用地需求，可考虑按科教用途供地；对于资源循环利用、新能源发电、节能环保、污染治理等项目用地需求，可考虑按公用设施用途供地；对于新一代信息网络设施、电子商务、高端装备修理和数据中心等项目用地需求，可考虑按第二、第三产业混合用途供地；对于属于新产业、新业态新模式项目用地，但土地用途暂时难以明确的，可考虑在现有建设用地用途分类的基础上按地价就低不就高的方式从宽认定。

第五，推进供地方式创新，扩大重点产业用地的弹性供地规模。针对不同产业采取差别化的供地方式，鼓励以弹性年期出让、长期租赁、先租后让、租让结合的方式向中小企业供地。在土地招拍挂过程中，可将产业类型、技术标准和投资强度等作为土地供应的前置条件，以体现政策支持导向。一是弹性年期出让。在供应工业用地时，根据产业生命周期，在法定最高出让年限内缩短出让年限；对本地区重大产业项目、新兴高技术产业项目、产业链关键环节项目等出让年限可在最高年限内根据需要进行调整认定。二是长期租赁。企业可依法租赁国有建设用地用于工业项目，对需要进行地上建（构）筑物建设后长期使用的土地，可以实行长期租赁。长期租赁用地期满后，在符合相关规划和约定条件下，可延长租赁期限。在租赁期内，允许企业以土地租赁合同办理有关规划、报建等手续，并可以依法转租、转让或者抵押国有建设用地使用权。三是先租后让。在供应工业用地时，可设立一定的投入产出等条件，先以租赁方式向使用者供应土地，承租方在租赁期间开发、利用、经营土地达到约定条件后，可申请将租赁土地转为出让土地。四是租让结合。在供应工业用地时，各地区可根据产业建设需求，以租赁和出让相结合的方式供应项目用地。

第六，严格控制城镇房地产开发用地规模。一是各地区要以满足本地区常住人口实际居住需求为主要目标设定房地产开发用地规模，严格做到土地出让面积与本地区人口规模相匹配，杜绝"以地生财、经营城市"的现象。二是进一步完善财税体制改革，完善中央与地方，以及省以下的多级财政分权体制，优化地方主要税种的结构，扩大地方财力，建立事权与财权相匹配的公共财政体制，确保各级地方政府的财税收入与支出责任处于均衡状态，减轻地方财政对土地收益的依赖。三是提高建设用地征地补偿标准，将土地使用权补偿标准与土地用途转变所产生的级差收益挂钩，进一步完善土地增值收益在国家、集体和个人之间的分配机制，有效平衡国家、集体和个人之间的利益。改变土地出让金收入一次性收取的方法，同时规范土地出让收入基金的使用办法，每年只能按一定比例使用，削弱地方政府进行土地经营的经济激励。四是建立协商征地制度。推进国家征地制度改革，各级政府要逐步缩小征地范围，缩减征收规模。政府可就工商业、城市开发以及基础设施等用途与土地所有者进行自由协商征地，集体土地所有者可在集体土地直接入市和国家征用之间进行基于市场理性的选择。同时，完善国家、集体、个人的土地收益分配机制，形成程序规范、补偿合理、保障多元的土地征收制度。

二、优化资本要素配置

第一，优化间接融资结构，加强对先进制造业、新兴高技术产业和产业链关键环节的信贷支持。一是鼓励金融机构推出符合现代农业、先进制造业和战略性新兴产业项目资金需求特点的信贷产品，加大金融资金支持实体经济发展的力度。二是围绕重点产业国内价值链建设，加大面向产业链的信贷产品创新。鼓励银行、商业保理公司、财务公司、信托公司等金融机构进行产业链信贷产品创新，为产业链上下游企业提供信贷支持。鼓励制造业领域大型龙头企业设立财务公司，为产业链上下游企业提供低成本融资服务，支持产业链关联企业相互提供商业信用。三是创新融资抵押机制。支持中小微企业以应收账款为抵押进行融资，对接受中小微企业应收账款融资的金融机构进行相应的政策支持。鼓励企业利用股权质押、知识产权质押和商业票据质押等多种方式向银行等金融机构贷款。探索以集体建设用地租赁权、农村集体土地承包权、集体林权、集体经济股权等集体资产进行抵押融资，拓展集体资产的抵押权能。四是加强中小微企业融资担保体系建设。鼓励省、市、县各级地方政府利用财政资金设立中小微企业融资政策性担保和再担保机构，为中小微企业融资提供优惠的政策性担保，提高中小微企业的信贷获得性。五是鼓励各地设立面向制造业领域的中小微企业设备改造和技术升级专项资金，用于中小微企业设备租赁、设备更新、技术改造等，通过贴息、风险补偿等方式给予中小微企业资金支持。六是充分利用数字化技术，加强企业信用信息平台建设。加快推进金融信息数字化建设，构建智能化企业信用信息系统，推动企业信用信息与金融机构信贷业务的衔接。加快"数字政府"改革，鼓励各地加大涉企政务信息公开力度，为征信机构和金融机构获取企业信用信息提供便利，降低企业信用信息搜寻与甄别成本，提高信贷市场交易效率。

第二，优化直接融资结构，扩大先进制造业、新兴高技术产业等领域创新创业资金来源。一是加强企业上市服务平台建设。鼓励有条件的地方政府与证券交易所联合组建产融创新和上市加速器平台，整合重点产业、新兴高技术产业相关资源，发挥投资银行、创业投资、风险投资等专业服务机构作用，孵化培育上市企业梯队，为企业提供一站式、全链条融资和上市解决方案，加快企业上市进程。二是完善企业上市服务支持政策。鼓励整合本地优质新兴企业资源，聘请行业与技术专家作为产业导师、上市导师和技术导师，加强对企业上市的辅导。对在境内成功申请上市的企业的会计审计费、资产评估费、法律服务费、券商保荐费等中介费用给予财政补助。对在"新三板""创业板"和区域性股权市场等不同层次资本市场成功挂牌融资的企业实施不同程度的资金补助。三是加强多层次资本市场建设。鼓励各地区建设区域性场外交易市场，为非公开上市企业提供必要的股权交易平台。鼓励天使投资、创业投资、风险投资、私募基金等专业股权投资机构的发展，为它们提供包括税费优惠在内的一揽子政策优惠。四是支持重点领域大企业开展风险投资（CVC）业务。强化企业开展企业风险投资的意识，鼓励重点领域龙头企业设立风险投资部门开展CVC业务，通过CVC业务捕捉创新机会，延伸产业链，培育新动能。

第三，优化财政资金投资结构，进一步加强国有资金对科技创新和新兴产业的扶持。一是设立战略性新兴产业发展基金。鼓励各地设立战略性新兴产业发展专项资金，采用直接资助、股权投资、贷款贴息、风险补偿等多元化方式，加强对新兴高技术产业的资金扶持。二是设立中试子基金。解决技术创新成果商业转化中试过程中的资金需求问题，分担科研成果转化过程中的风险，加大中试环节的精准扶持力度，加快研发成果商业化的步伐。三是设立风险补偿子基金。设立股权投资风险补偿专项资金，对天使、风投和创投等专业投资机构投资于种子期、初创期科技企业所发生的投资损失，给予一定的风险补偿。四是实施政府投资基金优先退出的引导性政策，以提高社会资本参与产业投资的积极性。支持政府投资基金优先退出且出让投资收益，这样既突出政府投资基金的引导性质，也体现与社会资本风险共担、合作共赢的原则，以吸引更多优秀的一线基金管理机构参与基金的运营管理。四是推动国有企业设立风险投资基金，通过风险投资、战略投资的方式进入战略性新兴产业领域，扩大新兴高技术产业项目的资金来源。

三、优化劳动力要素配置

第一，着力降低企业用工成本。企业用工成本的高低取决于企业支付给工人的工资和所承担的社会保障费用，因此，我们要从两个方面入手来降低企业用工成本。一要统筹兼顾企业承受能力和劳动者权益，加强对劳动力市场薪资水平变化的引领，引导薪资水平合理调整，避免薪资水平过快上升，完善最低工资调整机制。二要适度降低企业社保缴费比例。同时探索实施渐进式延迟退休年龄、提高社保基金投资运营效率，加大划转国有资本力度，充实社会保障基金，保障社保基金规模稳定增长。

第二，完善高层次人才引进政策。完善人才住房安居服务、高层次人才子女优教服务、公立医院人才"绿色通道"以及境外专业人才执业等配套政策举措，优化引才留才的软环境。鼓励各地区探索制定外籍"高、精、尖、缺"人才认定标准，为符合条件的外籍高层次人才和专业技术人才办理 R 字签证、提供出入境便利和申请永久居留权提供便利。

第三，围绕新兴技术领域世界顶尖科学家设立新型研发机构。瞄准在高科技领域获得诺贝尔奖、图灵奖和菲尔茨奖或活跃在本领域科技创新最前沿的世界顶尖科学家，建立专门的工作队伍，通过多种渠道与其建立合作关系，为这些科学家专门设立研究院、研究基地、实验室等新型研发机构，以此为载体吸引世界顶尖科学家及其研究团队来我国创业就业。出台专项政策为科学家团队提供完善的生活、工作配套服务，为其科研成果的商业化提供全面的资金、信息和人才支持，并协助其完善本地相关产业链和产业设施。

第四，建立高层次人才举荐制度。针对中国科学院院士或工程院院士、长江学者特聘教授、国家杰出青年科学基金获得者，入选国家级重大人才工程专家，近10年担任过世界500强企业总部首席执行官、首席技术官等高层次人才，组建高层次人才举荐委员会举荐人才，制定相应的人才资助计划，对通过举荐的人才给予支持，实现以才引才，吸引高层次人才群聚的目标。

第五，作为一个发展中大国，我国不少地区的主导产业基本上处于生命周期的成熟阶段，主要使用成熟技术进行生产，这些产业总体上属于联合国工业与发展组织（UNIDO）所划分的中低技术产业类别。与高技术产业的人才需求不同，中低技术产业升级发展所需的人才为非研发型创新①人才。非研发型创新人才通常不一定具有较高的传统学历，但具有本行业深厚的从业资历和较高的专业技能，擅长对企业产品和工艺进行持续的应用性创新。德国、日本等工业强国的经验表明，众多的非研发型创新人才对强化中低技术产业的综合竞争力十分关键。为此，未来要探索建立具有中国特色的中低技术行业领域非研发型创新人才的认定、评价、使用与奖励政策体系，扭转人才政策过度向研发型创新人才提供支持的倾向，构建更加包容的多样化人才发展环境。

第六，推进高等教育与职业教育改革。加强产教协同，改革学科教育制度，加快建成适应现代产业发展需求的院校教育、毕业后教育、继续教育三阶段有机衔接的人才培养体系。在加强高水平大学建设的同时，要重点抓好职业教育，借鉴德国双学徒制职业教育经验，拓宽高技能人才培养模式，鼓励校企合作开展定制化、专业化职业培训。

四、增强技术知识要素供给能力

第一，围绕新兴高技术产业全产业链生态，尤其是"卡脖子"的关键领域和核心环节，综合企业需求、区域产业定位和全球产业发展趋势，

---

① 非研发创新是一种混合创新模式，它通过将已有的可用技术、知识与高技术系统或设备相结合，对生产过程和产品进行以市场为导向的改进而实现的创新。德国传统制造业发展经验表明，非研发创新是塑造中低技术行业持续竞争力的关键。

前瞻性梳理核心技术攻关需求清单，如某个或多个行业企业缺乏的关键共性技术，处于供应链关键位置企业的技术需求，行业领先企业的前沿性、颠覆性技术需求等。针对不同技术需求，采取差异化的精准举措进行攻关突破，具体包括：政府统一向市场采购技术创新服务；鼓励单个企业对梳理出的行业共性难题进行突破，并给予相应的政策支持；推进军地协同攻关，探索国防和民用科技协同创新；参与或发起国际大科学计划，加强国际科技合作；面向全球实施技术攻关"揭榜挂帅"计划；布局建设一批共性技术研发、测试、中试和应用功能型平台，构建战略性新兴产业全链条式基础应用平台体系；前瞻性规划布局一批科技基础设施，开展具有重大引领作用的跨学科、大协同科学研究，持续增强原始创新和源头创新能力。

第二，充分发挥我国数字经济优势，集中政策资源鼓励符合传统中低技术行业发展需求的非研发创新活动，通过高效的创新不断拓展传统产业成长空间。一是大力推进轻工消费品行业的产品创新。在橡胶和塑料制品，文教、工美、体育和娱乐用品，纺织服装、服饰、金属制品以及塑料制品等轻工消费品制造领域，利用数字化平台整合创新资源，推动产业链上下游企业、消费者、市场中介组织等多方协同进行产品创新，更好地满足消费者多样化、个性化、定制化的需求，以新产品供给创造新的消费需求。二是大力推进轻工消费品行业的生产工艺创新。在传统轻工消费品制造领域，鼓励智能机器人应用与数字化共享工厂建设，促进传统产业生产过程的智能化转型，将大量中小企业从生产活动中解放出来，并将更多的资源放在产品设计、营销和服务创新上。三是大力推进石油、化工、钢铁等能源原材料行业的产业链本地化延伸。在石油加工、炼焦和核燃料加工，有色金属冶炼和压延加工，以及电力、热力生产和供应等领域，要以贴近客户需求的原材料和产品的精深加工、服务定制化生产为重点，向钢铁工程、金属包装、高端工业原料、节能环保装备与系统解决方案等技术领域拓展，从而促进更多产业链环节在本地区集聚。

第三，进行科技创新概念验证支持。目前，天使投资、风险投资等资金均倾向于投资处于较为成熟阶段的二次研发项目，而不愿承担创新创业的早期风险，导致不少科研成果在产业化过程中很难获得资金支持。针对这一问题，政府可投入一定的资金帮助研究人员和团队迈出科技成果转化的最初一步，推动形成包含基础研发、概念验证、前期孵化到创业孵化的科技成果产业化全链条服务支持体系：一是支持创新主体开展概念验证活动，每年面向社会征集支持一定数量的项目，同时组建概念验证项目专家顾问团队，邀请本领域科学家、企业家和专业投资人为入选项目提供技术与商业辅导。二是支持高等校院、科研院所等科研机构设立科技创新概念验证中心，给予相应的资金支持，并对概念验证中心服务团队进行专项培训。三是对通过概念验证的项目进行持续支持，将通过概念验证并落地转化的项目，纳入本地区科创企业孵化培育体系，在税收、资金、用人、用房等方面提供综合支持。

第四，探索建立面向全球的常态化专利收储和运营机制。为解决我国主导产业和重点领域"卡脖子"技术难题，攻克一批前沿关键技术，尽快掌握一批高价值核心专利，加快自主知识产权竞争力提升。我国可建立常态化面向全球的专利收储和运营机制，对具有良好市场前景、处于行业领先、能够引领产业发展的专利成果进行提前储备、集中管理、集成运用，提高专利的转移转化率。专利收储的重点包括与我国未来主导产业发展高度相关的核心技术专利，以及其他具有前沿探索性、战略引领性的技术专利。具体收储方式包括：（1）买断，专利收储运营单位向原专利权人买断专利权，运营后的收益归专利收储和运营实施单位。（2）共享，该项专利的所有权由专利收储运营单位与原专利权人共有，运营后的收益按约定按比例分享。（3）托管，专利权人委托专利收储和运营单位收储，运营后的收益归专利权人享有，但专利收储运营单位可按约定收取一定比例的管理费。（4）预购，在重点行业的基础技术、通用技术、"撒手锏"技术、前沿技术、颠覆性技术等领域，针对开发运营条件暂时尚未成熟，但市场前景优异、竞争力强、能够引领产业发展未来趋势的专利，可采取预购方式收储。专利权人与专利收储运营单位签订合约，规定相关主体可在一定期限内对该项专利进行优先开发利用，不论开发和运营成功与否，专利权人在此期间都可获得一定水平的固定收益，成功运营后的收益再按约定的比例分享。

第五，到国外高技术产业与创新集聚地设立科技创新孵化中心。建立国家和地方层面的产业与科技投资控股公司，到美国、欧洲、"一带一路"沿线等世界主要技术创新地带设立科技孵化中心，充分利用当地创新资源，进行科技项目就地孵化，孵化成功后再引入国内落地生产。加强对高科技项目的搜寻、辨识、孵化、导入能力，构建外地团队当地孵化、创新企业引进孵化、新兴产业引进育成的全过程科技创新孵化链条，形成境外孵化项目与国内产业发展的联动机制。

五、提高数据要素的配置利用水平

在当前新一轮技术革命蓬勃兴起的背景下，数据要素的重要性日益凸显，对产品与服务增加值的形成具有重要的影响。新常态下，我国在推进产业结构优化升级的过程中必须抢抓新型数据要素使用的先机，推进产业数字化与数字产业化发展，提高数据要素配置利用水平。一是强化数据要素获取与处理能力。加强对生产、流通、支付与消费环节产生的实时数据的获取与存储，利用大数据、人工智能等技术手段提高数据处理效率，深度挖掘数据要素的价值，充分发挥数据要素使用的非损耗性和边际收益递增的优势，加强各部门以及产业链各功能环节之间的信息链接，提高数据要素共享水平，降低数据要素的使用成本。二是拓展数据要素使用广度与深度，提高企业生产效率。促进新型数据要素与传统生产要素有机融合，将数据要素的使用贯穿到生产、流通和消费的各个环节，发挥数据要素对其他生产要素的"催化"作用，推动"数据＋劳动""数据＋资本""数据＋物料"等要素深度融合模式发展，形成新的要素投入组合方式。利用现代信息技术改造提升现有产业体系，通过数字化提高产业体系内信息传递的精确度，加快信息交流速度，降低沟通成本和交易成本，提高管理效率。三是以数字化创新为抓手，提高企业响应市场需求变化的能力。鼓励企业运用大数据等手段更精准地掌握消费者需求，更及时地响应市场需求变化，调整生产结构。同时，借助数字化手段加强与消费者的互动，营造包含消费者、上游供应商、下游采购商等多元主体的产品创新网络，通过更有效的新供给激活消费者的潜在需求，创造新的市场需求。四是完善数据要素市场交易和监管机制。加快数据市场培育，支持数据市场主体发展，发挥市场在数据要素定价、配置中的决定性作用，同时加强对数据资源的监管，完善数据资源开发、交易与使用的市场规则体系。

第二节　推动市场需求升级

一、促进消费需求升级

（一）深化收入分配改革

居民收入水平决定了消费水平，收入分配差距过大，不仅会导致消费需求规模扩张受到抑制，而且不利于消费需求结构的升级。一个社会如果财富过于集中，低收入群体规模偏大，收入增长缓慢，庞大的低收入群体本来可能具有的需求升级空间就得不到利用，从而不利于经济增长和产业结构优化升级。反之，如果收入分配差距较为合理，低收入群体的收入水平就能够快速提高，中等收入群体规模持续扩大，这会大大拓展市场需求的成长空间，为产业结构优化升级提供持续不断的动能。为此，要进一步深化收入分配改革，努力扩大中等收入群体规模，减少低收入群体所占比重，进一步增加劳动者的工资性收入在国民经济一次分配中的比重，提高社会各阶层财产性收入水平，并强化政府财政二次分配的收入调节机能。

第一，提高农民收入水平，缩小城乡居民收入差距。一是增加农民工的工资性收入。进一步完善保障农民工合法权益的法律、法规和政策

措施，使农民工与其他就业群体在收入创造过程中实现均等化，让他们
能够享受与城市职工一样的就业待遇。二是加大对农村劳动力的教育培
训，培养现代化职业农民，提升农村人口的人力资本水平，使农村人口
可以获得更多的非农就业机会，并提高其工资水平。三是增加农民财产
性收入水平。深化农村产权制度改革，拓展农业承包地、宅基地、集体
林权、农村集体经济股权等集体资产的权能，扩大耕地流转规模，提高
农村集体产权的资本化能力。同时，推进协商征地制度改革，严格限定
征地范围，提高征地补偿水平，确保农民可以获得大部分土地市场增值
收益。四是持续推进乡村振兴战略实施，大力发展农村特色产业发展，
鼓励农村三次产业融合发展，提高农村产业规模化、集约化发展水平，
拓宽农民收入来源渠道。

　　第二，促进各行业工资水平合理增长，缩小不同行业职工收入差距。
一是提高劳动者薪酬在国民经济初次分配中的比重，加强对劳动力市场
期望工资水平的引导，使居民收入水平与经济增长实现同步。二是理顺
国有经济部门工资管理体制，整顿分配秩序。对垄断性强的部门的工资
收入，应适当采取行政措施，加强直接管理，工资总量由国家实行双重
控制，即用工效挂钩等办法控制应提效益工资，以及用工资指导线等办
法控制实发工资水平。对高收入行业的工资收入从紧控制其增长；对继
续实行工效挂钩的行业，要实施科学的绩效评估措施，在严格控制挂
钩的浮动比例的同时，要去除由国家投资、垄断经营、特许经营和特
殊政策带来的超额利润的影响；对不适合实行工效挂钩的部门，应由
政府管理部门根据其平均劳动复杂程度、熟练程度、工作责任、劳动
条件等因素，参照竞争行业的工资水平，以指令性的工资指导线来确
定其工资水平和增长幅度。此外，要加强对非工资性收入的综合治理，
要将工资以外的收入逐步纳入工资总额，提高职工收入的透明度。三
是加强对非国有经济部门工资水平的引导。非国有经济部门职工的收
入水平主要由其劳动力要素的市场供求关系来决定，但政府要积极推
行工资指导线制度。政府可根据国家宏观经济政策、经济发展、物价
水平、就业状况和平均工资收入等因素，每年制定颁布工资增长上线、

基准线和下线，指导行业和企业合理确定年度工资增长比例。四是进一步规范国家机关工作人员的薪资管理。进一步明确政府职能范围，尽量减少政府对经济直接干预，从制度源头杜绝各种形式的"寻租"，消除公务员非法收入形成的条件和环境，进一步提高国家公务人员收入的透明化、规范化水平。

第三，加大打击非法收入力度。我国总体上仍然处于经济转型发展阶段，经济转型的一个主要特征是新的适应现代市场经济要求的规则体系尚未完全建立，而旧的体制框架也未完全打破，这就导致现阶段我国经济生活中仍然存在着一些体制机制性"灰色地带"，给非法收入提供了生成的土壤。基于资源垄断、行政垄断等的非法收入会严重破坏社会的公平和正义，导致社会财富分配矛盾的加剧。只有杜绝各种非法收入，减少权力、资源占有优势对收入的不公平影响，才能符合人们关于社会公平正义的期望，达到实现共同富裕的目标。因此，要在建立健全市场经济法律体系，规范市场秩序的同时，加快完善对权力的约束、监管、制衡机制，从源头上防止和杜绝腐败的滋生，在立法上加大惩处力度，严格执法，对各种非法收入行为进行严惩，杜绝权钱交易，严惩各种腐败行为。

第四，进一步完善税收调控措施。调节居民收入分配差距是一项系统工程，既要从源头上采取措施，加强对初次分配的调控，也要通过完善税收调节体系，充分发挥国家税收在国民收入二次分配中的主导作用，促进合理的利益分配格局的形成。现阶段中低收入群体在中国消费者主体数量中的比重处于较高水平，以财税结构性改革为突破口，提高中低收入群体收入水平。（1）充分发挥直接税税种缓解贫富差距的作用。在劳动所得收入方面，要降低劳务收入、工资收入、薪金收入等劳动所得收入的边际税率，适当合并乃至减少劳动所得收入纳税的税率层级，综合考虑各地区实际生活成本科学制定起征点，调整纳税免征额，推动征税方式由分类征收向综合与分类征收相结合并主要进行综合征收的方式转变。（2）深化非劳动收入征税改革。对于不同类型的非劳动所得收入采取差异化分类征税的办法，合理设置投资性收入纳税起征点和税率结构，深化财产税、消费税和遗产税改革，补充个人所得税调节力度的不足，同时加大对高收入者的调节力度。（3）发挥税收对不同行业收入水平的调节作用。深化增值税、消费税、营业税等税种改革，消除或者缓解不同行业之间的税费负担差距。利用资源税、城镇土地使用税等税种将企业因客观自然条件优越而产生的级差收入调节到合理水平。加大企业减税降费政策实施力度，税收优惠措施更向创新型中小微企业和产业链关键企业倾斜，减少对僵尸企业、经营不善企业等的资源投入。

（二）提高社会保障和民生社会事业发展水平

第一，提高就业保障水平。实现充分就业是解决民生问题的关键，要将促进就业作为政府宏观调控的一项主要目标，通过保障就业为提高居民收入水平创造条件。一要深化劳动力市场改革，取消导致劳动力市场分割的不合理制度，促进劳动力在不同产业、不同企业、不同地区之间的合理流动，拓宽劳动力就业空间，从体制上建立城乡统一的就业市场，形成公平收入的机会。二要加大对广大中小企业的扶持力度。世界各国经济发展的经验表明，中小企业在促进技术进步、活跃市场竞争和增加就业等方面可以发挥不可替代的作用，特别是中小企业往往是社会成员就业的主要场所，因此，促进中小企业成长是解决我国居民就业问题的重要途径。因此，有必要建立一套中小企业发展的支持系统，帮助中小企业克服发展的困难。三要持续加大教育投入力度，保障公民平等接受教育的机会。推动将学前教育纳入公共服务范围，将义务教务拓展到高中阶段，着力提高优质教育资源供给水平，推进教育资源均等化。加强继续教育和各种职业技术培训，提高劳动者素质，以适应我国产业结构优化升级的需求，促进社会成员就业。

第二，完善社会保障体系。健全的社会保障体系有助于改变中低收入群体的生活处境，缓和贫富差距带来的矛盾，对促进居民消费升级具有重要作用。近年来，国内外市场环境快速变化，世界经济增长速度因遭受保护主义、新冠肺炎疫情等多重冲击而明显放缓，我国经济发展面临外部风险明显增加，居民收入水平增长也面临着较大的不确定性。另外，教育、医疗和住房等价格快速上升，导致居民生活负担加重，影响了人们的消费意愿。因此，为了推进消费需求升级，保障各阶层群众共享社会进步和经济发展的成果，必须从我国国情出发，建立完善的住房、养老、医疗、失业、最低生活保障等全方位、多层次的社会保障体系。为此，进一步增加保障性住房供给能力，提高公租房供应数量和比例，坚决遏制城镇商品房价格快速上涨；完善新型农村合作医疗制度、最低生活保障制度和农村居民养老保险制度；完善企业职工基本养老保险制度，健全城镇职工基本医疗保险和失业、工伤保险制度；加大社会保障税费征收和监管力度，建立可持续的居民养老基金补充机制。

第三，推进基本公共服务均等化。一要在扩大基本公共服务资源总量的同时，更加注重资源的优化配置，努力缩小城乡间基本公共服务差距。尤其是要在提高社会保险统筹层次的同时，着力缩小基本养老保险、基本医疗保险等社会保障项目待遇水平的差距，补齐农民、大病患者等群体的保障短板，健全适应灵活就业人员、新业态从业人员的社会保障体系。二要进一步完善转移支付机制，加大对中西部地区、东北地区、边疆地区、少数民族地区和革命老区等财力薄弱地区以及重要生态功能区的财力支持，提高这些地区的基本公共服务供给能力。与此同时，加大各种公共服务资源向基层的倾斜力度，通过提升地区间财力均等化水平推动基本公共服务均等化。三要完善与人口流动相适应的公共服务供给体制，进一步探索农业转移人口市民化成本分担机制，建立流动人口基本公共服务主要由常住地负责供给的制度，加快推动农业转移人口市民化进程。

（三）培育新型消费增长点

利用数字经济、新技术变革带来的市场新机遇，着力培育新型消费增长点。

首先，大力促进基于数字技术的新消费模式发展，支持数字商贸新模式、新业态的发展，促进智能产品消费，加快 5G 布局，丰富互联网、物联网、区块链等新技术消费应用场景。一是"互联网＋服务"新业态，如在线教育、互联网健康医疗服务、在线文化娱乐、智慧休闲旅游、智慧广播电视、智能体育运动、在线健身等各种新业态。二是各种类型的共享经济和平台经济等新业态，如网约车、共享单车、共享住宿、外卖配送等新业态。三是无接触式的消费模式，如智慧超市、智慧餐厅等新型零售业态。四是线上线下融合的消费模式，如直播带货、社交营销、"云逛街"等新模式。

其次，适应消费观念转变、Z 世代消费群体兴起和社会老龄化的趋势，有针对性地开发品质化、个性化、绿色化、智能化新产品与新服务，完善充电桩、换电站等相关消费基础设施，大力打造"新国货"品牌，培育新型消费热点。推进现代消费休闲中心建设，提升创新创意年轻群体服务环境。在推进新型城镇化发展过程中，大力培育时尚消费平台，完善各类创新创意园区生活配套设施，形成符合新兴年轻消费群体需求的，集吃、住、玩、乐、游于一体的消费综合体。同时，抓住老龄社会到来所催生的新消费需求，大力发展银发经济，鼓励开发面向老年人的休闲、居家服务、养老、保健等服务产品，扩大老年消费市场规模。

二、推动中间产品需求扩张

（一）推进产业国内价值链建设

中间产品需求扩张的关键在于提高产业的国内价值链发展水平，深化产业链纵向专业化功能分工。要做到这一点，必须推动企业生产链条的垂直分离和资源整合，促使行业内部的规模企业专注于价值链的"战略环节"，弱化或转移非核心业务，构建以核心企业为龙头的本地化垂直分工网络：一是政府应发挥适当的干预作用，并在政策扶持上适当向各行业的规模企业倾斜，尽量培育多个具有自我研发能力和产业控制能力的核心企业，并在本地区构建动态、开放式的核心企业分工网络，打造以核心企业为主导的产品初加工、精加工、深加工配套协作体系，细化产业分工、拓展生产环节，扩大本地中间产品需求规模。二是引导核心企业对产业和市场进行细分，实施专业化经营的战略，依据产业链进行分工，增强企业之间的互补性。三是鼓励核心企业在管理、流程、技术、融资、营销等方面给予配套小企业所需的辅导和支持；出台优惠政策，鼓励企业进行本地配套，大力支持中小企业为提高配套能力进行技术改造，推动专业配套园区建设，提高本地特色产业的配套水平和规模。四是提升核心企业网络的开放性，支持核心企业扩大与外部联系，通过战略联盟、虚拟经营、并购、研发和营销部门的异地化与网络化等形式整合外部稀缺资源，提升本地生产网络在全球经济体系中的地位。五是引导企业之间的横向合作，推动企业在技术、营销、物流乃至资金方面进行合作，在原料采购、市场营销等方面建立战略联盟，提高本地区企业的集体行动水平。

（二）加强产业链的空间整合

以城市群、都市圈为主要空间载体，加强产业链的空间整合，推动形成采购商驱动的空间一体化产业链供应链：一是通过城市群和都市圈建设，打破区域间市场分割，提升区域市场一体化水平，推动产业链的空间延伸，增强中心城市对周边区域的辐射带动作用，推动产业集群化发展，形成本地化大规模、集中性的中产品需求。二是加快推动区域多中心、城市副中心建设，加强城市交接区域、城乡接合区域以及县域基础设施网络建设，提高产业配套设施建设水平和公共服务设施保障水平，提高城市群、都市圈区域的产业承载力。三是围绕城市群、都市圈建设，出台一揽子支持性政策，培育一批具有引领地位的领头采购商和零售商，形成一批全球供应链重要节点城市。

（三）加强中间产品专业市场建设

改革开放以来，随着我国制造业和外贸进出口飞速发展，各地区特别是经济发达的东部沿海地区的专业市场得到迅猛发展，成为在国内外具有重要影响力和辐射力的商品集散枢纽，为各地区经济发展提供了重要的支撑。未来要围绕我国重点产业链加强中间产品专业市场建设。一是鼓励各地区制定实施新型专业市场发展规划。适应新常态下我国经济发展的空间结构，全面优化专业市场的空间布局，加快推进传统专业市场转型升级，配套建设一批支撑专业市场高质量发展的高水平商贸流通基础设施，形成政府规划引导、行业协会支撑、市场主体响应的新型专业市场体系。二是建设一批事关我国主要产业链安全稳定的重要工业品集散分拨中心。围绕维护我国战略性产业集群供应链安全的需要，在全国主要产业集聚区布局一批重要的电子元器件、工业零部件等进口分拨中心，促进产业链供应链上下游企业的集聚发展，实现产业链全要素自由流通，支撑5G、人工智能、机器人、新能源、生物制药等战略性新兴产业发展。三是建设一批大宗商品全球集散分拨中心。重点在沿海、沿江、沿线等重要节点地区布局建设原油、煤炭、铁矿石、木材等重要能源资源进口集散中心，保障我国能源资源供给安全。

第三节　建设高质量的市场环境

新常态下，产业结构优化升级必然需要一个高质量的市场环境，只有在这样的环境中，价格机制对竞争的促进作用才会得到充分的发挥，资源配置效率才能得到进一步地提升。高质量市场环境建设包括营商环境优化、知识产权保护、创新平台建设、高端要素的集聚和城市品质提升等多方面内容，可以发挥普惠性公共产品功能，对新常态下产业结构优化升级具有十分重要的意义。

一、全面推进制度型开放

为了保住对全球产业链的控制以及自己的霸主地位，美国在所谓的规则领域对我国采取了越来越激烈的遏制措施，联合欧盟、日本等发达经济体在经贸规则领域向我国施加越来越大的压力。这迫切需要我国通过制度型开放来加以有效应对，通过制度型开放拓展对外经济合作空间，破除限制资源要素全球流动的制度性障碍，提升我国对全球高端要素的吸引力。制度型开放有助于破除国内和国际两个经济循环体系之间所存在的各种人为设置的不合理的障碍，提高国际、国内经贸规则的兼容性，推动市场主体对境内外经贸规则的相对一致性形成稳定的预期，提升国际经济循环量能及其正向溢出效应，吸引高层次人才、新技术知识等关键生产要素流入，从而有助于推动新常态下我国要素禀赋升级。此外，在新技术革命蓬勃兴起的条件下，我国以工业互联网、人工智能、大数据服务等为代表的科技创新产业快速发展，共享经济、电子商务、定制生产和自媒体营销等新商业模式不断涌现。这些新产业、新模式在全球范围内均属于新生事物，在形成推动我国经济高质量发展新动能的同时，迫切需要构建相应的治理规则。而作为上述新产业、新业态重要的集聚中心，我国有必要通过加大制度型开放力度参与乃至引领针对这些新产业、新业态的国际治理规则的设计。"制度型开放"与"优化营商环境"是"表"和"里"的关系。新常态下，推进制度型开放，要求我国全面提升经济治理能力，进一步完善中国特色社会主义经济管理体制。通过制度型开放，对全球其他国家或地区好的规则进行借鉴学习，并在产权保护、金融监管、商事服务、投资管理、市场监管等方面进行必要的体制机制创新，逐步消除制约各类生产要素优化配置的显性或隐性障碍，全面优化营商环境。

二、全面推进重点领域改革

产业结构优化升级，本质上要求改变现阶段低效率领域的状态，填平"效率洼地"，实现产业体系整体的效率跃升。当前，这些低效率领域包括行政性垄断问题突出的领域，要素无法自由流动导致增长潜力难以充分发挥的乡村地区，退出机制不完善的低效产业部门以及市场预期不稳定带来的效率损失等。要改变这些低效率领域的状态，关键是要全面推进以下重点领域改革。一要完善产权保护的体制机制。最关键的是要提高市场运行的法治化水平，建立稳定的法治保障环境，使各类市场主体的合法权益能够真正得到保护，促使全社会形成对产权保护稳定的法律和心理预期，特别是要通过持续不断的体制机制创新，形成有利于民营经济发展的市场预期。二要进一步深化国有经济改革。国有资本要坚决地从一般竞争性领域退出，向符合新时代国家发展战略需要、对国计民生具有重大影响的非竞争性领域集中，向"卡脖子"的核心技术、关键设备、基础设施、生态建设等公共领域集中。同时，加快从"管企业"向"管资本"转变。国有经济管理部门要基于资本运行的市场化方式，对国有企业进行高效管理，在国有资本能够且必须发挥作用的领域进行战略性投资，适当减少不必要的财务性投资行为。三要促进不同类型、不同规模企业之间的公平竞争。今后不再按照所有制对市场主体进行分类，而要按照行业、规模、技术等技术经济维度分类，所有市场主体按照负面清单进入市场，公平地使用各类生产要素。加大对行政性垄断、平台垄断等反垄断调查和执法力度，提高市场的竞争性。四要下大力气进行生产要素市场改革。当前，我国市场运行的一个显著短板在于生产要素还不能充分自由地流动，如部分领域还存在较大程度的行政垄断，城乡之间生产要素不能双向高效流动，流动人口难以扎根城市，能源、物流、土地和融资等成本偏高。这严重制约了资源的优化配置，下一步要以要素市场化为重点，全面破除阻碍要素自由流动的制度藩篱，促进稀缺要素资源在不同产业、不同区域和不同主体之间的高效流动与集聚。

三、加强新型基础设施建设

在新一轮技术革命背景下，新型基础设施是数字经济、智能制造等新兴业态发展的基础性支撑条件，对新常态下产业结构优化升级具有重要作用。自2018年中央经济工作会议提出"新基建"概念以来，加强新型基础设施建设已经成为我国巩固传统产业增长动能，培育产业发展新动能的重要途径。2020 年 4 月，习近平总书记在浙江考察时强调，要加快 5G 网络、数据中心等新型基础设施建设，抓紧布局数字经济、生命健康、新材料等战略性新兴产业、未来产业①。在习近平总书记重要论述精神的指引下，近年来，我国明确提出要扩大有效投资，重点支持以"新基建"为首的"两新一重"建设。为此，未来要在以下几方面进一步加强新型基础设施建设，助推产业结构优化升级。

第一，进一步优化基建投资结构。与传统基础设施项目不同，新型基础设施与战略新兴产业、技术密集型产业等新产业动能发展密切相关，可以为现代产业发展提供数字化转型、智能化升级和集成化创新等服务。因此，未来我国应进一步优化基建投资结构，加大对 5G 网络、数据中心、计算中心、工业互联网、重大科研设施、智慧城市系统、新能源设施等领域的基建投资比重，充分发挥新型基础设施对新产业动能的拉动作用。

第二，加快推进制造业数字化转型。制造业为我国经济高质量发展提供了必要的物质与技术基础，在新一轮科技革命下，制造业正加速向智能化、平台化及多业态融合的方向转变。为加快制造业转型升级，应加大新型基础设施建设力度，构建高效的网络化基础设施体系。加快工业互联网平台建设，打造数据共享、企业互通的"云"上产业链，提高5G、大数据中心、人工智能等基础设施服务传统制造业的水平，在促进传统制造业数字化、智能化转型的同时，引领新兴产业发展，实现新旧动能转换。

第三，优化新型基础设施的空间布局。一是推进"智慧城市"建设，将新型基础设施建设与现代城市交通、教育、医疗、社区等生活场景相结合，构建网络化智能基础设施体系，提升城市生活的数字化、智能化水平。二是加强中西部地区新型基础设施建设力度。在东部沿海发

---

① 迎难而上克时艰，化危为机谋发展——习近平总书记在浙江考察时的重要讲话引发热烈反响．[EB/OL]．http：//www.xinhuanet.com/politics/leaders/2020 - 04/02/c_1125806450.htm.

达的京津冀、长三角和珠三角城市群地区，要加快构建智慧城市群网络，提升资金流、信息流等资源的配置效率。在相对欠发达的中西部地区着力布局建设大型数据中心、科学装置等，建设"东数西算"的区域一体化算力网络，降低东部地区的云计算服务成本。三是加强农村地区新型基础设施建设力度。通过构建农村电子商务、农村物联网等数字平台，加快"数字乡村"建设，促进数字农业发展。

参 考 文 献

[1] 安苑，王珺.财政行为波动影响产业结构优化升级了吗？——基于产业技术复杂度的考察 [J].管理世界，2012（9）：19－35，187.

[2] 白素霞，陈彤.中国高新区高新技术产业创新效率探析 [J].经济体制改革，2021（2）：68－73.

[3] 白雪洁，于庆瑞.劳动力成本上升如何影响中国的工业化 [J].财贸经济，2019（8）：132－145.

[4] 北京大学中国国民经济核算与经济增长研究中心.2011中国经济增长报告：克服中等收入陷阱的关键在于转变发展方式 [R].北京：中国发展出版社，2011.

[5] 蔡昉.理解中国经济发展的过去、现在和将来——基于一个贯通的增长理论框架 [J].经济研究，2013（11）：4－16.

[6] 蔡昉.刘易斯转折点——中国经济发展阶段的标识性变化 [J].经济研究，2022（1）：16－22.

[7] 蔡昉.早熟的代价：保持制造业发展的理由和对策 [J].国际经济评论，2022（1）：31－42.

[8] 蔡跃洲，付一夫.全要素生产率增长中的技术效应与结构效应：基于中国宏观和产业数据的测算及分解 [J].经济研究，2017（1）：72－87.

[9] 陈宝启，杨丽.产业经济学 [J].北京：经济科学出版社，2011.

[10] 陈红，张玉，刘东霞.政府补助、税收优惠与企业创新绩效——不同生命周期阶段的实证研究 [J].南开管理评论，2019（3）：187－200.

[11] 陈明森.产业升级：外向推动与利用外资战略调整 [M].北京：科学出版社，2004.

［12］陈朋裕．要素价格扭曲、产业结构优化与市场准入放宽［J］．经济问题，2016（8）：42－46.

［13］陈万灵，杨永聪．全球进口需求结构变化与中国产业结构的调整［J］．国际经贸探索，2014（9）：13－24.

［14］戴魁早，刘友金．市场化改革能推进产业技术进步吗？中国高技术产业的经验证据［J］．金融研究，2020（2）：71－90.

［15］戴魁早，刘友金．要素市场扭曲与创新效率：对中国高技术产业发展的经验分析［J］．经济研究，2016（7）：72－86.

［16］戴觅，茅锐．产业异质性、产业结构与中国省际经济收敛［J］．管理世界，2015（6）：34－62.

［17］丹尼·罗德里克．过早去工业化［J］．比较，2016（1）：80－114.

［18］德怀特·波金斯．发展经济学（第6版）［M］．北京：中国人民大学出版社，2013.

［19］底晶．德国创新产业政策演进及对中国的启示［J］．上海经济，2017（1）：64－79.

［20］都阳，封永刚．人口快速老龄化对经济增长的冲击［J］．经济研究，2021（2）：71－87.

［21］樊春良．变动时期美国科技政策发展的逻辑和走向——从特朗普到拜登［J］．中国科技论坛，2021（5）：1－13.

［22］高培勇（主编）．经济高质量发展理论大纲［Z］．人民出版社，2020.

［23］龚刚，魏熙晔，杨先明等．建设中国特色国家创新体系跨越中等收入陷阱［J］．中国社会科学，2017（8）：61－86.

［24］龚强，张一林，林毅夫．产业结构、风险特性与最优金融结构［J］．经济研究，2014（4）：4－16.

［25］郭家堂，骆品亮．互联网对中国全要素生产率有促进作用吗［J］．管理世界，2016（10）：34－49.

［26］郭克莎，彭继宗．制造业在中国新发展阶段的战略地位和作

用［J］. 中国社会科学，2021（5）：128 – 149.

［27］国际机器人联合会（IFR）. 2020 世界机器人报告［R］. 2020 – 09 – 24.

［28］国家发改委宏观经济研究院课题组.“十二五”时期我国产业结构优化升级战略与对策研究［J］. 经济研究参考，2010（43）：28 – 61.

［29］韩文秀. 中国经济的新机遇新红利新优势［J］. 中国金融，2013（2）：21 – 22.

［30］何小钢，梁权熙，王善骝. 信息技术、劳动力结构与企业生产率——破解“信息技术生产率悖论”之谜［J］. 管理世界，2019（9）：65 – 80.

［31］胡国成，韦伟，王荣军. 21 世纪的美国经济发展战略［M］. 中国城市出版社，2002.

［32］胡西娟，师博，杨建飞.“十四五”时期以数字经济构建现代产业体系的路径选择. 经济体制改革［J］. 2021（4）：104 – 110.

［33］黄群慧，黄阳华，贺俊等. 面向中上等收入阶段的中国工业化战略研究［J］. 中国社会科学，2017（12）：94 – 116.

［34］黄群慧，李芳芳等. 中国工业化进程报告（1995~2015）［M］. 北京：社会科学文献出版社，2017.

［35］黄群慧. 以产业链供应链现代化水平提升推动经济体系优化升级［J］. 马克思主义与现实，2020（6）：38 – 42.

［36］黄阳华. 熊彼特的“创新”理论：读“经济发展理论”［N］. 光明日报，2016 – 09 – 20.

［37］贾根良，楚珊珊. 产业政策视角的美国先进制造业计划［J］. 财经问题研究，2019（7）：38 – 48.

［38］江飞涛. 中国竞争政策“十三五”回顾与“十四五”展望——兼论产业政策与竞争政策的协同［J］. 财经问题研究，2021（5）：30 – 39.

［39］江小涓，孟丽君. 内循环为主、外循环赋能与更高水平双循环——国际经验与中国实践［J］. 管理世界，2021（1）：1 – 19.

［40］姜泽华，白艳. 产业结构优化升级的内涵与影响因素分析

[J]. 当代经济研究, 2006 (10): 53 – 56.

[41] 金星晔, 管汉晖, 李稻葵等. 中国在世界经济中相对地位的演变 (公元1000~2017年) ——对麦迪逊估算的修正 [J]. 经济研究, 2019 (7): 14 – 29.

[42] 景跃军, 王晓峰. 美国三次产业结构现状及未来趋势变动 [J]. 东北亚论坛, 2006 (1): 111 – 115.

[43] 柯善咨, 赵曜. 产业结构、城市规模与中国城市生产率 [J]. 经济研究, 2014 (4): 76 – 88, 115.

[44] 李宝元. 户籍制度约束、劳动力市场分割与人力资源配置低效率 [J]. 经济研究参考, 2010 (62): 33 – 38.

[45] 李斌, 郭宇靖, 盖博铭等. 未来产业: 塑造未来世界的决定性力量 [M]. 北京: 北京联合出版公司, 2021.

[46] 李稻葵, 孔睿, 伏霖. 中国经济高增长融资之谜: 国内非中介融资 (DNI) 研究 [J]. 经济学动态, 2013 (7): 19 – 35.

[47] 李宏, 牛志伟, 邹昭晞. 双循环新发展格局与中国制造业增长效率——基于全球价值链的分析 [J]. 财经问题研究, 2021 (3): 38 – 48.

[48] 李树枝等. 经济新常态下我国土地利用形势分析 [J]. 国土资源情报, 2017 (7): 3 – 9.

[49] 李晓华, 王怡帆. 未来产业的演化机制与产业政策选择 [J]. 改革, 2021 (2): 54 – 68.

[50] 李扬, 张晓晶. "新常态": 经济发展的逻辑与前景 [J]. 经济研究, 2015 (5): 4 – 19.

[51] 李远. 美国日本产业政策比较分析与启示 [J]. 经济经纬, 2006 (1): 48 – 50.

[52] 林毅夫, 付才辉. 新结构经济学 [M]. 北京: 高等教育出版社, 2019.

[53] 林毅夫. 为什么我说中国经济8%增速能持续20年? [OL]. 新浪网, http://finance.sina.com.cn/zl/china/20141025/235420642047.shtml.

[54] 林毅夫. 中国经济发展奇迹将延续 [J]. 求是, 2012 (8): 64.

[55] 刘啟仁，赵灿，黄建忠．税收优惠、供给侧改革与企业投资 [J]．管理世界，2019（1）：78-96．

[56] 刘世锦．进入增长新常态下的中国经济 [J]．中国发展观察，2014（4）：17-18．

[57] 刘世锦．陷阱还是高墙：中国经济面临的真实挑战和战略选择 [M]．北京：中信出版社，2011．

[58] 刘新争．基于要素错配的产业转移效率缺失及其纠正 [J]．华中师范大学学报（人文社会科学版），2016（5）：55-60．

[59] 刘志彪．产业经济学（第1版）[M]．北京：机械工业出版社，2015．

[60] 刘志彪．产业升级的发展效应及其动因分析 [J]．南京师范大学学报（社会科学版），2000（2）：3-7．

[61] 陆明涛，袁富华，张平．经济增长的结构性冲击与增长效率：国际比较的启示 [J]．世界经济，2016（1）：24-51．

[62] 陆善勇，叶颖．中等收入陷阱、比较优势陷阱与综合优势战略 [J]．经济学家，2019（7）：15-22．

[63] 吕越，罗伟，刘斌．异质性企业与全球价格链嵌入：基于效率和融资的视角 [J]．世界经济，2015（8）：29-55．

[64] 马光远．全面准确理解中国经济新常态 [N]．经济参考报，2014-11-10：（1）．

[65] [美] W. W. 罗斯托（著）．从起飞进入持续增长的经济学 [M]．贺力平等译．成都：四川人民出版社，1981．

[66] [美] 加里·杰里菲等．全球价值链和国际发展：理论框架、研究发现和政策分析 [M]．曹文，李可译．上海：上海人民出版社，2018．

[67] [美] 苏珊娜·伯杰．重塑制造业 [M]．廖丽华译．杭州：浙江教育出版社，2018．

[68] 倪红福，王海成．企业在全球价值链中的位置及其结构变化 [J]．经济研究，2022（2）：107-123．

[69] 彭昱．城市化过程中的土地资本化与产业结构转型 [J]．财经

问题研究，2014（8）：40-45.

[70] 戚聿东，张任之. 海外产业政策实施效果研究述评 [J]. 经济学动态，2017（5）：142-150.

[71] 钱纳里，鲁宾逊，赛尔奎因. 工业化和经济增长的比较研究 [M]. 吴奇等译. 上海：上海三联书店；上海人民出版社，1995.

[72] 钱颖一. 中国经济增长的潜力仍然相当大 [OL]. 新浪网，http：//finance. sina. com. cn/hy/20101120/14258984719. Shtml.

[73] 屈小博，程杰. 劳动力供给转变与资源配置效率的关联度 [J]. 改革，2017（3）：110-118.

[74] 渠慎宁. 未来产业发展的支持性政策及其取向选择 [J]. 改革，2022（3）：77-86.

[75] 权衡. 实现五大转型是关键 [N]. 社会科学报，2012-05-31.

[76] 芮明杰. 构建现代产业体系的战略思路、目标与路径 [J]. 中国工业经济，2018（9）：24-40.

[77] 森德勒等. 工业4.0：即将来袭的第四次工业革命 [M]. 邓敏，李现民译. 北京：机械工业出版社，2014.

[78] 沈华，王晓明，潘教峰. 我国发展未来产业的机遇、挑战与对策建议 [J]. 中国科学院院刊，2021（5）：565-571.

[79] 沈坤荣. 把握经济新常态适应经济新常态 [N]. 光明日报，2015-01-29：（16）.

[80] 沈立，刘笑男. 全球产业链体系发展态势、格局演变及应对策略 [J]. 现代经济探讨，2022（5）：53-67.

[81] 盛朝迅. 从产业政策到产业链政策："链时代"产业发展的战略选择 [J]. 改革，2022（2）：22-35.

[82] 盛朝迅. 推进我国产业链现代化的思路与方略 [J]. 改革，2019（10）：45-56.

[83] 施瓦布. 第四次工业革命：转型的力量 [M]. 李菁译. 北京：中信出版社，2016.

[84] 石喜爱，李廉水，程中华，刘军. "互联网+"对中国制造业

价值链攀升的影响分析 [J]. 科学学研究, 2018 (8): 1384 – 1394.

[85] 世界银行. 1994 年世界发展报告（中文版）[R]. 北京: 中国财政经济出版社, 1995.

[86] 宋丽萍, 杨大威. 开放经济下中国产业结构特征与技能偏向性技术进步 [J]. 世界经济研究, 2016 (5): 112 – 125.

[87] 孙刚. 选择性高科技产业政策能被精准执行吗——基于"高新技术企业"认定的证据 [J]. 经济学家, 2018 (8): 75 – 85.

[88] 孙彦红. 试析 1970 年代以来的欧洲经济转型——产业结构的视角 [J]. 欧洲研究, 2014 (1): 14 – 25.

[89] 孙早, 侯玉琳. 工业智能化如何重塑劳动力就业结构 [J]. 中国工业经济, 2019 (5): 61 – 79.

[90] 孙智君. 产业经济学 [M]. 武汉: 武汉大学出版社, 2010.

[91] 谈俊."新常态"下我国出口领域面临的外部挑战与应对 [J]. 经济学家, 2015 (8): 38 – 43.

[92] 田丽. 各国数字经济概念比较研究 [J]. 经济研究参考, 2017 (40): 101 – 106, 112.

[93] 佟福全. 美国经济结构跨世纪的全面大调整 [J]. 世界经济与政治, 1998 (8): 5 – 7.

[94] 汪伟, 刘玉飞, 彭冬冬. 人口老龄化的产业结构优化升级效应研究 [J]. 中国工业经济, 2015 (11): 47 – 61.

[95] 王建冬, 童楠楠. 数字经济背景下数据与其他生产要素的协同联动机制研究 [J]. 电子政务, 2020 (3): 22 – 31.

[96] 王宁. 地方消费主义、城市舒适物与产业结构优化: 从消费社会学视角看产业转型升级 [J]. 社会学研究, 2014 (4): 24 – 48.

[97] 王宁, 史晋川. 要素价格扭曲对中国投资消费结构的影响分析 [J]. 财贸经济, 2015 (4): 121 – 132.

[98] 王宛秋, 姚雨非, 郤海拓, 唐中君. 产业政策促进了半导体企业的创新发展吗? [J/OL]. 科学学研究. https://doi.org/10.16192/j.cnki.1003 – 2053.20220313.001.

［99］王一鸣等．走向 2020：中国中长期发展的挑战和对策［M］．北京：中国计划出版社，2011．

［100］王一鸣．全面认识中国经济新常态［J］．政策瞭望，2014（12）：53－54．

［101］王宇，干春晖，汪伟．产业结构演进的需求动因分析：基于非竞争投入产出模式的研究［J］．财经研究，2013（10）：60－75．

［102］魏后凯，王颂吉．中国"过度去工业化"现象剖析与理论反思［J］．中国工业经济，2019（1）：5－22．

［103］魏龙，王磊．全球价值链体系下中国制造业转型升级分析［J］．数量经济技术经济研究，2017（6）：71－86．

［104］吴意云，朱希伟．中国为何过早进入再分散：产业政策与经济地理［J］．世界经济，2015（2）：140－166．

［105］习近平．习近平谈治国理政（第二卷）［M］．北京：外文出版社，2017．

［106］习近平．习近平谈治国理政（第三卷）［M］．北京：外文出版社，2020．

［107］夏金彪．直面经济新常态下的行业阵痛［N］．中国经济时报，2014－09－11：（9）．

［108］厦门大学宏观经济研究中心课题组．需求结构升级转换背景下的供给侧结构性改革［J］．中国高校社会科学，2016（3）：79－87．

［109］向松柞．中国经济进入"新常态"［J］．中国经济报告，2014（6）：23－26．

［110］肖静华，吴小龙，谢康，吴瑶．信息技术驱动中国制造转型升级——美的智能制造跨越式战略变革纵向案例研究［J］．管理世界，2021（3）：161－179，225．

［111］徐洪才．"新常态"下的中国经济可持续发展［J］．中国发展观察［J］．2014（9）：21－25．

［112］徐建伟．全球产业链分工格局新变化及对我国的影响［J］．宏观经济管理，2022（6）：22－29．

［113］薛敬孝，白雪洁. 日本产业结构优化升级的趋向［J］. 现代日本经济，2000（6）：1－6.

［114］杨丹辉. 深化供给侧结构性改革下的产业政策创新［J］. 区域经济评论，2017（4）：7－9.

［115］杨亚平，周泳宏. 成本上升、产业转移与结构升级——基于全国大中城市的实证研究［J］. 中国工业经济，2013（7）：147－159.

［116］［英］威廉·配第. 政治算术［M］. 北京：商务印书馆，1978.

［117］余东华. 新工业革命时代全球制造业发展新趋势及对中国的影响［J］. 天津社会科学，2019（2）：88－100.

［118］余明桂，范蕊，钟慧洁. 中国产业政策与企业技术创新［J］. 中国工业经济，2016（12）：5－22.

［119］詹晓宁，贾辉辉，齐凡. 后疫情时代国际生产体系大转型：新趋势和未来方向［J］. 国际贸易，2021（9）：4－14.

［120］张冬梅，汪彤. 产业经济学［M］. 北京：社会科学文献出版社，2013.

［121］张莉，朱光顺，李世刚等. 市场环境、重点产业政策与企业生产率差异［J］. 管理世界，2019（3）：114－126.

［122］张其仔，许明. 实施产业链供应链现代化导向型产业政策的目标指向与重要举措［J］. 改革，2022（6）.

［123］张其仔，许明. 中国参与全球价值链与创新链、产业链的协同升级［J］. 改革，2020（6）：58－70.

［124］张晓宏. 产业结构优化升级理论综述［N］. 山西日报，2012－09－25.

［125］张耀辉. 产业创新：新经济下的产业升级模式［J］. 数量经济技术经济研究，2002（1）：14－17.

［126］张占斌. 适应中国经济"新常态"［J］. 中国经济报告，2015（1）：21－23.

［127］赵昌文等. 新工业革命的中国战略［M］. 北京：中国发展出版社，2018.

［128］郑代良，钟书华．高层次人才政策的演进历程及其中国特色［J］．科技进步与对策，2012，29（13）：134 - 139.

［129］郑江淮，沈春苗．部门生产率收敛：国际经验与中国现实［J］．中国工业经济，2016（6）：57 - 72.

［130］中共中央文献研究室．习近平关于全面深化改革论述摘编［Z］．北京：中央文献出版社，2014.

［131］中国经济增长前沿课题组（张平，刘霞辉，袁富华，王宏淼，陆明涛，张磊）．中国经济增长的低效率冲击与减速治理［J］．经济研究，2014（12）：4 - 17，32.

［132］中国经济增长前沿课题组（张平，刘霞辉，袁富华）．中国经济转型的结构性特征、风险与效率提升路径［J］．经济研究，2013（10）：4 - 17，28.

［133］中国社会科学院财经战略研究院课题组（宋则，王水平，常东亮）．经济结构调整方式市场化转型比较研究［J］．财贸经济，2013（8）：5 - 17.

［134］中国社会科学院工业经济研究所课题组．工业稳增长：国际经验、现实挑战与政策导向［J］．中国工业经济，2022（2）：5 - 25.

［135］中国社会科学院工业经济研究所课题组．"十四五"时期我国区域创新体系建设的重点任务和政策思路［J］．经济管理，2020（8）：5 - 16.

［136］中国社会科学院工业经济研究所课题组．"十四五"时期中国工业发展战略研究［J］．中国工业经济，2020（2）：5 - 24.

［137］周波，冷伏海，李宏等．世界主要国家未来产业发展部署与启示［J］．中国科学院院刊，2021（11）：1337 - 1346.

［138］周振华．现代经济增长中的结构效应［M］．上海：上海人民出版社，1995.

［139］朱民，张龙梅，彭道菊．中国产业结构转型与潜在经济增长率［J］．中国社会科学，2020（11）：149 - 171.

［140］朱荪远．面向未来产业革命 构建全球基础研究枢纽——近期

韩国国家科技创新政策调整分析 [J]. 科技发展研究, 2019 (9): 1 - 6.

[141] 朱卫平, 陈林. 产业升级的内涵与模式研究——以广东省产业升级为例 [J]. 经济学家, 2011 (2): 60 - 66.

[142] 朱奕蒙, 毕青苗, 徐现祥, 陈希路. 商事制度改革与产业结构变迁: 微观视角 [J]. 经济研究, 2022 (1): 189 - 207.

[143] Abdel - Rahman, H. and Fujita, M. Specialization and diversification in a system of cities [J]. Journal of Urban Economics, 1993 (111): 779 - 804.

[144] Abdon A., Bacate M., Felipe J. and Kumar U. Product Complexity and Economic Development [C]. Levy Economics Institute, Working Papers, 2000, No. 616.

[145] Acemoglu, D., Akcigitz, U. and M. A. Celik. Radical and Incremental Innovation: The Roles of Firms, Managers and Innovators [C]. NBER Working Paper, 2020.

[146] Acemoglu, D. and Linn, A. J. Market Size in Innovation: Theory and Evidence from the Pharmaceutical Industry [J]. Quarterly Journal of Economics, 2004, 119 (3): 1049 - 1090.

[147] ADB. Global Value Chain Development Report 2021: Beyond Production [EB/OL]. https://www.adb.org/publications/global-value-chain-development-report - 2021.

[148] Aghion, P., Dewatripont, M., Du, L. Q. et al. Industrial Policy and Competition. American Economic Journal: Macroeconomics, 2015, 7 (4): 1 - 32.

[149] Aghion, P., N. Bloom, R. Blundell, R. Griffith and P. Howitt. Competition and Innovation: An Inverted - U Relationship [J]. Quarterly Journal of Economics, 2005, 120 (2): 701 - 728.

[150] Arrow, K. The Economic Implications of Learning by Doing [J]. Review of Economic Studies, 1962, 29: 155 - 173.

[151] Bathelt, H., A. Malmberg and P. Maskell. Clusters and Knowl-

edge: Local Buzz, Global Pipelines and the Process of Knowledge Creation [J]. Progress in Human Geography, 2004, 28 (1): 31 – 56.

[152] Behrens, K. , G. Duranton, and F. Robert – Nicoud. Productive Cities: Sorting, Selection, and Agglomeration [J]. Journal of Political Economy, 2014, 122 (3): 507 – 553.

[153] Behun, M. , B. Gavurova, A. Tkacova, and A. Kotaskova. The Impact of the Manufacturing Industry on the Economic Cycle of European Union Countries [J]. Journal of Competitiveness, 2018, 10 (3): 23 – 39.

[154] Boschma, R. , Iammarino, S. Related Variety, Trade Linkages, and Regional Growth in Italy [J]. Economic Geography, 2009, 85 (3): 289 – 311.

[155] Buenstorf, G. Evolution on the Shoulders of Giants Entrepreneurship and Firm Survival in the German Laser Industry [J]. Review of Industrial Organization, 2007, 30: 179 – 202.

[156] Cass, D. Optimum Growth in an Aggregative Model of Capital Accumulation [J]. Review of Economic Studies, 1965 (32): 233 – 240

[157] Davis, H. S. Productivity Accounting [M]. Philadelphia: University of Pennsylvania Press, 2016.

[158] Debande, O. De-industrialisation [C] . EIB Papers, 2006 (11): No. 1.

[159] Desai, M. A. The Decentering of the Global Firm [J]. World Economy, 2010, 32 (9): 1271 – 1290.

[160] Desmet, K. and Rossi – Hansbweg. Innovation in Space [J]. American Economic Review, 2012, 102 (3): 447 – 452.

[161] Dickens, P. The Global Shift: Internationalization of Economiv Activity [J]. Economics, 1998, 35 (4): 227 – 241.

[162] Duranton, G. and Puga, D. Microfoundations of Urban Agglomeration Economies [A]. In Henderson, J. V. and Thisse, J. F. (eds.) Handbook of Regional and Urban Economics [C]. Vol. 4. Amsterdam: Elsevier, 2004:

2063 – 2117.

[163] Duranton, G. and Puga, D. Nursery Cities: Urban Diversity, Process Innovation, and the Life-cycle of Products [J]. American Economic Review, 2001 (91): 1454 – 1463.

[164] El – Erian, M. A. Navigating the New Normal in Industrial Countries. International Monetary Fund (2010, Dec. 15), Retrieved Oct. 18, 2012.

[165] Ernst, D. , Ganiatsos, T. , Mytleka, L. Technological Capabilities and Export Performance: Lessons from East Asia [M]. Cambridge: Cambridge University Press, 1998.

[166] Ernst, D. Global Production Networks and Industrial Upgrading: A Knowledge Centered Approach [J]. Geneal Information, 2001 (5): 1 – 26.

[167] European Commission. Strengthening strategic value chains for a future-ready EU industry. (2019 – 05 – 11) [2021 – 05 – 09]. https: //www. earto. eu/wp-content/uploads/Strategic – Value – Chains-factsheet. pdf.

[168] Felipe, J. , Kumar, U. , Usui, N. and Abdon, A. Why Has China Succeeded? and Why It Will Continue to Do So [J]. Cambridge Journal of Economics, 2013, 37 (4): 791 – 818.

[169] Gereffi, G. International Trade and Industrial Upgrading in the Apparel Commodity Chain [J]. Journal of International Economics, 1999, 48 (1): 37 – 70.

[170] Gereffi, G. The Orgnization of Buyer-driven Global Commodity Chains: How U. S. Retailers Shape Overseas Production Networks [A]. In Gary Gereffi and Miguel Koerzenniewicz, eds. Commodity Chains and Global Capitalism [C]. West-port CT: Praeger, 1994, pp: 95 – 122.

[171] Grossman, G. M. and E. Helpman, Innovation and Growth in the Theory of Growth [M]. MIT Press, 1991.

[172] Grossman, G. M. and E. Helpman. Outsourcing in a Global Econo-

my [J]. Review of Economic Studies, 2005 (72): 135 – 159.

[173] Hamida, L. B. Outward R&D Spillovers in the Home Country: The Role of Reverse Knowledge Transfer. Breaking up the Global Value Chain: Opportunities and Consequences [J]. Advances in International Management, 2017 (30): 293 – 310.

[174] Hanson, G. Market Potential. Increasing Returns and Geographic Concentration [J]. Journal of International Economics, 2005 (67): 1 – 35.

[175] Hausmann, R. and Klinger, B. The Evolution of Comparative Advantage: The Impact of the Structure of the Product Space [C]. CID Working Paper, 2006, No. 106.

[176] Hausmann, R. et al. The Atlas of Economic Complexity: Mapping Paths to Prosperity [M]. The MIT Press, 2013.

[177] Hausmann, Ricardo and Bailey Klinger. The Structure of the Product Space and the Evolution of Comparative Advantage [C]. CID Working Paper, 2007, No. 146.

[178] Hidalgo, C. A, Klinger, B, Barabási, A. L. et al. The Product Space Conditions the Development of Nations [J]. Science, 2007, 317 (5837): 482 – 487.

[179] Humphery, J. and Schmitz, H. How Dose Insertion in Global Value Chains Affect Upgrading in Industrial Clusters? [J]. Regional Studies, 2002, 36 (9): 1017 – 1027.

[180] Humphrey, J., Schmitz, H. Governance and Upgrading: Linking Industrial Cluster and Global Value Chain Research [C]. IDS working paper 120, Brighton, 2000: 120.

[181] Jude, C. Technology Spillovers from FDI. Evidence on the Intensity of Different Spillover Channels [J]. World Economy, 2016, 39 (12): 1947 – 1973.

[182] Kaldor, Nicholas. Capital Accumulation and Economic Growth [A]. In F. A. Lutz and D. C. Hague, eds. The Theory of Capital [C]. New York:

St. Martins Press, 1961: 177 – 222.

[183] Kaplinsky, R., Morris M. A Handbook for Value Chain Research [Z]. Prepared for the IDRC, 2000.

[184] Kaplinsky, R. Spreading the Gains of Globalization: What Can Be Learned from Value Chain Analysis [J]. Problems of Economic Transition, 2004, 47 (2): 74 – 115.

[185] Koopman, R., Wang, Z. and Wei, S. J. "Tracing Value – Added and Double Counting in Gross Exports" [J]. The American Economic Review, 2014, Vol. 104 (2), pp. 459 – 494.

[186] Koopmans, T. On the Concept of Optimal Economic Growth. The Econome-tric Approach to Development Planning, North – Holland, Amsterdam.

[187] Kummritz, V., D. Taglioni and D. Winkler. Economic Upgrading through Global Value Chain Participation: Which Policies Increase the Value Added Gains? [C]. World Bank Policy Research Working Paper, No. 8007, 2007.

[188] Kuznets, S. Modern Economic Growth: Rate, Structure and Spread [M]. New Haven and London: Yale University Press, 1966.

[189] Lewis, W. A. Economic Development with Unlimited Supplies of Labour [J]. Manchester School of Economics and Social Studies, 1954, 22 (2): 139 – 191.

[190] Lucas, R. On the Mechanism of Economic Development [J]. Journal of Monetary Economics, 1988 (22): 3 – 42.

[191] Maddison, A. Economic Growth and Structural Change in the Advanced Countries [A]. Leveson, I. and W. Wheeler, eds. Western Economies in Transition [C]. London: Croom Helm, 1980.

[192] Mazzucato, M. and Semieniuk, G. Public Financing of Innovation: New Questions [J]. Oxford Review of Economic Policy, 2017, 33 (1): 24 – 48.

[193] McKinsey Global Institute. Globalization in Transition: The Future of Trade and Value Chains [M]. McKinsey & Company, 2019.

[194] Melitz, M. J. and G. I. P. Ottaviano. Market Size, Trade, and Productivity [J]. The Review of Economic Studies, 2008 (75): 295 – 316.

[195] Melitz, M. J. The Impact of Trade on Intra-industry Reallocation and Aggregate Industry Productivity [J]. Econometrica, 2003 (71): 1695 – 1725.

[196] Neffke F. , Henning M. , Boschma R. How Do Regions Diversify over Time? Industry Relatedness and the Development of New Growth Paths in Regions [J]. Economic Geography, 2011, 87 (3): 237 – 265.

[197] Nolan, P. Globalisation and Industrial Policy: the Case of China [J]. The World Economy, 2014, 37 (6): 747 – 764.

[198] Pisano, G. P. and W. C. Shih. Restoring American Competitiveness [J]. Harvard Business Review, 2009 (7 – 8): 114 – 125.

[199] Porter, M. Competitive Strategy Techniniques for Analyzing Industries and Competitor [M]. New York: Free Press, 1980: 120 – 125.

[200] Powell, B. State Development Planning: Did It Create an East Asian Miracle? [J]. The Review of Austrian Economics, 2005 (18): 3/4: 305 – 323.

[201] Ranis, G. and J. Fei. A Theory of Economic Development [J]. American Economic Review, 1961, 51: 533 – 565.

[202] Romer, P. Increasing Returns and Long-run Growth [J]. Jounral of Political Economy, 1986, 94: 1002 – 1037.

[203] Romer, P. The Origions of Endogenous Growth [J]. Journal of Economic Perspectvies, 1994 (8): 3 – 22.

[204] Rosenthal, S. S. and W. Strange. Evidence on the Nature and Sources of Agglomeration Economies, in Handbook of Regional and Urban Economics, Vol. 4, ed. by V. Henderson and J. F. Thisse. Amsterdam: North – Holland, 2004, 2119 – 2171.

[205] Rowthorn, R. and Coutts, K. De-industrialization and the Balance of Payments in Advanced Economies [C]. UNCTAD Discussion Paper, 2004, No. 170.

[206] Schmitz H. , and Knorringa P. Learning From Global Buyers [J]. Journal of Development Studies, 2010, 37 (2): 177 – 205.

[207] Schmitz, H. Local Upgrding in Global Chains: Recent Findings [C]. DRUID Summer Conference, 2004.

[208] Solow, R. A Contribution to the Theory of Economic Growth [J]. Quarterly Journal of Economics, 1956, 70: 65 – 94.

[209] Sorenson, O. , J. W. Rivkin and L. Fleming. Complexity, Networks and Knowledge Flow [J]. Research Policy, 2006, 35 (7): 994 – 1017.

[210] Szirmai, A. and B. Verspagen. Manufacturing and Economic Growth in Developing Countries, 1950 – 2005 [J]. Structural Change and Economic Dynamics, 2015, 34: 46 – 59.

[211] The President's Council of Advisors on Science and Technology. Industrial of the future institutes: A new model for American science and technology leadership. (2021 – 01 – 01) [2021 – 05 – 09]. http: //www. ittc. ku. edu/ ~ sdblunt/papers/PCAST – IOTFI – FINAL – Report. pdf.

[212] The White House. America will dominate the industries of the future. (2019 – 02 – 07) [2021 – 05 – 09]. https: //trumpwhitehouse. archives. gov/briefings-stat-ements/america-will-dominateindustries-future/.

[213] UNIDO. Competing Through Innovation and Learning, lndustrial Develop-ment Report 2002/2003. https: //zh. scribd. corn/document/201105586/ Indu-strial Development Report, 2002.

[214] White House Office of Science and Technology Policy. Advancing America's Global Leadership in Science and Technology: Trump Administration Highlights. (2020 – 10 – 26) [2021 – 08 – 01]. https: //trumpwhitehouse. archives. gov/wp-content/uploads/2020/10/Trump – Administration – STHigh-

lights – 2017 – 2020. pdf.

［215］ World Bank. An East Asian Renaissance. Washington，2007.

［216］ World Bank. World Economic Situation and Prospect. World Bank，2022.

［217］ WTO. World Trade Report 2021：Economic Resilience and Trade ［EB/OL］. https：//www. wto. org/english/res＿e/25booksp＿e/wtr21＿e/09＿opinionpiece_by-ralph-ossa_e. pdf，2021.